検証・法治国家崩壊

砂川裁判と日米密約交渉

吉田敏浩
新原昭治、末浪靖司

戦後再発見双書

創元社

はじめに

吉田敏浩

本書には、驚くべき事実が書かれています。
一九五九年一二月一六日に、日本の最高裁が出したひとつの判決。それによって、日本国憲法が事実上、その機能を停止してしまったこと。米軍の事実上の治外法権を認め、さまざまな人権侵害をもたらす「法的根拠」をつくりだしてしまったこと。そしてその裁判は、実は最初から最後まで、アメリカ政府の意を受けた駐日アメリカ大使のシナリオどおりに進行していたこと。

この日本の戦後史のなかでも最大といえるような「事件」が、アメリカ政府の解禁秘密文書によって、歴史の闇のなかから浮かびあがりました。困難な調査の末にそれらの文書を発見し、事件の全貌を確実な証拠《ハードプルーフ》によって立証したのが、本書の共著者である新原昭治と末浪靖司です。

最初の重要文書を新原が発見したのが二〇〇八年。わずか六年前のことです。ですからほとんどの日本人は、まだこの大事件の全貌を知りません。こうした入門書のかたちで読者の眼にふれるのも、これが初めてのことなのです。

くわしくは本文にゆずりますが、始まりは一九五九年三月三〇日、「砂川事件」に関して東京地裁で言いわたされた、「米軍の日本駐留は憲法第九条に違反している」という一審判決でした。この判決に強い不満を持ったアメリカ政府が、当時のマッカーサー駐日アメリカ大使を通じて、それを早急にくつがえすため、ひそかに日本政府と最高裁の中枢にまで政治的工作と内政干渉の手をのばしたのです。

マッカーサー大使は、当時の自民党・岸信介政権の藤山愛一郎外相ら外務省高官、田中耕太郎最高裁長官と秘密裏に連絡をとりあい、密談を重ね、最高裁で「米軍の日本駐留は違憲ではない」という逆転判決を得るためにさまざまな工作をおこないました。

そして、なんと田中最高裁長官はマッカーサー大使に、最高裁での裁判日程や判決内容の見通しなどを報告しながら裁判を進めていたということが、前述のアメリカ政府解禁秘密文書によって立証されることになったのです。「憲法の番人」と呼ばれ、公明正大であるべき最高裁の名を、実は長官自らが汚していたのです。

その後、一九五九年一二月一六日に、田中長官が裁判長をつとめる最高裁大法廷では、アメリカ政府の望みどおりの逆転判決が言いわたされることになりました。

ここで強調しておきたいのは、田中耕太郎・第二代最高裁長官がその職にあったのは、まだ占領中の一九五〇年から、安保改定があった一九六〇年までということ。つまり彼は日本の独立回復後、最初の最高裁長官だったのです。その田中長官がアメリカからの内政干渉を受け、その意向に沿って行動していたわけですから、日本の最高裁は憲法の定める司法権の独立が侵された大きな歴史の汚点を背負っているのです。

本書をお読みになったみなさんが、この事実を知って驚き、同時に強い怒りをお感じになることを心から望んでいます。この問題を放置しつづけるかぎり、日本がまともな法治国家になることも、人びとの基本的人権が十全に保障されることもありえないからです。普通の国なら、おそらく問題の全容が解明されるまで、内閣がいくつつぶれてもおかしくないような話なのです。

最高裁への他国（アメリカ）政府の介入という問題に加えて、この判決はもうひとつ、きわめて重大な影響を戦後の日本社会におよぼすことになりました。それは米軍基地の存在を違憲ではないとするためのロジックとして、

「〔安保条約のような〕わが国の存立の基礎にきわめて重大な関係をもつ高度な政治性を有する問題については、憲法判断をしない」

という「統治行為論」が使われたことです。その結果、政治家や官僚たちが「わが国の存立の基礎にきわめて重大な関係をもつ」と考える問題について、いくら市民の側が訴えても、最高裁は憲法判断をしなくてもよくなった。政府の違法な権力行使に対し、人びとの人権をまもるべき

日本の憲法が、十分に機能できなくなってしまったのです。まさに「法治国家崩壊」というべき状況が生まれてしまったのです。

近年、日本政府による憲法違反の事例は、米軍基地問題だけにとどまりません。日本経済をアメリカと日本の多国籍企業のために改造しようとする密室のＴＰＰ交渉、米軍と自衛隊の合同軍事行動のための秘密保護法制定、アメリカと共に戦争のできる国にするための集団的自衛権の行使に向けた解釈改憲など。その背後にはいずれもアメリカの利益と、それに呼応して自らの地位を維持しようとする歴代政権および官僚たちの思惑が見え隠れしています。

そこには日米両政府の一種の「共犯関係」が成立しているといっていいでしょう。アメリカ政府が日本の外務大臣や最高裁長官などとひそかに接触し、望み通りの判決を出させた一九五九年の最高裁での「砂川裁判」は、そのような構図のいわば原型といえるのです。

そして、自民党・安倍政権はなんとこの「砂川裁判」最高裁判決を、集団的自衛権行使の正当化のために持ち出しています。しかし、同判決は集団的自衛権を認めているわけではなく、全くのこじつけです。しかも、この判決はアメリカ側の干渉による黒い霧におおわれているのです。

それでは、これから歴史の時計の針を五五年前の一九五九年三月、アメリカ政府による「砂川裁判」への秘密工作が始まった時点にもどして、「法治国家崩壊」の軌跡を検証してゆくことにしましょう。

検証・法治国家崩壊——砂川裁判と日米密約交渉　目次

凡例

引用中の〔　〕内は著者または編集部が補った言葉。傍線、太字も編集部によるものです。

Part 1

マッカーサー大使と田中最高裁長官

1959年３月31日から12月16日まで

吉田敏浩

一通の「極秘」電報（一九五九年三月三一日）

一九五九年（昭和三四年）の春、日本列島は皇太子成婚の祝賀ムードにつつまれていました。前年の一一月二七日、皇室会議において、当時皇太子だった明仁親王《あきひとしんのう》（現天皇）と日清製粉《にっしんせいふん》社長令嬢の正田美智子《しょうだみちこ》嬢（現皇后）の結婚が決まり、その婚儀とパレードが五九年四月一〇日にせまっていたのです。

皇室の歴史始まって以来、はじめて皇族や華族以外から皇太子妃が迎えられる――。しかも自由恋愛で。ふたりの出会いが軽井沢のテニスコートだったことから、「テニスコートで芽生えた恋」「現代のシンデレラ」とマスコミで大々的に報じられ、大きなブームになりました。新皇太子妃の女子大生時代の愛称をとって「ミッチー・ブーム」と呼ばれます。

マスコミの祝賀報道を通じて、戦後の象徴天皇制にふさわしい「近代化・民主化された新しい皇室」、「大衆に親しまれる皇室」というイメージが社会に浸透してゆきました。それは、高度経済成長が始まり、「三種の神器」といわれたテレビ・洗濯機・冷蔵庫など家電製品が普及してゆき、週刊誌やマンガ誌の創刊も相つぐ、大衆消費社会の幕開け、のぼり調子の時代の空気ともマッチしていたのです。

しかし、そんな世間のムードの裏側で、今にいたる戦後日本の進路を決定づける、ある「事件」が、首都東京を舞台に人知れず起きようとしていました。

皇太子成婚パレードを一〇日後にひかえた三月三一日（火）の午後、東京のアメリカ大使館からワシントンの国務省へ、一通の秘密電報が発信されました。当時の駐日アメリカ大使ダグラス・マッカーサー二世（マッカーサー元帥の甥）からジョン・フォスター・ダレス国務長官にあてた、緊急の「極秘」公電（電報のかたちでやりとりされる公文書）です。（国務省での受信時間は三月三一日午前一時一七分。日本時間では同日午後二時一七分）

国務省はアメリカの外交関係をつかさどる政府機関。そのトップが国務長官です。日本の外務大臣にあたります。

なお、この公電は、共著者の新原昭治《にいはらしょうじ》が二〇〇八年四月に、アメリカ国立公文書館で発見しました。アメリカの情報自由法にもとづき、秘密指定解除（三〇年をへた政府文書は原則として開示）のうえ公開されたものです。このあと引用する一連の公電も同じ法律にもとづき公開されました。

この「極秘」公電には、日本でその前日に出されたある判決に対し、アメリカ政府が重大な関心をよせていること、そしてなんとかその判決をひっくり返そうと、ひそかに日本政府の中枢に手をのばし始めたという、驚くべき事実が記されていました。

その冒頭の文章は、まるで映画のオープニングシーンのように始まります。

「〔私は〕**今朝八時に藤山と会い、米軍の駐留と基地を日本国憲法違反とした東京地裁判決について話しあった。私は、日本政府が迅速な行動をとり、東京地裁判決を正すことの重要性を強調した**」（新原昭治・布川玲子訳、『砂川事件と田中最高裁長官』布川玲子・新原昭治編著　日本評論社　二〇一三年）→資料①

このなかで「私」とあるのはマッカーサー大使、「藤山」とあるのは、当時の岸信介内閣の外務大臣だった藤山愛一郎のことです。

「米軍の駐留と基地を日本国憲法違反とした東京地裁判決」とは、前日の三月三〇日に、東京地方裁判所で言い渡された「砂川事件」（→19ページ写真説明参照）無罪判決をさします。

電文はさらにつづきます。

「**私はこの判決が、**藤山が重視している安保条約についての協議に複雑さを生みだすだけでなく、四月二三日の**東京、大阪、北海道その他でのきわめて重要な知事選挙を前にしたこの重大な時期に、国民の気持ちに混乱を引き起こしかねないとの見解を表明した**」（同前）

1955-59 BOX 2918

INCOMING TELEGRAM *Department of State* ACTION COPY

SECRET

44-W
Action
FE
Info
RMR
SS
W
G
SP
C
L
INR
H
WMSC

Control: 18755 Assigned to PAK KWS
Rec'd: MARCH 31, 1959 1:17 AM
Action Taken noted
Date of Action 4/1
Action Office Symbol
Name of Officer
Direction to DC/R file

This Document must be Returned to the RM/R Central Files

FROM: TOKYO

TO: Secretary of State

NO: 1969, MARCH 31, 2 PM

PRIORITY

SENT DEPARTMENT 1969; REPEATED INFORMATION CINCPAC 552
COMUSJAPAN 533

LIMIT DISTRIBUTION.

CINCPAC FOR POLAD AND ADM FELT. COMUSJAPAN FOR GEN BURNS.

REEMBTEL 1968.

I SAW FUJIYAMA AT EIGHT O'CLOCK THIS MORNING AND DISCUSSED RULING OF TOKYO DISTRICT COURT THAT PRESENCE OF US FORCES AND BASES IN JAPAN VIOLATES JAPANESE CONSTITUTION. I STRESSED IMPORTANCE OF GOJ TAKING SPEEDY ACTION TO RECTIFY RULING BY TOKYO DISTRICT COURT. I EXPRESSED VIEW THAT RULING NOT ONLY CREATED COMPLICATIONS FOR SECURITY TREATY DISCUSSIONS TO WHICH FUJIYAMA ATTACHES SUCH IMPORTANCE BUT ALSO MAY CREATE CONFUSION IN MINDS OF PUBLIC IN THIS SIGNIFICANT PERIOD PRIOR TO VERY IMPORTANT GUBERNATORIAL ELECTIONS IN TOKYO, OSAKA, HOKKAIDO, ETC. ON APR 23.

711.5634/3-3159

I SAID THAT WHILE I WAS NOT FAMILIAR WITH MANY ASPECTS OF JAPANESE JURISPRUDENCE, I UNDERSTOOD TWO POSSIBILITIES WERE AVAILABLE TO GOJ:

1. TO APPEAL DECISION OF TOKYO DISTRICT COURT TO APPELLATE COURT OR

2. TO APPEAL DECISION DIRECT TO JAPANESE SUPREME COURT.

I SAID IF MY UNDERSTANDING WAS CORRECT, I FELT PERSONALLY IT WAS MOST IMPORTANT FOR GOJ TO APPEAL DIRECTLY TO SUPREME COURT, SINCE SOCIALISTS AND LEFTISTS WOULD NOT (RPT NOT) ACCEPT DECISION OF

Copy No(s) 7
Destroyed in RM/R
Date 5-6-59
Name

CLASSIFIED FILE CAA

SECRET

UNLESS "UNCLASSIFIED" REPRODUCTION FROM THIS COPY IS PROHIBITED.

PERMANENT
RECORD COPY • This copy must be returned to RM/R central files with notation of action taken •

資料①　1959年3月31日、マッカーサー大使が藤山外務大臣と密談し、砂川裁判の「跳躍上告」をうながした事実が書かれた、駐日アメリカ大使館からアメリカ国務省ダレス長官への「極秘」公電。

ダグラス・マッカーサー２世（1908〜97年）
米国ペンシルベニア州生まれ。有名なＧＨＱの最高司令官マッカーサー元帥の甥で、同元帥からダグラスというファーストネームをもらった。イェール大卒業後、1935年に国務省に入省。1957年２月から61年３月まで駐日アメリカ大使として、日米安保の改定交渉を担当した。（写真：共同通信社）

この公電は「極秘」に指定されています。アメリカ政府解禁秘密文書の秘密区分には、第二次世界大戦後、機密度の高い順から「トップ・シークレット（機密）」「シークレット（極秘）」「コンフィデンシャル（秘）」「オフィシャル・ユース・オンリー（部外秘）」という区分がもちいられています。

しかし、驚きです。ここで外国の大使であるはずのマッカーサーは、赴任国の外務大臣である藤山に対して、

「あなたはこの判決が、現在協議中の安保条約の改定作業に悪い影響をあたえることばかり心配しているが、よく考えてほしい。三週間後には、いくつもの大都市で知事選挙がおこなわれることになっている。この判決の問題を適切に処理しないと、そうした大切な選挙で自民党が負けてしまう可能性がある」

と、まるで上司のように、より広い視野から情勢分析を語っているのです。そして最後に藤山

「砂川事件」とは、1957年（昭和32年）に、東京都砂川町（現立川市）にあった米軍立川基地で起きた事件。同年七月八日、基地の滑走路拡張のための測量に反対する、地元農民と支援の労働者・学生のデモ隊の一部が、基地内に数メートル入ったとして、同年９月22日、23人が逮捕され、そのうち７人の労働者や学生が起訴された。容疑の内容は、日米安保条約にもとづく「刑事特別法」違反だった。刑事特別法（通称、刑特法《けいとくほう》）とは、米軍基地への許可なしでの立ち入りや、米軍の軍事機密の探知などを取り締まるための法律。（写真：共同通信社）

に対し、間接的な表現ながら、次のような「指示」をあたえているのです。

「私は、日本の法制度のことをよく知らないものの、日本政府がとりうる方策は二つあると理解しているとのべた。

1．東京地裁判決を上級裁判所〔東京高裁〕に控訴すること。

2．同判決を最高裁に直接、上告〔跳躍上告〕すること。

私は、もし自分の理解が正しいなら、**日本政府が直接最高裁**

に上告することが、非常に重要だと個人的には感じている。というのは、社会党や左翼勢力が上級裁判所〔東京高裁〕の判決を最終のものと受け入れることは決してなく、高裁への訴えは最高裁が最終判断を示すまで論議の時間を長引かせるだけのこととなろう。これは、左翼勢力や中立主義者らを益するだけであろうとのべた。

藤山愛一郎（1897～1985年）
東京生まれ。慶応大学政治科中退（病気療養のため）。新興財閥「藤山コンツェルン」の二代目総帥。日本商工会議所の会頭もつとめる。1957年に岸首相に請われて、財界から政界入りし、外務大臣や経済企画庁長官を歴任。1958年から60年にかけて日米安保改定交渉にあたる。
（写真：共同通信社）

藤山は全面的に同意するとのべた。完全に確実とは言えないが、藤山は、日本政府当局が最高裁に跳躍上告することはできるはずだ、との考えであった。**藤山は、今朝九時に開かれる閣議でこの上告を承認するようにうながしたいと語った**」（同前）

いかがでしょうか。外国の大使が、赴任先の国の裁判所で出された判決が不満だから、それを急いでくつがえすため、通常の上級裁判所（東京高裁）は飛ばして、いきなり最高裁へ上告しろと言っているのです。

普通では考えられません。このマッカーサー大使の行為は、露骨な内政干渉、主権侵害そのものといえます。

　しかしさらに驚くべきことは、そうした主権侵害を受けた藤山外務大臣の反応です。きわめてあっさりと、

「全面的に同意する」とのべ、

「このあと九時からの閣議でその方針を承認するようにうながしたい」

と外国の大使に約束しているのです。

　この「極秘」公電であきらかなように、マッカーサー大使はこの日、

「朝八時に藤山と会い」

「東京地裁判決について話しあい」

「日本政府が迅速に東京地裁判決を正すことの重要性を強調した」のです。

　つまりふたりが会ってから、「指示」が出され、それが閣議にかけられるまで、全部で一時間しか、かかっていないのです。

　いったいなぜ、このような出来事が起こってしまったのでしょうか。

「米軍駐留は憲法違反」と明言した伊達判決（三月三〇日）

その背景を知るためには、この「極秘」公電が問題にしている「東京地裁判決」について、よく知っておく必要があります。

19ページにあるように、一九五七年、東京都砂川町（現立川市）にある米軍基地内に、数メートル入ったデモの参加者二三人が逮捕され、そのうち七人が起訴されるという「砂川事件」が起こりました。

その裁判を担当した東京地裁刑事第一三部（裁判長伊達《だて》秋雄、裁判官清水春三、裁判官松本一郎）は、判決のなかで「米軍駐留は憲法第九条違反」という前例のない判断を示しました。その判決の要点は、以下のとおりです。少し長くなりますが、きわめて重要な内容なので、最後まで読んでみてください。

「①憲法第九条は、日本が戦争をする権利も、戦力をもつことも禁じている。

一方、日米安保条約では、日本に駐留する米軍は、日本防衛のためだけでなく、極東における平和と安全の維持のため、戦略上必要と判断したら日本国外にも出動できるとしている。その場合、日本が提供した基地は米軍の軍事行動のために使用される。その結果、日本が直接関係のない武力紛争にまきこまれ、戦争の被害が日本におよぶおそれもある。

したがって、安保条約によりこのような危険をもたらす可能性をもつ米軍駐留を許した日本政府の行為は、『政府の行為によってふたたび戦争の惨禍が起きないようにすることを決意』した日本国憲法の精神に反するのではないか。

②そうした危険性をもつ米軍の駐留は、日本政府が要請し、それをアメリカ政府が承諾した結果であり、つまり日本政府の行為によるものだといえる。米軍の駐留は、日本政府の要請と、基地の提供と費用の分担などの協力があるからこそ可能なのである。

この点を考えると、米軍の駐留を許していることは、指揮権の有無、米軍の出動義務の有無にかかわらず、憲法第九条第二項で禁止されている戦力の保持に該当するものといわざるをえない。結局、日本に駐留する米軍は憲法上その存在を許すべきではないといえる。

③刑事特別法は、正当な理由のない基地内への立ち入りに対し、一年以下の懲役または二〇〇〇円以下の罰金もしくは科料《かりょう》を課している。それは軽犯罪法の規定よりもとくに重い。しかし、米軍の日本駐留が憲法第九条第二項に違反している以上、国民に対し軽犯罪法の規定よりもとく

夕刊 讀賣新聞 THE YOMIURI SHIMBUN EVENING EDITION

3月30日 月曜日

米軍の駐留は違憲

砂川基地立入り事件に判決

行政協定 刑特法は無効

東京地裁 全員七人に無罪

判決理由要旨

政府

伊達裁判長

上期外貨予算きまる

総額24億ドル

貨物は昨年の二割増

「米軍駐留は違憲」の東京地裁「伊達判決」を報じた、1959年3月30日の「読売新聞」夕刊。

に重い刑罰をあたえる刑事特別法の規定は、どんな人でも適正な手続きによらなければ刑罰を科せられないとする憲法第三一条〔適正手続きの保障〕に違反しており、無効だ。したがって、全員無罪である」

判決当日の新聞各紙夕刊の一面には、「米軍駐留は憲法違反、砂川基地立ち入り、全員に無罪判決」などの大きな見出しが、かかげられました。この画期的な判決はのちに、伊達秋雄裁判長の名前をとって「伊達判決」と呼ばれるようになります。

伊達判決の衝撃（三月三〇日）

「伊達判決」は日米両政府に大きな衝撃をあたえました。両政府とも予想していなかった内容だったからです。そして「米軍駐留は憲法違反」という判決が、当時全国各地でくりひろげられていた米軍基地反対闘争や、安保条約改定反対運動を勢いづけ、ちょうどそのころ日米間で進められていた安保条約改定交渉（協議）の障害になると考えられたからです。この違憲判決がくつがえされないままだと、新安保条約案の国会提出も調印もできなくなってしまいます。

砂川事件の起きた砂川町では、一九五五年（昭和三〇年）五月に、日本政府が米軍立川基地の飛行場の滑走路拡張計画と、拡張予定地の接収を町当局に通告。先祖伝来の生活基盤である土地をとりあげられたくない地元農民を中心に、激しい反対運動が巻き起こり、町議会も満場一致で反対を決議しました。拡張計画の背後には、当時、日本の米空軍基地強化と軍用機のジェット機化を進めていた米軍からの強い要求がありました。

政府は日米安保条約にもとづく駐留軍用地特措法による強制収用にのりだし、一九五五年の秋と翌五六年の秋には、警官隊を大量に動員して予定地に踏みこみ、測量を強行しました。それを阻止しようとスクラムを組む農民たちと、支援に駆けつけた労働組合員らや学生らを、警官隊が

伊達秋雄《だてあきお》（1909〜94年）
大分県生まれ。京大法学部卒業。1933年に判事となり、新潟地裁、東京地裁などを歴任。1959年、「砂川事件」裁判で「米軍駐留は憲法九条違反」の画期的な判決を言いわたした。61年に退官後、法政大学教授（刑法専攻）、弁護士。（写真：共同通信社）

棍棒でなぐって排除する流血の事件も起き、千数百人にのぼる負傷者が出ました。

この反対運動は「砂川闘争」と呼ばれ、大きな注目を浴びました。農民たちを中心とする闘いの合言葉、「土地に杭は打たれても、心に杭は打たれない」も広く知られてゆきました。

当時、砂川のほかにも、山形県の大高根《おおたかね》射撃場の拡張、山梨県の北富士演習場の拡張、群馬県の妙義山《みょうぎさん》での演習場設置、千葉県の木更津《きさらづ》飛行場拡張、愛知県の小牧《こまき》飛行場拡張、米軍占領下の沖縄での基地建設にともなう土地のとりあげなど、米軍基地の拡大に対する反対運動が全国各地で広がっていたのです。

そんななか、もしも「米軍駐留は合憲」という従来の日本政府の解釈が裁判所の判決によって否定されてしまえば、日米安保の根幹が揺らぎます。それは、日米安保体制を強めてきた両政府にとって、絶対に容認できないことでした。

もちろん在日米軍基地を使用している米軍にとっても容認できません。だから、このあと何通もご紹介するアメリカ大使館から国務長官にあてた、砂川裁判をめぐる一連の秘密公電は、「同文情報提供」扱い（同じ内容の公電をそのまま他の関係部署に送ること）の指示がされて、在日米軍司令部とその上部組織である太平洋軍司令部にも転送されていました。米軍上層部もこの問題に、なみなみならぬ関心をよせていたと考えられます。

「伊達判決」が出された三月三〇日、ただちにアメリカ大使館から国務長官へ、次のような「部外秘」公電が送られていました。

> 「伊達秋雄裁判官を裁判長とする東京地方裁判所法廷は本日、日本が日本防衛の目的で米軍の日本駐留を許している行為は『憲法第九条第二項で禁じられている陸海空軍その他の戦力保持の範疇《ちゅう》に入るもので、日米安保条約と日米行政協定の国際的妥当性がどうであれ、国内法のもとにおいては米軍の駐留は……憲法に違反している』と宣言した。（中略）
>
> 当地の夕刊各紙はこれを大きくとりあげており、当大使館はマスメディアからさまざまな性格の異なる報道に関した数多くの問い合わせを受けている。**外務省当局者と協議のあと、これらの問い合わせには『日本の法廷の判決や決定に関して当大使館がコメントするのは、きわめて不適切であろう。この問題にコメントする最適の立場にあるのは日本政府だと考える』旨《むね》答えている。**

在日米軍司令部もマスメディアの問い合わせに同様の回答をしている。
外務省当局者がわれわれに語ったところによれば、日本政府は地裁判決を上訴するつもりであり、今夜の参院予算委員会質疑で法務大臣がそれについて言明する予定である」(同前)

なお、日米行政協定とは日米安保条約の付属協定で、一九五二年に調印され、日本における米軍・米軍人・軍属・それらの家族の法的地位と特権などを定めたものです。六〇年の安保改定にともない日米地位協定と改称されました。

すでにのべたとおり、マッカーサー大使はこのあとすぐに行動を起こしました。三月三一日、閣議を一時間後にひかえた早朝、藤山外務大臣に会い、「東京地裁判決を正すことの重要性」を強調して、すみやかに最高裁に直接上告するよう、うながしたのです。表むきは、「日本の法廷の判決や決定に関して当大使館がコメントするのは、きわめて不適切であろう」とマスメディアに答えておきながら、裏ではこのように非常にすばやく介入していたわけです。

地裁などの一審判決に対して、高裁への控訴という通常の手続きを踏まずに、最高裁に直接上告することを「跳躍上告《ちょうやくじょうこく》」といいます。一審判決で憲法違反と判断されたり、地方自治体の条例や規則が法律違反と判断されたりしたケースにかぎって、できることになっていますが、これはきわめて珍しいもので、「伊達判決」に対する跳躍上告がなされる以前には、尊属傷害致死事件をめぐる福岡地裁飯塚支部判決（一九五〇年）に対する一例があるだけでした。

跳躍上告をすると、通常の手続きよりも早く、最高裁での判決が得られます。マッカーサー大使が異例の跳躍上告を求めた背後には、「米軍駐留は違憲」という内容の「伊達判決」を、一日でも早く、くつがえしたいアメリカ政府と米軍の意向があったのでしょう。

こうしたマッカーサー大使の申し入れに、藤山外務大臣は「全面的に同意する」と答え、直後の閣議で跳躍上告を「承認するようにうながしたい」と応じました。外国の一大使が他国の政府中枢にまで、政治的工作の手を伸ばしているのです。重大「事件」と言ってもいいでしょう。

ところが、藤山外務大臣はさして気にする風もなく、打てば響くように「全面的に同意」しています。すぐに閣議で首相や閣僚と相談して、マッカーサー大使の望む方向で対処する意向を示しているのです。

その背景についてはおいおい解き明かしてゆくことにして、もう一通、アメリカ大使館から国務長官へ三月三一日に送られた「秘」公電を見てみましょう。マッカーサー大使が日本の外務省当局者と、どれだけ緊密に連絡をとりあっていたかがわかります。（国務省受信同日午前九時二九分、日本時間同日午後一〇時二九分）

「**今夕**《こんゆう》**、外務省当局者は、日本政府が東京地裁判決を最高裁に跳躍上告するか、それともまず東京高裁に控訴するかをめぐって、いまだ結論に到達していないと知らせてきた。**どちらの選択肢をとることがより望ましいかで議論の余地があるらしく、目下、法務省で緊急に検討中である。外務省当局者は、いまの状況をなるべく早くすっきりと解決することが望ましいことは十分認識している」(同前)

藤山・マッカーサーの二度目の密談（四月一日）

翌四月一日、マッカーサー大使はふたたび藤山外務大臣と密談し、その後の経過を聞き、国務長官に「秘」公電で報告しています。→資料②

「**藤山が本日、内密に会いたいと言ってきた。**藤山は、これまでの数多くの判決によって支持されてきた〔政府の〕憲法解釈が、砂川事件の上訴審でも維持されるであろうということに、日本政府は完全な確信をもっていることを、アメリカ政府に知ってもらいたいとのべた。

法務省は目下、高裁を飛びこして最高裁に跳躍上告する方法を検討中である。最高裁には三〇

1955-59 Box 2918

INCOMING TELEGRAM *Department of State* ACTION COPY

37

CONFIDENTIAL

Action
FE
Info

RMR

SS
W
G
SP
C
L
INR
H
P
UOP
IRC

OCB
USIA
CIA
OSD
ARMY
NAVY
AIR

Control: 290
Rec'd: APRIL 1, 1959
7:26 AM

FROM: TOKYO

TO: Secretary of State

NO: 1982, APRIL 1, 8 PM

Action Assigned to ___
Action Taken noted
Date 4/1
Office Symbol NA/P
Name of Officer
Direction to DC/R

PRIORITY

SENT DEPARTMENT 1982, REPEATED INFORMATION CINCPAC 557, COMUS/J 338.

CINCPAC FOR POLAD.

REF EMBTEL 1968.

FUJIYAMA ASKED ME TO MEET WITH HIM PRIVATELY TODAY. HE SAID HE WANTED US GOVT TO KNOW THAT GOJ HAS COMPLETE CONFIDENCE THAT IS INTERPRETATION OF CONSTITUTION, WHICH HAS BEEN BUTTRESSED BY LARGE NUMBER OF PREVIOUS COURT DECISIONS, WILL BE SUSTAINED WHEN SUNAKAWA CASE IS APPEALED. JUSTICE MINISTRY IS NOW STUDYING WAYS AND MEANS OF APPEALING CASE DIRECTLY TO SUPREME COURT, BY-PASSING HIGHER COURT. ALTHOUGH SUPREME COURT HAS OVER 3,000 PENDING CASES, GOVT BELIEVES IT WILL GIVE PRIORITY TO CASE. NEVERTHELESS FUJIYAMA SAID PRESENT ESTIMATE IS THAT EVEN IF SUPREME COURT GIVES PRIORITY CONSIDERATION IT WOULD STILL REQUIRE THREE TO FOUR MONTHS TO RENDER FINAL VERDICT.

MEANWHILE, FUJIYAMA SAID, IT IS IMPORTANT THAT GOJ SHOULD DO COMPORT ITSELF AS TO SHOW CLEARLY THAT IT HAS NO DOUBT WHATSOEVER THAT TOKYO COURT DECISION WILL BE REVERSED AND THAT GOJ POSITION THAT SELF-DEFENSE FORCES, PRESENCE OF US FORCES, ETC. ARE C CONSTITUTIONAL WILL BE SUSTAINED. PRESS AND PUBLIC OPINION REACTIONS TO COURT DECISION HAVE THUS FAR BEEN BY NO MEANS UNFAVORABLE TO GOJ POSITION. GOJ FOR TIME BEING NOT NECESSARILY DISPLEASED BY NEW SOCIALIST CLAMOR TO RESPECT JUDICIARY, BECAUSE THEY EXPECT "SOCIALIST LEGALITY" TO BOOMERANG WHEN SUPREME COURT ACTS.

IT WOULD

711.56394/4-159

HBS

711.56 394/4-159

FILED

CLASSIFIED FILE

UNLESS "UNCLASSIFIED" REPRODUCTION FROM THIS COPY IS PROHIBITED.

CONFIDENTIAL

PERMANENT
RECORD COPY • This copy must be returned to RM/R central files with notation of action taken.

Document must be returned to the RM/R Central Files

資料②　1959年４月１日、マッカーサー大使と藤山外務大臣の２回目の密談について記した、駐日アメリカ大使館からアメリカ国務省ダレス長官への「秘」公電。

〇〇件をこえる係争中の案件がかかっているが、最高裁は本事件に優先権をあたえるであろうことを政府は信じている。

とはいえ、藤山がのべたところによると、現在の推測では、最高裁が優先的考慮を払ったとしても、**最終判決を下すまでにはやはり三カ月ないし四カ月を要する**であろうということである」（新原・布川訳　同前）

マッカーサー大使の申し入れを受けて、政府内で跳躍上告に向けた動きが進みつつあるのがわかります。早く最高裁での審理にこぎつけ、「米軍駐留は合憲」との逆転判決を得たいという日米両政府の思惑が伝わってきます。「最高裁は本事件に優先権をあたえるであろう」と、最高裁での審理が他の案件よりも優先しておこなわれることを、日本政府は計算に入れている様子です。

密談の場所はどこだったのか？

それにしても、マッカーサー大使はいったいどこで藤山外務大臣と密談を重ねていたのでしょうか。アメリカ大使館の公電には会談場所の記載がないため、正確にはわかりません。

しかし、手がかりはあります。外務省が二〇一〇年七月七日、秘密指定解除のうえ一般公開した、日米安保条約改定交渉に関する膨大な外交文書のなかに、藤山外務大臣とマッカーサー大使の会談記録が含まれていたのです。

なお、それは一般公開よりも前に同年四月、情報公開法にもとづき文書開示請求をしていた砂川事件の元被告らに開示されていました。そのことについてはPART3でのべます（233ページ）。

さて、問題の文書は、「四月一日藤山大臣在京米大使会談録」という題名です。外務省専用の事務用箋に手書きの文字。欄外の左上には「極秘」と書かれています。

「日時　昭和三十四年四月一日午後三時半――五時五十分、

於帝国ホテル第一二五五号室

出席者　藤山大臣、山田次官、森米局長（外務省アメリカ局長）、米保長《べいほちょう》〔外務省アメリカ局安全保障課長＝東郷文彦氏〕

マックアーサー大使、レンハート公使、ハーツ書記官

大臣　まず一言申しあげたいが、砂川事件に関する東京地裁判決はご承知のとおりであるが、政府は安保条約の改訂交渉はもちろん引きつづき継続していく。

目下最高裁に直接提訴するや否や〔かどうか〕検討中で、検事総長の帰京を待って決

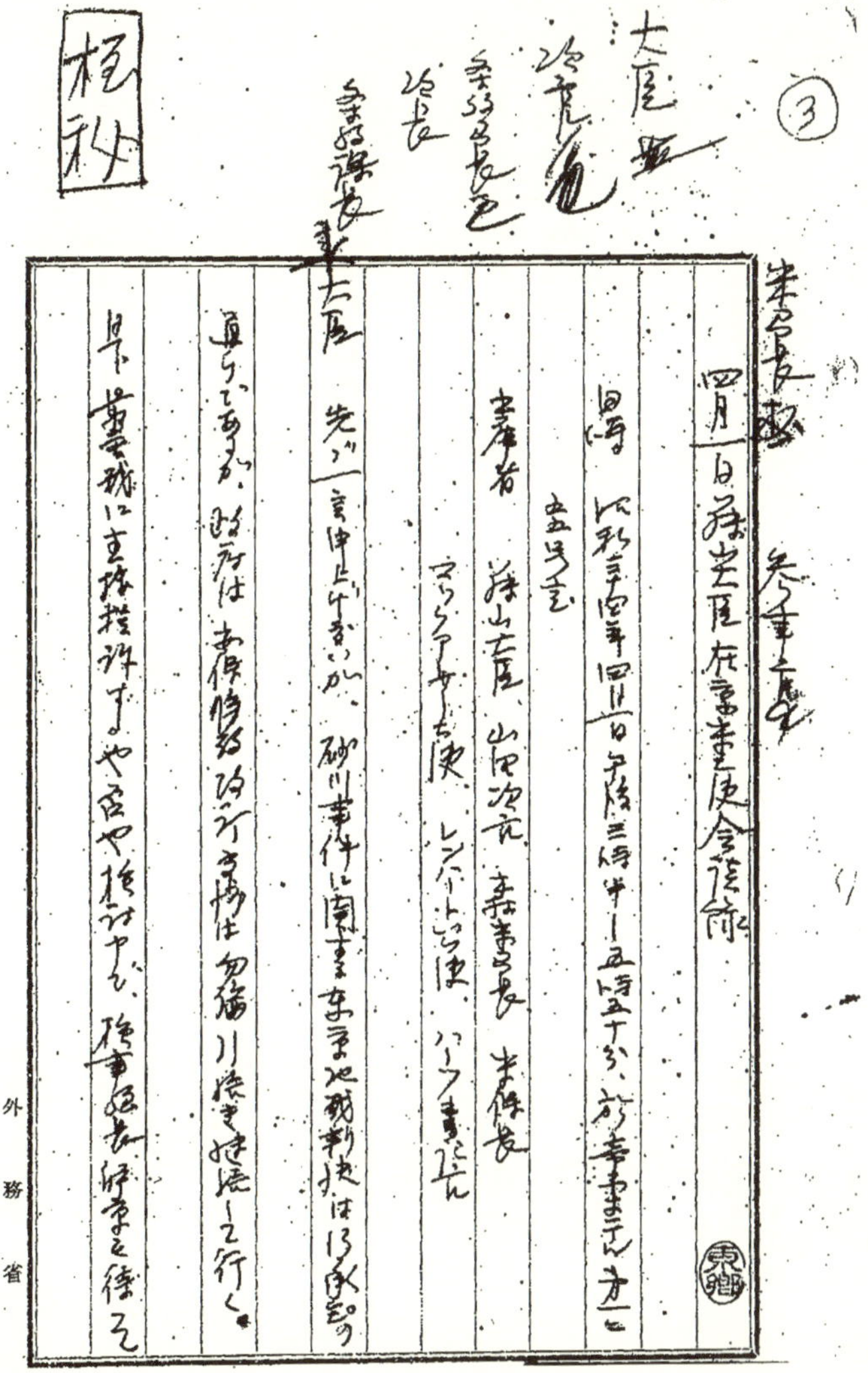
極秘

四月一日藤山大臣在京米大使会談録

日時　昭和三十四年四月一日午後三時半－五時五十分、於帝国ホテル

参席者　藤山大臣、山田次官、森米局長、条約局長

安川(?)

マッカーサー大使、レンハート公使、ハーツ書記官

大臣　先づ、申上げたいが、砂川事件に関する東京地裁判決は何ら影響のないものであるが、政府は安保条約改定交渉は勿論引続き推進して行く。

尚　最高裁に直接提訴するや否や検討中で、検事総長等とも連絡をとって

外務省

資料③　1959年４月１日のマッカーサー大使と藤山外務大臣の帝国ホテルでの会談を記録した外務省「極秘」文書の１枚目。

定する。

大使　最高裁に行った場合その時期の見とおし、うけたまわりたし。

大臣　**最高裁でも優先的にあつかうと聞いているが**、自分にははっきりしたことはいえない。まず**三、四カ月はかかるべし〔だろう〕**。総理、法務大臣とも話しているが、上告の決定は検事総長の帰京の上に決める」→資料③

法務省が具体的に最高裁への跳躍上告を検討中であること、最高裁は本事件に優先権をあたえるだろうとの見通し、最高裁で判決が出るまで三、四カ月かかるだろうとの推測――。同じ日のアメリカ大使館の公電と内容が一致しています。

四月一日のマッカーサー・藤山密談の場所は、帝国ホテルの一二五五号室だったと見て、ほぼ間違いないでしょう。

帝国ホテルでの安保改定の秘密交渉（一九五八年一〇月～六〇年一月）

帝国ホテルは東京都千代田区内幸町にあり、日比谷公園に面しています。そこは皇居、霞が関、

マッカーサー大使と藤山外務大臣らが日米安保改定の秘密交渉・密約交渉、砂川裁判に関する密談に使った当時の帝国ホテル。（写真：共同通信社）

永田町、銀座、新橋も近い、東京中心部の一等地です。一八九〇年（明治二三年）開業の歴史を誇り、日本を代表する高級ホテルとして知られています。

戦後、日本が米軍を主とする連合国軍占領下におかれた直後の、一九四五年（昭和二〇年）九月一七日、帝国ホテルは連合国軍とGHQ（連合国最高司令官総司令部）の高官のための宿舎として接収されました。占領時代、当時の吉田茂首相など日本の保守政治家が帝国ホテルに宿泊するGHQ高官をひそかに訪ねて、重要な問題について話しあっていたことがわかっています（『知られざる日本占領―ウィロビー回顧録』C・A・ウィロビー著など）。

一九五一年（昭和二六年）九月八日にサンフランシスコ講和条約が調印され、翌五二年四月二八日に発効し、日本が独立を回復すると、帝国ホテルも接収を解除され、自由営業を再開しました。

藤山外務大臣の回想録、『政治わが道』（藤山愛一郎著　朝日新聞社　一九七六年）によると、一九五八年（昭和三三年）一〇月から一九六〇年（昭和三五年）一月にかけて、日米安保改定交渉の公式協議がおこなわれました。旧安保条約には占領期の名残りがのこっているので、それを独立国にふさわしい対等な条約に変えるのだと提唱した岸首相の方針により、安保改定は政権の最重要政策とされていました。表向きの協議は外務省でされていましたが、実質的な協議は秘密交渉とされ、帝国ホテルでおこなわれました。『政治わが道』には、その経緯と実際の様子が生々しく描かれています。それは、この回想録ではじめて明かされた事実でした。

「日米安保条約の改定に関する具体的な交渉は、ワシントンでの約束通り昭和三十三年十月から東京で開始された。日本側は私が首席代表で、ほかに山田久就《ひさなり》外務事務次官、森治樹アメリカ局長、高橋通敏《みちとし》条約局長、それに交渉中ずっと私の通訳をしてくれた東郷文彦安全保障課長らが出席、アメリカ側は首席代表のマッカーサー大使のほかに大使館のホーシー公使やスナイダー一等書記官が交渉団のメンバーに加わった。十月四日に芝白金

岸信介（1896〜1987年）
山口県生まれ。東大法学部卒業。高級官僚として戦前、軍部と連携し、1941年に東条英機内閣の商工大臣に就任。国家総動員体制の中枢を担う。45年の敗戦後、A級戦犯容疑で逮捕されたが、東京裁判では不起訴。52年に公職追放を解除され、57年、自民党総裁となり、総理大臣に就任。（写真：共同通信社）

の外相公邸で開かれた第一回交渉の際には、安保改定に取り組む日本側の熱意を示そうという考えもあって、とくに岸首相も出席した。この日は、藤山・ダレス会談の合意内容を確認しあい、日米双方が基本的な考えをのべあった」(『政治わが道』)

「安保交渉は大事な交渉だから、秘密が記者諸君にもれてはいけない。そこで、表向きは一カ月に一度外務省で交渉し、問題点を整理して新聞記者に発表するが、これとは別に、公表せず、こっそりおこなう会議を並行していくことになった。

その秘密交渉の舞台には帝国ホテルを使った。それも用心に用心を重ねて、あっちの客室、こっちの客室と、会議のつど借りる部屋を変えた。私と外務省の人たちは、ひとりずつ、人目につかないように入っていく。マッカーサー大使は、ホテルの東宝劇場に近い方のアーケードのある入り口を利用した。車を近くで停めて、シャツの箱をぶら下げる。そのなかには、実は必要な書類をしのばせてあったのだが、ぶらぶら歩いて、シャツを買いにきたか、買って帰るかのような格好でフラッと部屋に上がってきたから、おそらく、だれの目にもとまらなかっただろう」(同前)

政府要人が、そして高級官僚たちが、人目を避けてひとりずつ、ばらばらにホテルに入り、さりげなくロビーや廊下を通りぬけて、とある客室のなかに消えてゆく。超大国アメリカの外交官がショッピングを装いながら、ホテルにまぎれこみ、やはり誰の目にもとまらず、客室のドアの向こうに姿を消す。それぞれ機密書類を忍ばせて。しかも毎回、集まる部屋を変えながら――。スパイ映画さながらの光景が目に浮かびます。

かれらがこのように細心の注意を払っていたのには、深い理由がありました。

安保改定交渉と密約

当時、岸政権は安保改定において、日本側の自主性、日米の対等性を確保するためという大義名分をかかげ、新条約に日米間の「事前協議」の制度を盛りこむことを目標としていました。具体的には、米軍の日本への配置〔部隊の配備〕における重要な変更、核兵器の持ちこみなど米軍の装備における重要な変更、日本に対して他国が武力攻撃をしてきた場合以外の紛争での米軍の戦闘作戦における基地の使用は、日本政府との事前協議の対象にするというものです。

しかし、従来の安保条約と行政協定（現在の地位協定）によって、米軍の日本への自由な出入りや基地の自由使用の特権を得ているアメリカは、みずからの軍事戦略をつねにフリーハンドで機能させるため、このような事前協議の枠組みにしばられたくはないと考えていました。

そこで帝国ホテルを舞台にした秘密協議の末、

「核兵器をつんだ米軍艦船の日本寄港や領海通過、同様の米軍機の一時飛来は、事前協議なしにできる」

「米軍は事前協議なしに在日米軍基地を自由に使用して出撃できる」

「安保改定にともなう行政協定から地位協定への改称後も、従来どおり基地の自由使用の特権を保障する」

などの重要な密約を、一九六〇年（昭和三五年）一月一九日の新安保条約調印直前の、一月六日に結ぶことになります。

その結果、「事前協議制度」そのものは新安保条約の付属文書に明記されましたが、密約によって骨抜きにされてしまいました。まったくの見せかけにしかすぎず、これまで一度も使われたことがありません。アメリカが絶対的な優位を保持する日米軍事提携、つまり日米間の軍事同盟という日米関係において、そもそも対等性など確保できるはずがなかったともいえます。こうした密約のくわしい内容については、本書のＰＡＲＴ３でご説明することにします。

ともかく、このような安保改定の秘密交渉の内容は、絶対に外部にもれてはいけなかったのです。もちろん、マッカーサー大使が砂川事件の「伊達判決」をくつがえすため、内政干渉にあたる行為をしていた事実も同じです。このふたつの極秘活動、つまり安保改定の秘密交渉と砂川事件裁判（以下、砂川裁判）への政治的工作が、この時期、同時並行で進められていたのです。

藤山の回想によると、帝国ホテルでのひそかな集まりは、

「はじめのうちはほぼ一週間に一回ずつ、交渉が煮詰まってからは三日に一回ぐらいの割合で開いた」

といいます。たいてい「午後二時ごろから五時ごろまで三時間ぐらいだった」そうです。部屋のなかでは、

「みんなネクタイをはずして、車座になって話しあった。コーヒーや紅茶など飲み物は、会談が始まる前にホテルのボーイに運んでおいてもらい、あとはセルフサービスにした」

といいます。回想録には、そうした秘密交渉は、

「十四、五回におよんだはずだが、ついに最後までだれにも気づかれなかった」

と書かれています。

こうして、国民の目のとどかない密室で、日本の進路を左右するような重大な交渉が、ごく限られた人間たちの手によって進められていきました。そしてかれらは秘密の会合を終えると、いつも、ひとりまたひとりと部屋を立ち去り、影のように散っていったのでしょうか。

三月三一日の閣議直前の密談場所は、どこだったのか？

「伊達判決」翌日の一九五九年三月三一日早朝、閣議直前にマッカーサーと藤山が密談した場所も、帝国ホテルの一室だったのかどうか。それも正確にはわかりません。

外務省は、「四月一日藤山大臣在京米大使会談録」にあたるような、三月三一日の藤山・マッカーサー会談の記録文書は「存在しない」としています（本当かどうかは定かではありませんが）。

当時、帝国ホテルが安保改定秘密交渉のような密談の場に使われていたことから考えると、三月三一日もやはりそこで、ふたりは落ちあったのかもしれません。帝国ホテルはアメリカ大使館からも、外務省からも近いので便利です。しかし、閣議直前の早朝というあわただしい時間帯でもあり、「伊達判決」はいわば突発事件ですから、急にそのためにホテルの部屋を予約して落ちあうのも手間がかかるといえます。

藤山外務大臣の回想録『政治わが道』には、安保改定交渉の日本側チームのひとりだった山田久就外務事務次官（当時）の談話ものっており、こんな事実があかされています。

「マッカーサー大使は気さくな人で、朝九時ごろ、狸穴《まみあな》〔港区麻布狸穴町〕の外務次官公邸にフラッと訪ねてくるようなことがよくあった。それで、ふたりで藤山さんを引っ張りだしてホテルでひそかに話したこともある」

もしかするとマッカーサーはその例にならって、三月三一日の朝早く、芝白金にあった外務大臣公邸に藤山を訪ねたという可能性もあります。

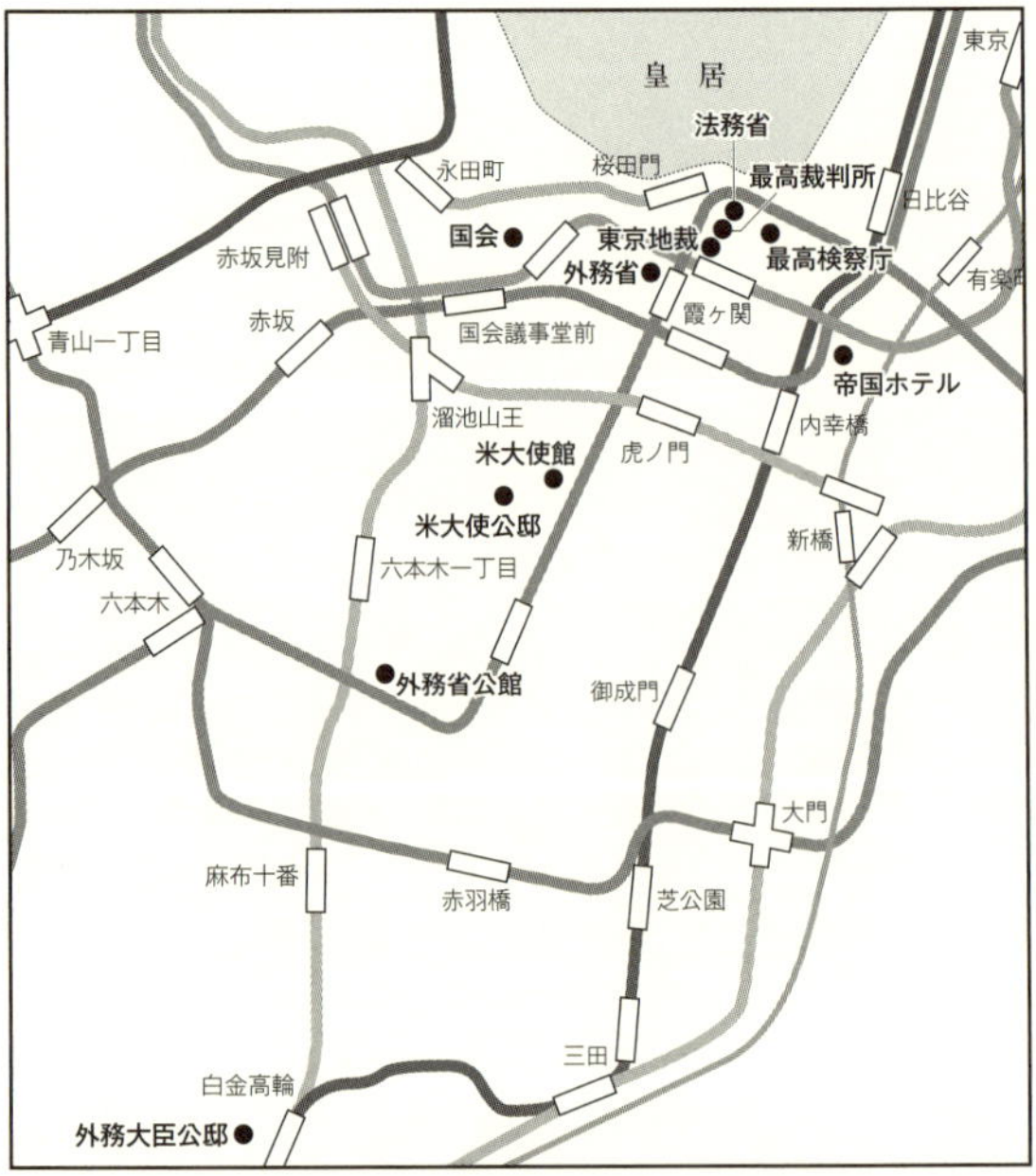

〔注〕1959年当時、最高裁は霞が関の現在、東京地裁のある場所にあった。

ただ、朝八時に会って話をして、九時からはもう閣議が始まるわけです。閣議は国会閉会中は首相官邸閣議室で、国会開会中は国会の院内閣議室で開かれます。このときは、国会は開会中でした。港区の芝白金から車を飛ばしても、千代田区永田町にある国会内での閣議に間にあうには時間的にきびしそうです。

とすると、やはり国会や首相官邸にも近い帝国ホテルだったのでしょうか。あるいは、国会に近い永田町にあったホテル・ニュージャパン内の藤山事務所を訪ねたのでしょうか。それとも、マッカーサー大使は国会議事堂にまで乗りこんでいったのでしょうか……。

いずれにしても、マッカーサーは日本の外務大臣や外務次官と、そのようにいつでも自由に会える関係を築いていたのです。いや、超大国アメリカの大使として、それだけの力は最初からもっていて当然なのでしょう。砂川裁判への政府中枢を通じての工作も、こうした下地があったからこそ、なんなくできたにちがいありません。

跳躍上告決まる（四月三日）

四月三日、マッカーサー大使の望みどおりに、跳躍上告《ちょうやくじょうこく》が決定しました。最初の藤山への「指示」から、わずか三日後のことです。

この日のアメリカ大使館発、国務長官宛て「秘」公電で、マッカーサーはこう報告しています。

「**自民党の福田幹事長は、内閣と自民党が今朝、**政府は日本における米軍基地と米軍駐留に関する**東京地裁判決を最高裁に直接上告することに決定した、と私に語った**」（同前）

マッカーサー大使は最高裁への跳躍上告決定の知らせを、岸首相の腹心である自民党・福田赳《たけ》夫《お》幹事長（当時）から直接受けていたのです。マッカーサーは政府要人だけでなく、与党の有力政治家とも交際があり、日ごろから連絡をとりあっていたのでしょう。

右の公電から約七時間後、マッカーサーはアメリカ大使館発、国務長官宛て「秘」公電で、跳躍上告に関するさらにくわしい説明をしています。

「法務省は本日、砂川事件に関する東京地裁伊達判決を、東京高裁を飛び越して直接最高裁に上告することに決めたと発表した。**外務省当局者がわれわれに語ったところによると、法務省は近く最高裁に提出予定の上告趣意書を準備中だという。**最高裁が本件をどのくらいの早さで再審理するかを予測するのは不可能である。判決の時機をめぐる観測者たちの推測は、数週間から数カ月もしくはそれ以上まで広範囲におよんでいる。

政府幹部は伊達判決がくつがえされることを確信しており、案件の迅速な処理に向けて圧力をかけようとしている」（同前）→資料④

文中にある「上告趣意書」とは、最高裁へ上告する側が、上告の理由を書いて提出する書類で

1955-59 Box 2918

INCOMING TELEGRAM Department of State ACTION COPY

35 CONFIDENTIAL

Action Assigned to
Control: 2182
Rec'd: APRIL 3, 1959
9:44 AM

Action Taken
Date of Action 4/6
Action Office Symbol
Name of Officer
Direction to DC/R

Action
FE
Info
RMR
SS
W
G
SP
C
L
INR
H
P
UOP
WMSC
IRC
OCB
USIA
CIA
OSD
ARMY
NAVY
AIR

FROM: TOKYO

TO: Secretary of State

NO: 2019, APRIL 3, 9 PM

SENT DEPARTMENT 2919, REPEATED INFORMATION CINCPAC 568, COMUS-JAPAN 349.

CINCPAC FOR POLAD.

EMBTEL 1982.

MINISTRY OF JUSTICE TODAY ANNOUNCED DECISION APPEAL DISTRICT COURT DATE'S DECISION IN SUNAKAWA CASE DIRECTLY TO SUPREME COURT BYPASSING TOKYO HIGHER COURT. FONOFF TELLS US JUSTICE MINISTRY PREPARING LEGAL BRIEF WHICH WILL BE PRESENTED TO SUPREME COURT IN NEAR FUTURE. IMPOSSIBLE PREDICT SPEED WITH WHICH SUPREME COURT WILL REVIEW CASE, AND ESTIMATES OF OBSERVERS AS TO TIMING OF DECISION RANGE ALL THE WAY FROM SEVERAL WEEKS TO MANY MONTHS.

GOVT LEADERS ARE CONFIDENT JUDGE DATE'S DECISION WILL BE REVERSED, AND WILL PRESS FOR SPEEDY HANDLING OF CASE. NUMBER OF FACTORS MAKE EARLY SUPREME COURT DECISION DESIRABLE INCLUDING 1) OBVIOUS SHORT TERM VALUE OF DATE DECISION TO SOCIALISTS IN ELECTION CAMPAIGN 2) CONSIDERATIONS FOR JAPAN'S INTERNATIONAL PRESTIGE, FOR EXAMPLE, AS REGARDS NEGOTIATIONS FOR JAPAN-US SECURITY TREATY REVISION; AND 3) POSSIBILITY THAT LEFT WINGERS MAY ATTEMPT LEGAL MANEUVERS TO EMBARRASS GOJ AND PARTICULARLY JAPANESE DEFENSE ESTABLISHMENT. THERE IS NO (RPT NO) INDICATION AS YET THAT LEFTISTS WILL RESORT TO SUCH LEGAL TACTICS, BUT FONOFF SOURCE TOLD EMBASSY OFFICER DATE DECISION GIVE SOME SCOPE FOR LEFT WING LEGAL MANEUVERS IN CASE ALREADY PENDING BEFORE THE COURTS. EXAMPLE CITED WAS FUJI MANEUVER AREA CASE IN SHIZUOKA COURT IN WHICH FARMERS LED BY RADICAL ATTORNEYS PLEADING THAT ARTICLE 2(4)A OF THE ADMINISTRATIVE AGREEMENT DOES NOT AUTHORIZE PROCUREMENT AGENCY MAKE LAND AVAILABLE TO JSDF LAND WHICH IT REQUISITIONED FOR USE OF US FORCES. (THIS CASE HAS THUS FAR BEEN CONSIDERED PRIMARILY IN NATURE OF "NUISANCE SUIT",

711.5634/4-359

PERMANENT RECORD COPY • This copy must be returned to RM/R central files with notation of action taken
CONFIDENTIAL
UNLESS "UNCLASSIFIED" REPRODUCTION FROM THIS COPY IS PROHIBITED

資料④　日本政府が東京地裁「伊達判決」を不服として、最高裁に「跳躍上告」をしたという情報を伝える、1959年４月３日の駐日アメリカ大使館からアメリカ国務省ダレス長官への「秘」公電。

す。この砂川裁判のケースでは、無罪判決を不服として検察側が上告したわけですから、「上告趣意書」の提出者は東京地検なのです。にもかかわらずこの文書を読むと（文書発見者の新原が指摘するように）、実質上は政府が、または政府と検察が一体になって、マッカーサー大使から指示された「跳躍上告」の実現にとりくんでいるように感じられます。

また、そうした政府内部の情報をこまかく知らせてくる「外務省当局者」とは、いったい誰なのでしょう。おそらく安保改定交渉で大使とも日ごろから連絡をとりあっていた山田事務次官か、外務省アメリカ局（現北米局）や条約局などの幹部ではないかと思われます。

公電の文面からは、マッカーサー大使はじめアメリカ大使館と岸政権の要人、外務省、法務省、検察など日本政府の当局者たちが、「伊達判決」を最高裁でくつがえすために、まるでタッグを組んで対処しているような印象を受けます。一種の「共犯関係」がここで成立しているといえます。

引用した電文の最後の部分、「政府幹部は（中略）案件の迅速な処理に圧力をかけようとしている」というところに注目してください。この案件が最高裁で「迅速な処理」がされるように、いったいどこの誰に、どんな圧力をかけようというのでしょう。

いつ裁判の審理を開始するのか、公判は何回開くのか、裁判官たちが評議をして判決を出すまでにどれくらいかかるのかなど、裁判の日程・手続きを決めるのは最高裁です。だから、「迅速な処理」がされるかどうか、その鍵を握っているのは当然、最高裁であり、とくにトップの最高裁長官の意向が決定的な重みをもつと言っていいでしょう。当時そのポストにいたのは、田中耕太郎長官でした。

マッカーサー大使は四月一日の国務長官宛て「秘」公電に、

「最高裁には三〇〇〇件を越える係争中の案件がかかっているが、最高裁は本事件に優先権をあたえるであろうことを政府は信じている」

と、藤山外務大臣との密談で聞かされた事実を記していました。

日本政府が最高裁に対して、この件を優先的にあつかい、「迅速な処理」をするようなんらかの圧力をかけようとしていたのは、ほぼまちがいないでしょう。しかし、それは行政から司法への圧力であり、三権分立という民主国家の原理を侵す行為にほかなりません。行政権や立法権と対等であるべき司法権の独立性が、根底から損なわれようとしていたのです。

「最高裁は本事件に優先権をあたえるであろう」

と政府が信じ、

「伊達判決がくつがえされる」

と政府幹部が確信する根拠はなんだったのでしょうか。最高裁側から、なんらかの感触をすでに得ていたのでしょうか。それも気になるところです。

そして、そのような圧力を日本政府がかけようとした背後には、マッカーサー大使を通じて伝わってくるアメリカ政府の意志が、外圧として作用していたはずです。

駐日アメリカ大使と最高裁長官の密談（四月Ｘ日）

上告が決定してから一週間後の四月一〇日、東京の街は皇太子成婚パレードでわき返りました。

1959年４月10日、東京の街はきらびやかな馬車をつらねた皇太子（現天皇）成婚パレードでわき返った。（写真：共同通信社）

その日は快晴で、午前一〇時から皇居で「結婚の儀」があり、午後二時半より二重橋から渋谷区の東宮仮御所《とうぐうかりごしょ》まで、きらびやかに飾った六頭立ての馬車をつらね、パレードがおこなわれました。沿道の人出は五三万二〇〇〇人にのぼったといわれます。まさに「ミッチー・ブーム」のクライマックスでした。

パレードは各放送局の計一〇八台のテレビカメラによって全国に中継され、国民の目を釘づけにしました。パレードを見るためにテレビを購入した家庭も多く、当時、電気店の在庫が一掃されたそうです。NHKのテレビ受信契約数は、婚儀一週間前に二〇〇万を越え、成婚パレードの視聴者数は一五〇〇万人に達したと推定されています。

途中、馬車に投石し、飛び乗ろうとした少年が警官にとり押さえられるハプニングはあったものの、パレードは日本の戦後復興と新しい皇室を象徴する華麗な祭典として人びとの記憶に残りました。

しかし、こうした華やかなブームと式典の背後で、アメリカ政府による砂川裁判への干渉や核持ち込み密約などを含む安保改定秘密交渉が進んでいたとは、人びとは夢にも思わなかったでしょう。

最高裁への跳躍上告が決まったからといって、マッカーサー大使はあとのことを日本政府に任せきりにしていたわけではありません。皇太子成婚パレードから二週間後の一九五九年四月二四日、アメリカ大使館から、国務長官に宛てた「秘」公電を見てください。これまた驚くべき内容が記されています。なんとマッカーサー大使は、最高裁長官にまでひそかな接触の手を伸ばしていたのです。

「最高裁は四月二二日、最高検察庁〔訳者注：実際の上告趣意書の提出者は、東京地検検事正野村佐太男〕による砂川事件の東京地裁判決上告趣意書の提出期限を六月一五日に設定した。これに対し、被告側は答弁書を提出することになる。

外務省当局者がわれわれに知らせてきたところによると、上訴についての大法廷での審理は、おそらく七月半ばに開始されるだろう。とはいえ、現段階では判決の時機を推測するのは無理である。**内密の話しあいで田中最高裁長官は大使に、本件には優先権があたえられているが、日本の手続きでは審理が始まったあと判決に到達するまでに、少なくとも数カ月かかると語った**」（同前）→資料⑤

田中耕太郎（1890〜1974年）
鹿児島県生まれ。東大法学部卒業後、内務省に入ったが、研究生活にもどり、東大教授（商法専攻）となる。1950年、吉田茂首相の推挙により第二代最高裁判所長官に就任。砂川事件裁判や松川事件裁判など戦後の有名な裁判に関わる。60年に退任後、オランダのハーグにある国際司法裁判所判事に就任し、約10年間つとめた。（写真：共同通信社）

「田中最高裁長官」とは、最高裁のトップ田中耕太郎その人です。跳躍上告されたこの案件が、早くスムーズに審理されて判決にいたるかどうか、日米両政府が望んでいるような逆転判決が得られるかどうか、その鍵を握っているのは田中長官にほかなりません。その長官がマッカーサー大使と内密に話しあい、「本件には優先権があたえられ

1955-59 BOX 2918

INCOMING TELEGRAM *Department of State* ACTION COPY

46 CONFIDENTIAL

Action FE
Info RMR SS W G SP C L INR H IRC CIA OSD ARMY NAVY AIR

Control: 15663.
Rec'd: APRIL 24, 1959 2:35 AM

FROM: TOKYO

TO: Secretary of State

NO: 2200, APRIL 24, 4 PM

SENT DEPARTMENT 2200; REPEATED INFORMATION CINCPAC 615, COMUS JAPAN 394.

CINCPAC FOR POLAD.

EMBASSY TELEGRAM 2019.

SUPREME COURT ON APRIL 22 SET JUNE 15 AS DEADLINE FOR SUPREME PROCURATOR TO PRESENT DOCUMENTATION SETTING FORTH JUSTIFICATION FOR APPEAL OF TOKYO DISTRICT COURT DECISION IN SUNAKAWA CASE. FOLLOWING THIS, DEFENSE WILL SUBMIT DOCUMENTATION ITS POSITION.

FONOFF INFORMS US DELIBERATIONS ON APPEAL BY FULL COURT PROBABLY WILL COMMENCE BY MID-JULY. HOWEVER, AT THIS STAGE IMPOSSIBLE ESTIMATE TIMING ON DECISION. IN PRIVATE CONVERSATION CHIEF JUSTICE TANAKA TOLD AMBASSADOR THAT WHILE CASE HAD BEEN GIVEN PRIORITY, UNDER JAPANESE PROCEDURES AFTER DELIBERATIONS BEGIN IT WOULD TAKE AT LEAST SEVERAL MONTHS FOR DECISION TO BE REACHED.

MACARTHUR

711.5634-2459

AM/21

DEPARTMENT OF STATE
APR 24 AM 6 47

Action Assigned to —
Action Taken noted
Date of Action 4/25
Action Office Symbol NA
Name of Officer
Direction to DC/R file

CLASSIFIED FILE

UNLESS "UNCLASSIFIED" REPRODUCTION FROM THIS COPY IS PROHIBITED.

CONFIDENTIAL

PERMANENT
RECORD COPY • This copy must be returned to RM/R central files with notation of action taken•

資料⑤　マッカーサー大使と田中最高裁長官の密談について記した、1959年４月24日の駐日アメリカ大使館からアメリカ国務省ハーター長官への「秘」公電。

ている」と、最高裁の内部情報を告げていました。

しかし、これは異常きわまりないことです。最高裁には年に何千件もの案件が上告されますが、大多数が書類審議だけで棄却され、その結果が突然、訴訟の当事者に郵便で知らされます。小法廷や大法廷で公判が開かれて審理されるケースはごく限られています。特定の案件に関して「優先権があたえられている」と、最高裁長官がこっそり教えてくれるなど、決してありえないことなのです。

しかも、日米安保条約にもとづく米軍の駐留は合憲か違憲かが大きな争点になっている裁判です。アメリカ政府を代表する駐日アメリカ大使は、裁判の一方の関係者、いわば当事者ともいえます。そのような立場の人物に、最高裁長官ともあろう人が内部情報をもらす――。いったいこんなことで裁判の公正さが保たれるでしょうか。憲法第七六条で「すべて裁判官は、その良心に従い独立してその職権をおこない、この憲法および法律にのみ拘束される」と規定された司法権の独立性を疑われてしまう行為です。

マッカーサー大使と田中最高裁長官の関係

マッカーサー大使と田中長官はどのように内密の話しあいをしたのでしょうか。電文には場所や手段など具体的な記述はありません。ただ、両者が以前から面識があったことは、当時の新聞記事や田中長官の著書などから推測できます。

たとえば、「読売新聞」の一九五九年三月二八日夕刊に、千鳥ヶ淵《ちどりがふち》戦没者墓苑《ぼえん》（東京都千代田区三番町）の完工・追悼式がその日午前一〇時からあり、全国の遺族代表一三三人をはじめ約五〇〇人が参列、遺族代表が墓苑の除幕をしたという記事があり、次のように書かれています。

「坂田厚生大臣が、天皇、皇后両陛下から贈られた金色のお骨ツボに遺骨を納めて六角堂の納骨室に入れた。このあと同十時十分両陛下は二基の生花を供えてお参りになり、『切々として胸に迫るものがあり、深く追悼の意を表する』とのべられた。つづいて岸首相、加藤衆議院議長、松野参議院議長、田中最高裁長官、マッカーサー大使ら外国大公使の追悼の言葉があり、同一一時二〇分、式を終った」

一九五九年三月二八日といえば、偶然にも東京地裁「伊達判決」の二日前ですが、千鳥ヶ淵戦没者墓苑の完工・追悼式で、田中長官とマッカーサー大使は同じ席に連なっていたわけです。

田中長官が日ごろから、日本に駐在する外国大使らと交流があったことは、その著書『私の履歴書』（田中耕太郎著　春秋社　一九六一年）所収の「最高裁判所の思い出」や「長官十年を顧みて」の記述からもわかります。

「長官として、外交団の夕食会やレセプションに出席することが多かった。これは無意味な時間つぶしと考える人があるかもしれないが、余暇があり、健康が許せば、裁判所のために意義がないわけではない。各国大使の間には教授や弁護士の前歴の人々が少なくないから、それぞれの国の法律事情を聞いたり、参考文献、資料等を入手することができる。また裁判所から海外に出張する者がある場合に特別の便宜をはかってもらえる。なお、各国の風土、言語、文物について一般的な知識を得ることができるのである」

「在京外交団とのつきあい、とくに一年を通じて、各国大使館でもよおされる国際日のパーティーや宴会で顔を出すものは相当の度数〔＝回数〕にのぼる。新任大・公使や外国人の来客の応接も漸次《ぜんじ》〔＝しだいに〕頻繁になってきた」

また、田中長官がマッカーサー大使の前々任者、ロバート・マーフィー大使の着任歓迎の会に出ていたという新聞記事もあります。

「日米協会では二九日正午から帝国ホテルでマーフィー大使歓迎午餐会《ごさんかい》を開き、日本側からは岡崎外務大臣、新木駐米大使のほか、林、佐藤衆参両院議長、田中最高裁判所長官、一万田《いちまだ》日銀総裁などが出席する」（「読売新聞」一九五二年五月二八日夕刊）

マーフィー大使はその後、一九五二年（昭和二七年）九月に最高裁を訪ねてアメリカの法律書も寄贈しています。

「マーフィー駐日アメリカ大使は二日午前一〇時、はじめて最高裁を訪問。田中長官を通じて、『日本国民に贈ってほしい』とアメリカの法律書一四八冊を差し出した。マ大使から『これらの書物が日米両国民の友情を深めることを信ずる』との贈呈について、田中長官の謝辞があり、終わって大法廷などを見学、引きあげた」（「読売新聞」一九五二年九月二日夕刊）

こうして見ると、田中長官がマッカーサー大使ともさまざまなレセプションやパーティーなどで顔を合わせ、言葉を交わす機会はあったはずです。どの程度の関係だったのかはわかりませんが、アメリカ大使館の「秘」公電に記載された「内密の話し合い」ができる下地はあったのではないでしょうか。どこかでひそかに会ったのか、あるいは電話で話したのか、それとも何かのパーティー会場の片隅で声を潜めて、耳打ちしたりしたのでしょうか。

われわれが望むだけの軍隊を、望む場所に

マッカーサー大使が田中長官との密談を本国に報告したとき、アメリカの国務長官は交代していました。一九五九年四月一五日にダレス国務長官が病気のため辞任し、後任にはクリスチャン・ハーター国務次官が昇格したのです。ダレスは間もなく五月二四日にワシントンで死去します。七一歳でした。

1951年1月29日、ダレス対日講和特使が吉田茂首相と東京・日本橋の三井本館で会談。（写真：共同通信社）

ダレスは、戦後日本の進路を方向づけた、マッカーサー連合国最高司令官を筆頭とする、アメリカ側の立役者のひとりでした。日本が敗戦後、連合国軍による占領という名の米軍占領下から、連合国との講和条約を通じて独立を回復する際、当時の吉田茂政権と交渉し、対日講和条約（サンフランシスコ講和条約）と日米安保条約をセットで結ぶという路線を主導したのです。

それは第二次世界大戦後、アメリカ（資本主義陣営）とソ連（共産主義陣営）が激しく対立した冷戦下において、日本が安保条約という軍事同盟を通じてアメリカ側の陣営に組みこまれることを意味していました。

ダレスは弁護士から政界に転じ、国連創立にも関わり、一九四六年にアメリカの国連代表に就任しました。五〇年に国務省顧問になると、当時のトルーマン大統領の特使として、対日講和条約と日米安保条約の交渉を任されます。そして、五一年一月二五日に使節団を率いて来日しました。翌二六日、日本政府との交渉を前に、使節団の最初のスタッフ会議でダレスはこう発言しています。「われわれは日本に、われわれが望むだけの軍隊を、望む場所に、望む期間だけ駐留させる権利を獲得できるであろうか？　これが根本的な問題である」（『安保条約の成立』豊下楢彦著）

また、一月二九日の吉田首相との会談直前のスタッフ会議でも、議論の焦点は、「（米軍駐留に関する）われわれの全面的な提案を日本側に受け入れさせる」という問題でした。「この経緯にあきらかなように、ダレスにとって日米交渉の成否を左右する最大の課題は、日本への再軍備要求の大前提として、なによりもまず、日本の講和・独立後も占領期と同様の、米軍による『全土基地化』『自由使用』の権利を獲得できるか否かにあった」（同前）

ダレスがかかげたアメリカの目的、「全土基地化」と「基地の自由使用」の獲得は、後日、日米安保条約を通じて達成されることになりました。

　この日米安保条約と、同時に発効した日米行政協定によって、一九五二年の日本の独立回復後も、米軍は占領時代と同じような特権を維持できたのです。占領時代の米軍の特権を引きつぎ、事実上の治外法権を認める、ひどい実態を表すアメリカ政府の公文書があります。

　一九五七年二月一四日付け、駐日アメリカ大使館からアメリカ国務省宛ての極秘報告書「在日米軍基地に関する報告」です。共著者の新原昭治がアメリカ国立公文書館で発見した解禁秘密文書のひとつで、次のような記述があります。

「日本での米国の軍事活動の規模の大きさに加えて、きわだつもうひとつの特徴は、米国にあたえられた基地権の寛大さにある。安保条約第三条にもとづいて取り決められた**行政協定は、米国が占領中にもっていた軍事活動遂行のための大幅な自立的行動の権限と独立した活動の権利を米国のために保護している。安保条約のもとでは、日本政府とのいかなる相談もなしに『極東における国際の平和と安全の維持に寄与』するため、わが軍を使うことができる。**

　行政協定のもとでは、新しい基地についての要件を決める権利も、現存する基地を保持しつづける権利も、米軍の判断にゆだねられている。それぞれの米軍施設に適用される基本合意が存在する。これに加えて、地域の主権と利益を侵害する多数の補足取り決めが存在する。多数の米国の諜報活動機関と対敵諜報活動機関の数知れぬ要員がなんの妨げも受けず日本中で活動している。

米軍の部隊、装備、家族なども、地元とのいかなる取り決めもなしに、また地元当局への事前情報連絡さえなしに日本への出入りを自由におこなう権限があたえられている。日本国内では演習がおこなわれ、射撃訓練が実施され、軍用機は飛び、その他の日常的な死活的に重要な軍事活動がなされている——すべてが行政協定で確立した基地権にもとづく米側の決定によって」（新原訳、『日米「密約」外交と人民のたたかい』新原昭治著　新日本出版社　二〇一一年）→資料⑥

マッカーサー大使が、一九五八年から六〇年にかけての安保改定交渉を通じて、確保しようとしていたのも、こうした特権でした。米軍も在日米軍基地の自由使用、自由な軍事活動など特権の継続を、安保改定で確保すべき最優先課題としていました。

相次ぐ米軍機墜落事故

一九五二年四月に対日講和条約が発効し、占領が終わって独立を回復したといっても、米軍は占領軍から駐留軍に衣替えしただけで、従来どおり基地を自由に使用していました。

米軍機墜落事故や部品などの落下事故、米軍車両による人身事故、訓練や演習での銃砲の誤

Enclosure No. 1
Page 1 of 39
Desp. No. 856
From AmEmbassy, Tokyo

SECRET--Limited Distribution
No Distribution Outside Department

U. S. BASE OPERATIONS -- JAPAN

1. Local Acceptance of and Feeling of Participation in U. S. Operations

A. Local Acceptance and Commitment to Collective Security

1). Introduction

U. S. base operations in Japan--the most extensive and imposing in the Pacific--play a central role in the defense not only of Japan and Korea but of the whole non-communist position in Asia. Despite an extensive reduction since the occupation, the U. S. base system still occupies 267,848 acres and encompasses a network of facilities ranging from communication and radar outposts dotted throughout the country to extensive maneuver areas large enough to handle division exercises. While the greater part of these operations is located in central Japan within several hundred miles of the Tokyo area, U. S. forces are still located throughout the country. Concentrated in Japan is almost every type of major and minor establishment required for triservice military operations; in addition, there are housing and other logistic facilities adequate to supply not only the approximately 105,000 troops and 65,000 dependents stationed in Japan, but also U. S. and UN military operations in Korea and the Asian MDA program.

The logistic base, a major operation in Japan, for example, consists of 20 major installations and 35 satellite facilities. There are 1,700,000 tons of supplies, presently valued at $1.8 billion, stored in Japan. These are intended to support ninety days of combat for US/UN forces in Korea, to provide a 45-day reserve for the ROK forces and to serve as a depot for MDA programs for the whole of the Far East. The extensive repair and rebuild facilities which have been developed are integrated with complementary Japanese industry. This logistic base activity employs 10,000 U. S. military personnel, 1,700 U. S. civilians and 50,000 Japanese. It spends about $220 million a year in Japan.

In addition to its size, another outstanding feature of American military operations in Japan is the breadth of the base rights granted the U. S. The Administrative Agreement, negotiated under Article III of the Security Treaty, preserved for the U. S. a large degree of the autonomy and independence in the conduct of its military activities which it had during the occupation. Under the Security Treaty our forces may be used "to contribute to the maintenance of international peace and security in the Far East", without consultation of any kind with the Japanese Government. This concept, for example, seems to invite retaliation on Japan if U. S. forces based in Japan should be involved in hostilities. Under the Administrative Agreement, the right to decide upon new base requirements and retain existing bases has been left to U. S. military judgment. There is a basic agreement governing each facility. In addition, there are a host of subsidiary agreements impinging on local sovereignty and interests. Uncounted agents of numerous American intelligence and counterintelligence agencies operate unhindered throughout Japan.

American military units, equipment, dependents, etc., also are authorized to move freely to and from Japan without any local agreement and without even advance information to the local authorities. However, the Far East

SECRET--Limited Distribution
No Distribution Outside Department

資料⑥　1957年２月14日付け、駐日アメリカ大使館からアメリカ国務省への「極秘」報告書「在日米軍基地に関する報告」。米軍の日本における特権の実態が書かれている。

射・流れ弾事件、米兵犯罪など、米軍基地があるために引き起こされる事故・事件の被害もあとを絶ちませんでした。

『米軍機墜落事故』(河口栄二著　朝日新聞社　一九八一年)によると、一九五二年から五九年までの間だけでも、住民に死傷者が出た米軍機墜落事故が一六件起きています。死者計三九人、負傷者計二五二人です。主な事故をあげてみましょう。

一九五二年二月　七日　埼玉県入間郡の民家に爆撃機が墜落。死者四人、全焼家屋七戸。パイロット一三人全員死亡。

七月二三日　福岡県遠賀郡の繁華街に輸送機が墜落。死者三人。パイロット五人死亡。

九月二〇日　福岡市の住宅に戦闘機が墜落。死者一人、全焼家屋一戸。

一九五五年一月　六日　茨城県東茨城郡の農家に戦闘機が墜落。死者一人、全壊家屋一棟。

三月二四日　埼玉県入間郡の農家に戦闘機が墜落。死者二人、重傷者一人、全焼家屋五棟。

六月一五日　福岡市の農地に戦闘機が墜落。死者一人。

六月一七日　愛知県春日井市の民家に戦闘機が墜落。死者一人、重軽傷者七人、全半壊家屋五戸七棟。パイロット死亡。

九月一九日　東京都八王子市の農家に戦闘機が墜落。死者五人、重軽傷者三人、焼失家屋四戸五棟。パイロット死亡。

一九五六年五月二二日　埼玉県入間郡の農家に戦闘機が墜落。死者一人、全焼家屋二棟。

一九五八年七月二五日　埼玉県狭山市の民家に爆撃機が墜落。死者二人、重軽傷者一〇人、全焼家屋五戸。パイロット一人死亡。

一九五九年六月三〇日　沖縄・石川市の住宅地と宮森小学校に戦闘機が墜落。児童一一人と住民六人が死亡、児童一五六人と住民五四人が重軽傷、教室三家屋一七五、公民館一棟が全焼、教室二、家屋八戸、幼稚園一棟が損壊。

そのほか、一九五七年一一月一三日、福岡市の民家に戦闘機の補助タンクが落下し、死者がひとり出ました。

同年八月二日には、茨城県那珂湊《なかみなと》市で、米軍の水戸射爆場・補助飛行場付近の県道を親子ふたりが自転車で走っていたところ、離陸直後の連絡機が超低空飛行をし、後方車輪がそのふたりに接触。母親（当時六三歳）が首と胴体を切断されて即死、息子（当時二四歳）も重傷を負う事故が起きました。

当時の「茨城新聞」などの記事によると、米軍側は「異常気象の熱気流による不可抗力的な事故」と公表。しかし地元では、「米軍のパイロットがわざと低空飛行をして、通行人を驚かしていたことがよくあった」との声が上がり、八月七日、地元の市議会は操縦者のジョン・L・ゴードン中尉（当時二七歳）のいたずらによるものと断定しました。その名前をとって「ゴードン事件」と呼ばれるようになります。

ところが、八月二一日になると、この事件は公務中に起きたものとされるようになりました。行政協定の米軍人・軍属らの刑事裁判権に関するとり決めに従い、公務中のため裁判権は米軍側にあるとされ、日本側の裁判権は放棄され、捜査は終了しました。日本政府が遺族側に四三万二〇四四円を保障すると通知し、遺族側の同意を得ました（『本当は憲法よりも大切な日米地位協定入門』前泊博盛編著　創元社　二〇一三年）。同協定では、公務中かどうかの判断は米軍側にゆだねられており、公務証明書を発行すればそれで通ってしまうのです。

米兵犯罪と米軍側に有利な決着

このように米軍がらみの事故・事件は、米軍側に有利な決着をすることが多いのが実態です。

同じ一九五七年の一月三〇日には、群馬県相馬ヶ原の米軍演習場に立ち入って、使用済みの空の薬莢を拾っていた、当時四六歳の主婦を米陸軍特技兵ウィリアム・S・ジラード（当時二一歳）が小銃で射殺する事件が起きました。ジラードは空の薬莢をばらまいて、「ママサン、ダイジョーブ」と主婦をおびき寄せ、発砲したのでした。米兵の名前をとって「ジラード事件」と呼ばれます。

相馬ヶ原演習場は、旧日本陸軍の演習場を米軍が引き継ぎ、一九四六年にさらに周辺一二八七平方メートルを接収し、地域住民に七二時間以内に無条件で立ち去ることを要求して設置されました。周辺の農家は農地を取り上げられ、炭俵の原料である茅《かや》の副収入も失いました。その結果、

ウイリアム・S・ジラード被告。前橋地方裁判所で行われた裁判で懲役3年・執行猶予4年の有罪判決が確定。（写真：共同通信社）

空の薬莢を拾って商人に売ることで生計を立てざるをえなくなったのでした。

米軍側は公務証明書を発行し、公務中の事件なので裁判権は米軍側にあると主張しました。しかし、面白半分に日本人を動物のようにおびき寄せて殺した行為の、いったいどこが公務なのかと、日本の世論は強く反発し、怒りが広がります。そのため日本の検察当局

も、当時ジラードが公務時間中にあったとしても、その行為は公務とは関係がないとして、身柄引き渡しと日本側の裁判権行使を求めました。

日米両政府間の折衝の結果、これ以上の反米感情の高まりを避けたいアメリカ側が、裁判権の不行使を決め、五七年五月一八日、検察はジラードを傷害致死罪で起訴しました。しかし、その裏では、「殺人罪など、傷害致死罪より重い罪では起訴しないこと」、「日本側は、日本の裁判所がなしうる限り刑を軽くすることを、行政当局経由で勧告すること」を条件に、アメリカ側は裁判権を行使しないという密約が、日米合同委員会で合意されていたのでした。それはのちに、アメリカ政府解禁秘密文書であきらかになります。

共著者の末浪靖司が二〇一一年にアメリカ国立公文書館で発見したその文書（一九五七年五月一六日、マッカーサー大使からダレス国務長官宛て「秘」公電）には、こう書かれていました。

「裁判権問題解決のための秘密の協定も、本日、ラドゥム・フバードと千葉の間で調印された。この行動は秘密にされる」（末浪訳、『9条「解釈改憲」から密約まで　対米従属の正体』末浪靖司著　高文研　二〇一二年）→資料⑦

電文中のラドゥム・フバードはアメリカ側の担当責任者、千葉は当時の千葉皓外務省アメリカ

ACTION COPY

INCOMING TELEGRAM *Department of State*

~~CONFIDENTIAL~~

32
Action
FE
Info
RMR
SS
G
SP
C
L
SCA
OLI
CIA
OSD
ARMY
NAVY
AIR

Control: 9837
Rec'd: MAY 15, 1957
7:37 AM

FROM: TOKYO
TO: Secretary of State
NO: 2641, MAY 16, 7 PM

DEPTEL 2381

1. AS RESULT INFORMAL AND CONFIDENTIAL MEETINGS US REPRESENTATIVE WITH FONOFF AND JUSTICE MINISTRY OFFICIALS FOR PURPOSE AGREEING ON DEFINITIVE ARRANGEMENTS FOR DISPOSITION ISSUE OF JURISDICTION IN ACCORDANCE INSTRUCTIONS DA-921933 (REPORTED TO WASHINGTON BY FE 805032).

US-JAPAN JOINT COMMITTEE TODAY APPROVED FOLLOWING RECOMMENDATION RECEIVED FROM CRIMINAL JURISTICTION SUBCOMMITTEE: "WITHOUT REGARD TO QUESTION OF WHETHER ALLEGED OFFENSE OF GIRARD AROSE IN PERFORMANCE OF OFFICIAL DUTY IT IS RECOMMENDED THAT US MILITARY AUTHORITIES NOTIFY JAPANESE AUTHORITIES IN ACCORDANCE WITH PARAGRAPH 3-C OF ARTICLE ROMAN ~~XCCI #~~ OF THE ADMINISTRATIVE AGREEMENT, THAT IT HAS DECIDED NOT TO EXERCISE JURISDICTION IN THIS CASE."

2. CONFIDENTIAL ARRANGEMENT FOR DISPOSITION JURISDICTION ISSUE (SEE FE 805032) ALSO SIGNED TODAY BY RADM. HUBARD AND CHIBA. THIS ACTION TO REMAIN CLASSIFIED.

MACARTHUR

RSB
AS RECEIVED. WILL BE SERVICED UPON REQUEST.

711.55394/5-1557

Confidential File

DECLASSIFIED
Authority NND 407416
By I.A.D. NARA Date 1-31-94

PERMANENT RECORD COPY • This copy must be returned to RM/R central files with notation of action taken •

~~CONFIDENTIAL~~

UNLESS "UNCLASSIFIED" REPRODUCTION FROM THIS COPY IS PROHIBITED.

DECLASSIFIED
Authority NND 969010
By NARA Date 9/21/11

資料⑦　米兵犯罪「ジラード事件」の裁判問題で、アメリカ側に有利な解決をすると取り決めた日米密約の文書。1957年５月16日の駐日アメリカ大使館からアメリカ国務省ダレス長官への「秘」公電。

局長のことです。

そして、八月二六日からの前橋地裁での裁判では、検察による懲役五年の求刑に対し、一一月一九日、傷害致死罪による懲役三年・執行猶予四年という、密約通りの判決が言い渡されました。普通ではおよそあり得ない軽い判決に対し、検察は控訴せず、刑は確定。一二月六日、ジラードは帰国します。その後、除隊となり、何のとがめもなく自由の身になったのです。

米軍の特権を守るための砂川裁判への干渉

一九五〇年代、米軍機のジェット機化にともなう、立川（東京）・横田（東京）・小牧（愛知）・木更津（千葉）・新潟の各基地飛行場の拡張計画、内灘（石川）・浅間山と妙義山（群馬）などでの射撃場や演習場設置計画、北富士（山梨）、王城寺原（宮城）、大高根（山形）などでの演習場拡張計画など、土地を取り上げる米軍基地拡大の動きが、住民の反発を呼び、反対運動が広がってゆきました。

それに加えて、米軍機墜落事故や米兵犯罪など基地被害も相次ぎ、その処理をめぐっても「ジラード事件」や「ゴードン事件」などのように米軍側に有利な決着がなされていました。こうした米軍優位の不平等な日米関係、日米安保・行政協定に対する不満、反発が、国民の間で噴き出したのは当然でした。

そのため、安保改定に際して当時の岸政権は、

「日本が独立国にふさわしいような自主性をもち、日米安保条約を対等なものにするための改定だ」

と主張しなければならなかったわけです。

アメリカ側もこの問題を敏感に感じとっていました。前にふれた一九五七年二月一四日付け、駐日アメリカ大使館からアメリカ国務省宛ての極秘報告書「在日米軍基地に関する報告」には、米軍基地の自由使用と自由な軍事活動の特権ぶりをのべたあとで、こう書かれています。

「米軍施設の維持をすすんで黙認する日本側の過去ならびに今日までの姿勢は心強いものの、同じくらい深刻なのは米軍基地の活動を終わらせ、それに制限を加える圧力が強まりつつあることである。日本における米軍の基地活動の状況は、重大な岐路に近づきつつある」(新原訳、『日米「密約」外交と人民のたたかい』新原昭治著)

だからアメリカ政府と軍は、日本における反米感情がより高まって、基地の自由使用と自由な

軍事活動に支障をきたすような事態を避けるためには、譲歩的な姿勢を示す必要がありました。と同時に、基地の自由使用、自由な軍事活動など特権の継続を最優先課題ともしていました。

そこで、帝国ホテルを舞台にした日米間の安保改定秘密交渉において、マッカーサー大使らアメリカ側と藤山外務大臣ら日本側は、「事前協議」の制度を新しく設けるなど、表向きは日本の自主性が強まり、日米安保が対等なものに近づいたかのように見せかけることにしました。ただし、実際は米軍の特権が維持できるよう、密約を結ぶことにしていたわけです。もちろんそれは岸首相も承知していました。

しかし、密約を通じて維持すべき米軍の特権も、「米軍駐留は憲法違反」という「伊達判決」が確定したら、その存立基盤そのものがすべて崩れさってしまうのです。

だから、そうならないように、マッカーサー大使を先頭にアメリカ政府はこの裁判の一審判決を、全力でくつがえそうとしていたのです。日米密約交渉と砂川裁判への干渉は、米軍優位の日米安保体制を固めるための、いわば車の両輪だったといえます。両方の目的を達成するためのマッカーサー大使らによる計算しつくされた「オペレーション」、重要な「作戦」でした。

アメリカ側はなんとしても、砂川裁判において最高裁で逆転判決を得る必要がありました。最高裁で「米軍駐留は合憲」の判決が出れば、権威ある最高裁の判例として確定し、以後、どんな米軍基地がらみの裁判が起こされても、その判例がものを言って、地裁や高裁は「米軍基地」に関してアメリカに不利な判決を下しにくくなる。いや、実質的に下せなくなる。いわば米軍駐留のお墨付きが得られるのです。それは米軍基地や安保条約に反対する全国各地の運動を抑えこむことにも効果があると、アメリカ側は計算していたはずです。

東京地裁で「伊達判決」が下された二日後の一九五九年四月一日、アメリカ大使館発、国務長官宛て「部外秘」公電にも、そうしたアメリカ側の思惑を示すマッカーサー大使の報告が記されていました。

「東京地裁判決の反響を全面的に予測するのはまだ早すぎる。さしあたっての一応の推測としては、いうまでもなく社会党は、当面次の選挙戦に向けてこの問題を最大限に活用することが予想される。同時に、長期的には政府が確信をもって予測しているように、**最高裁の最終判決が伊達判決を明快な論法でくつがえすなら、**国民的論議や法律的論議の最終的結末は、**米日防衛取り決めのための特別な罰則規定を含めて、自衛のため適切な措置をとる権利を日本がもっていることを健全なやり方で明確化するものとなろう**」（新原・布川訳　同前）

そうです。すべては「最高裁の最終判決が伊達判決を明快な論法でくつがえし」、日本における米軍の特権を「明確化する」ための、マッカーサー大使による政治的工作でした。

ふたたび最高裁長官に接触（七月X日）

「伊達判決」をくつがえすために最高裁への跳躍上告がおこなわれ、審理の見通しをめぐってマッカーサー大使が田中最高裁長官と密談を交わしたあとも、アメリカ側はふたたび田中長官と接触をしていました。

その事実があきらかになる経緯はこうです。共著者の末浪靖司が二〇一一年、アメリカ国立公文書館で入手した一連の砂川裁判関連文書のなかに、田中長官とアメリカ大使館関係者が一九五九年七月に接触していたことを示唆する、アメリカ大使館から国務長官宛ての航空書簡を、安全保障上の理由で閲覧禁止にするという通告書がありました。その航空書簡番号は「G－73」です。この閲覧禁止通告書にもとづいて、布川玲子《ふかわれいこ》・元山梨学院大学教授が二〇一三年一月、アメリカ国立公文書館に開示請求をしたところ、「G－73」が開示される結果となりました。布川元教授は、砂川事件の元被告と支援者からなる市民団体「伊達判決を生かす会」（232ページ）が、田中最高裁長官とマッカーサー大使の密談記録などを最高裁に開示申出する際に、アメリカ政府文書の翻訳を担当しました。

一九五九年八月三日、アメリカ大使館発、国務長官宛て、国務省受領同年八月五日の「秘」航空書簡「G－73」。そこには、砂川裁判をめぐる田中長官と、マッカーサー大使のスタッフだったレンハート駐日アメリカ首席公使の密談の事実が記されていました。

「共通の友人宅での会話のなかで、**田中耕太郎裁判長は、在日アメリカ大使館首席公使に対し砂川事件の判決は、おそらく一二月であろうと今考えていると語った。**弁護団は、裁判所の結審を遅らせるべくあらゆる可能な法的手段を試みているが、**裁判長は、争点を事実問題ではなく法的問題に閉じこめる決心を固めていると語った。**

こうした考えのうえに立ち、彼は、口頭弁論は九月初旬に始まる週の一週につき二回、いずれも午前と午後に開廷すれば、およそ三週間で終えることができると確信している。問題は、そのあとで生じるかもしれない。というのも、彼の一四人の同僚裁判官たちの多くが、それぞれの見解を長々と弁じたがるからである。**裁判長は、結審後の審理は実質的な全員一致を生みだし、世論を〝揺さぶる〟もとになる少数意見を回避するようなやり方で運ばれることを願っていると付言した**［＝つけ加えた］」（新原・布川訳　同前）

そして事実関係につづけて、最高裁での砂川裁判のスケジュールの遅れが、新安保条約案の国会提出を遅らせたひとつの要因になったというレンハートの「コメント〔意見〕」がつづきます。

「コメント：大使館は最近、外務省と自民党の情報源より、日本政府が新日米安全保障条約の提出を一二月開始の通常国会まで遅らせる決定をしたのは、砂川事件判決を最高裁が、当初もくろんでいた、晩夏ないし初秋までに出すことが不可能だということに影響されたものであるとの複数の示唆を得た。これらの情報源は、砂川事件の位置〔づけ〕は、新条約の国会提出を延期した決定的要因ではないが、砂川事件が係属中〔＝裁判中〕であることは、社会主義者やそのほかの反対勢力に対し、そうでなければ避けられたような論点をあげつらう機会をあたえかねないのは事実だと認めている。

加えて、社会主義者たちは、地裁法廷の米軍の日本駐留は憲法違反であるとの決定に強くコミットしている。もし、最高裁が地裁判決をくつがえし、政府側に立った判決を出すならば、新条約支持の世論の空気は決定的に支持され、社会主義者たちは、政治的柔道の型で言えば、自分たちの攻め技がたたって投げ飛ばされることになろう。

マッカーサー

ウィリアム・K・レンハート　一九五九年七月三一日」

（新原・布川訳　同前）→資料⑧

COMING AIRGRAM　*Department of State*　ACTION COPY

B 0 0 2 3 9

DEPT. DECLASSIFICATION REVIEW

4-31 ✓ classify / Change/classify to / with concurrence of / after / 958, 25X / R/IR by / Date: 4/20/89

Action
E
Info
S
NR
DR
X
MSC
MR

CONFIDENTIAL
Classification

PAGE ___ OF ___ PAGES

Action Assigned August 3, 1959

Rec'd:
Action Taken

FROM: Amembassy TOKYO

TO: Secretary of State

NO: G-73

Info: CINCPAC G-26
COMUSJAPAN

Aug 5 12 16 PM '59

Date of Action 8/6

Action Office Symbol

Name of Office

Direction to DC/R

LIMIT DISTRIBUTION

CINCPAC EXCLUSIVE FOR ADM. FELT and POLAD

COMUSJAPAN EXCLUSIVE FOR GEN. BURNS

G-22

During conversation at house mutual friend, Supreme Court Chief Justice Kotaro TANAKA told DCM he now thought decision in Sunakawa case probable in December. Chief Justice said that defense attorneys trying every legal device possible to delay completion Court's consideration, but he is determined to confine issue to question of law and not of fact. On this basis he believed oral arguments could be completed in about three weeks time, with two sessions, morning and afternoon each, per week beginning early in September. Problem would arise thereafter because so many of his fourteen Associate Justices like to argue their views at great length. Chief Justice added he hoped Court's deliberations could be carried out in manner which would produce substantial unanimity of decision and avoid minority opinions which could "unsettle" public opinion.

Comment: Embassy has recently had number of indications from Foreign Office and Liberal Democratic Party sources that GOJ decision to defer presentation of new Mutual Security Treaty until regular Diet session opening in December was influenced by Supreme Court's inability to bring Sunakawa case to decision by late summer or early fall, as originally contemplated (G-81). These sources state that while status Sunakawa case not decisive element in postponement submission of new Treaty to Diet, it was recognized that fact that Sunakawa case still under consideration would give Socialist and other opposition debating points which

DECLASSIFIED
E.O. 13526, Sec. 3.
NW 39435
By DE/pm NARA, Date 1/16/13

Copy No(s) ___
Destroyed in RM/R
Date ___
Name ___

711.56394/8-359
HBS
CONFIDENTIAL FILE

FILED

CONFIDENTIAL
Classification

REPRODUCTION FROM THIS COPY IS PROHIBITED UNLESS "UNCLASSIFIED"

PERMANENT
RECORD COPY • This copy must be returned to RM/R central files with notation of action taken •

資料⑧　1959年７月にレンハート駐日アメリカ首席公使と田中最高裁長官が密談した事実を記した、駐日アメリカ大使館からアメリカ国務省ハーター長官への「秘」航空書簡。

これは、当時の駐日アメリカ首席公使ウィリアム・K・レンハートが内容を起案した報告文書に、マッカーサー大使が目を通して確認の署名をしたものです。田中最高裁長官と会って話し、裁判の進め方や判決を導き出す方針などを聞きだしたのは、レンハート首席公使でした。彼は一九五八年一二月から六二年八月まで、公使・参事官として駐日アメリカ大使館に勤め、安保改定交渉にも加わっていました。

文末の一九五九年七月三一日は、レンハートが文書を起案した日でしょう。ということは、田中最高裁長官とレンハートが会ったのは、その前日か前々日ではないかと思われます。砂川裁判の最高裁大法廷での審理日程（口頭弁論を九月七日から、九月中に六回開く）が公表されたのは、同年八月四日なので、それより五日か六日かも前に、その情報がひそかに最高裁長官の口からアメリカ側に伝えられていたことになります。これまた司法の独立を最高裁長官みずからが掘り崩す、重大な背任行為としか言いようがありません。

最高裁での「スピード審理」への動き（五月〜九月）

レンハート首席公使が田中長官と密談した「共通の友人宅」とは、いったいどこだったのか

――。興味のあるところですが、具体的に書かれていないのでわかりません。やはり外務省高官宅か、あるいは東京駐在の各国大使・公使と交際のあった田中長官のことですから、某国外交官の邸宅などだったのでしょうか。

そのときの両者の会話で、田中長官が「砂川事件の判決は、おそらく一二月であろうと今考えていると語った」とあります。確かに砂川裁判の最高裁判決は、一九五九年一二月一六日に、最高裁大法廷で田中長官自身が言い渡すことになります。いわば予言をみずから的中させるわけで、アメリカ政府も米軍も、最高裁長官本人の口からもっとも確度の高い情報をひそかに、しかもいち早く入手していたのです。それは、通常の外交ルートではとうてい知り得ない最高裁の内部情報でした。

そして、

「〔田中〕裁判長は、争点を事実問題ではなく法的問題に閉じこめる決心を固めていると語った」ともあります。つまり、裁判の争点を、事件の直接の背景をなす日米安保条約の実態、とりわけ当時大きな問題になっていた台湾海峡やベトナム沖などへの在日米軍部隊や米第七艦隊の出動など、現実の事態とその危険性をめぐる論議からそらして、法律の解釈の問題に限定し、早く審理して、早く判決を出そうというわけです。「結審後の審理は、実質的な全員一致」のやり方になるようにしたいという、田中最高裁長官の意向も伝えられています。審理日程ばかりか、なんと裁判の方針まで打ち明けられているのです。

実際、最高裁での公判・口頭弁論は一九五九年九月七日、九日、一一日、一四日、一六日、一八日と六回だけで幕を閉じます。こうしたスピード審理は、安保条約改定に対する反対運動が広がらないうちに、「米軍駐留は合憲」という逆転判決のお墨付きを得て、改定の調印を早くすませたい日米両政府の思惑とも一致していました。

田中長官がマッカーサー大使と四月に内密の話しあいをしたとき、「本件には優先権があたえられている」と、こっそり告げていたことは、一九五九年四月二四日付けのアメリカ大使館発、国務長官宛て「秘」公電に記されていました（51ページ）。そのとおり、優先権があたえられて異例のスピード審理に結びついたわけです。

そしてスピード審理に向け、四月におこなわれた田中・マッカーサー密談の直後から、田中長官が動きだしていたことを示す出来事が起きていました。

一九五九年五月八日の「朝日新聞」朝刊に、

「『砂川違憲』上告審、八月中にも判決、斎藤〔第一小法廷〕裁判長、最高裁の意向示す」

との見出しで、次のような記事がのっています。

「砂川弁護団の海野主任弁護士ら八人は七日、さきに最高裁第一小法廷が決定した駐留軍違憲判

決上告審の弁護人数制限の問題について、同法廷斎藤悠輔裁判長に面会したが、そのさい同裁判長は、

①この事件は国内、国外に大きな影響をあたえるものなので、**他の事件に優先して審理をおこなう。このため全裁判官は夏休みを返上して、できれば七月中に口頭弁論を終わり、八月中にも判決を出したい、**

②**弁護人数の制限は、あくまでも審理のスピードアップのため**で、弁護団もこれに協力してほしい、

とのべ、同事件の上告審の**スケジュールについての最高裁側の意向**をはじめてあきらかにした」

砂川裁判の上告審は、最終的には最高裁大法廷で開かれることになりますが、五月の時点では最高裁第一小法廷が、裁判日程や弁護団の人数などに関する実務を担っていました。その担当責任者が第一小法廷の裁判長、斎藤悠輔《ゆうすけ》裁判官でした。そして、斎藤裁判官の上にいるのはむろん田中長官です。

記事中の、「他の事件に優先して審理をおこなう」「審理のスピードアップ」「スケジュールについての最高裁の意向」という言葉に注目してください。日米両政府の望みどおりの展開ではな

いでしょうか。「全裁判官は夏休みを返上」「弁護人数の制限」とまで言っているのですから。

もちろん、こうした動きの背後に、田中長官とアメリカ大使館高官の秘密の接触があったことは、当時はまったくわかっていませんでした。いまから六年前、二〇〇八年に新原昭治が関連するアメリカ政府解禁秘密文書を発見するまで、誰も知らなかった事実なのです。

記事の文中に「弁護人数制限の問題」とあるのは、五九年四月二八日付けで最高裁第一小法廷から、砂川事件被告七人に対し、弁護人の数を被告ひとりにつき三人として計二一人に制限するという決定書を、一方的に送ってきたことをさします。被告も弁護団もこれに強く抗議し、撤回を求め、「弁護人数制限の一方的決定は憲法違反である」との特別抗告を最高裁に申し立てました。特別抗告とは、裁判所の決定に対して、違憲や判例違反を理由に不服申し立てをすることです。

スピード審理の裏に田中長官の意向

前出の「朝日新聞」記事によると、最高裁がこのような「敏速審理」の態度に出ているのは、次のような理由からだと、斎藤裁判官が説明したといいます。

①憲法問題は規定によって優先審理をしなければならない。
②問題が国内外に重要な影響をあたえるものであり、早い判断が望まれている。
③「ジラード事件」の際、米兵を日本側の裁判にかけさせるのはアメリカの憲法違反ではないかとの訴えに対し、アメリカ最高裁がわずか二〇日間ぐらいで結論を出した前例がある。
④**争点が「事実問題」ではなく、「(法的) 理論」の問題であり、学界でもすでに相当論議されている。**

田中長官がレンハート首席公使との密談で語ったとされる、「争点を事実問題ではなく法的問題に閉じこめる決心」が、この説明に反映されているのがうかがえます。そして記事はこうつづいています。

「このため、最高裁としては『上告趣意書の提出期間としてせめて三カ月ぐらいのゆとりがほしい』との検察側の希望を押さえ、『提出期間は六月一五日まで、できれば五月いっぱいに出してほしい』と注文。さらに弁護団に対しても『伝えられるように、上告審に三〇〇人もの弁護人をつけられたのでは、とうてい審理のスピードアップは不可能だ。被告ひとりにつき三人、計二一人の弁護人しか認めない』という決定を出した」

当時、弁護団の一員であった内藤功弁護士の「砂川裁判が現在に問いかけること――伊達判決五〇年によせて」(『砂川闘争の記』武藤軍一郎著　花伝社　二〇一〇年　所収）によると、斎藤裁判官は弁護団に対して次のようにのべたといいます。

「上告論旨の論点はすでに新聞雑誌などで論じつくされており、当裁判所にもあきらかであるから、弁護人の答弁書も詳細なものは出す必要はないので、できるだけ簡単にしてほしい。検察庁にも、論点はあきらかであるから、上告趣意書は箇条書き程度でもよいから簡単なものにして、五月末日までに早急に提出するように要望した」(同前)

なにがなんでも「スピード審理」という最高裁の意向（田中長官の意向）が感じられます。

さらに、「このころ、斎藤裁判官は新聞記者に対し、『検察官が上告趣意書作成の調査研究に時間がかかるというなら、最高裁調査官を貸してやってもいい』と話していたとの情報もあった」ため、弁護団はこうした言動をとる斎藤悠輔裁判官に対し、「不公正・不公平な裁判をするおそれが明白だ」という理由で、忌避申し立てをしました（同前)。

忌避とは、裁判官や裁判所書記官が不公平な裁判をするおそれのある場合に、訴訟当事者の申し立てによって、それらの人をその事件の担当からはずす手続きのことです。

また弁護団は、同じような「不公正・不公平な裁判をするおそれ」を田中最高裁長官の言動からも感じとり、田中長官に対してもやはり忌避申し立てをしました。

一九五九年六月二四日の「読売新聞」夕刊、「田中長官を忌避、砂川弁護団が申し立て、予断・偏見は明白」という見出しの記事に、申し立ての理由がのっています。

その概要は次のとおりです。

①田中長官は一九五一年一月一日付け「裁判所時報」の〝年頭の辞〟のなかで、「世の中には正当な原因による戦争があり、これに訴えることがやむをえないことが起こりうる」などとのべ、共産主義に対抗するためには戦争に訴えることもやむをえないとの意見をあきらかにしている。これは検察側が上告趣意書のなかでのべている「自衛のための戦争は憲法でも否定していない」という論点と同様の趣旨で、しかもより強い表現である。

②また、翌年一月一日付け同時報の〝年頭の辞〟で、「安全保障条約に批判を加える前に、それ以上の熱意をもってまず共産主義の理念と、これを奉ずる国々の現実に批判を向けなければならないはずだ」などとのべ、安保条約が国連憲章の精神と一致したとの意見をあきらかにしてい

る。この意見も検察側の主張と同様の趣旨である。

以上の二点はいずれも砂川事件の重要論点について、田中長官が予断と偏見を持っていることを示すもので、長官はその後も現在まで意見を変えていない。

③一九五九年六月一四日付け「読売新聞」朝刊紙上で、田中長官は「裁判と雑音」というテーマで中山伊知郎氏（経済学者）と対談している。そのなかで中山氏の「伊達判決」に対する否定的見解を、長官は支持することをほのめかしているほか、伊達裁判官や弁護人を暗に非難している。

④田中長官は最高裁第一小法廷の斎藤裁判官と協議し、同裁判官の言動を支持している。砂川事件は四月二二日に第一小法廷で受理され、六月一一日に大法廷に移された。だから、移される前に田中長官が斎藤裁判官と協議したことは、予断と偏見をもって積極的に介入したといわざるを得ない。

ここで指摘された田中長官の見解は、冷戦構造のなか、あくまでもアメリカ側に立って共産主義陣営に対抗する、つまり日米安保条約に肯定的で、「伊達判決」には否定的だという立場を示しています。そうした彼の姿勢は、日米両政府にとって頼もしく感じられていたのではないでしょうか。マッカーサー大使もきっと同じ感想をもったことでしょう。

田中長官が斎藤裁判官と協議し、その言動を支持していた点からも、斎藤裁判官による「敏速審理」に向けた動きの背後に、田中長官の意向があったことがうかがえます。

その後、斎藤裁判官と田中長官への忌避申し立ては、却下されました。しかし、弁護団による特別抗告や忌避申し立てなど強い抗議の結果、世論の後押しもあり、最高裁は態度を軟化せざるをえませんでした。弁護人数制限は取り消され、審理日程も九月七日から口頭弁論を開始するということで決着しました。

口頭弁論の開始（九月七日）

八月四日に審理日程が発表され、そして九月七日にいよいよ口頭弁論が開始されました。当時はまだ霞が関にあった最高裁の、大法廷の正面裁判官席には、田中耕太郎裁判長はじめ一五人の裁判官がずらりと並びました。検察側は清原邦一《くにかず》検事総長みずから陣頭に立ち、弁護団側は海野《うんの》普吉《しんきち》主任弁護人を筆頭に、それぞれ主張を展開し、論戦の火ぶたが切られました。

当時の「読売新聞」（一九五九年九月六日朝刊）に、「砂川裁判の争点」として、項目別に、東京地裁「伊達判決」の要旨、検察側の主張、弁護側の主張が手ぎわよく整理されているので、それを表にしてのせておきましょう。

■駐留軍と憲法九条

	戦力の定義	駐留米軍と国連憲章	米軍の駐留は違憲か
東京地裁判決	自衛権は否定しないが、自衛のための戦力は一切厳禁。	安保条約にある駐留米軍の性格からすれば、駐留米軍は戦略上必要と判断したときは日本区域外に出動することができ、わが国が直接関係のない武力紛争に巻きこまれる恐れがある。日本の安全保障は国連の集団安全保障が最低線である。	自衛手段としての米軍駐留は、戦力保持を禁止している九条に違反する。
検察側主張	九条二項で禁止している戦力保持とは、日本自身が指揮する戦力保持のことである。	駐留米軍の出動は国連憲章で厳重に制限されており、自衛権乱用に対しては法的保障がある。	駐留米軍が日本政府の依頼でわが国防衛のため出動する可能性があるとしても、直接わが国に指揮管理権はないから、九条違反にはならない。
弁護側主張	わが国憲法は徹底した平和主義を採用、自衛戦争を含め一切の戦力を禁止している。	日米安保条約は国連憲章五一条の集団自衛権の範囲を逸脱している。	駐留米軍はあきらかに日本の戦力であり、自衛権を乱用してわが国を戦禍に巻きこむおそれがある。

■刑事特別法の違憲性

東京地裁判決	刑事特別法二条は米軍の法益を特別に保護し、軽犯罪法と比較して刑罰が重すぎる。米軍の駐留が違憲である以上、これに法益をあたえている刑事特別法は、憲法三一条で規定している適正手続きの保障規定に違反する。
検察側主張	一国の軍隊はその国の国家機関であり、特別の保護をあたえることは国際的慣行である。また刑事特別法二条は住居侵入罪の特別法に当たり、これと比較して刑罰は重くない。三一条は立法手続きの適正について判断する規定ではない。
弁護側主張	米軍の駐留自体、憲法違反であり、これを特別に保護する刑事特別法は三一条に違反する。また一三条（個人の尊重と公共の福祉）、一四条（法の下の平等）にも違反する。

■裁判所の違憲審査権と統治行為

東京地裁判決	（違憲審査権が条約に及ぶかどうか直接ふれていないが、結果的には憲法優位説をとり、政府の統治行為も審査の対象になるとの立場をとっている）
検察側主張	憲法九八条によって条約尊重の規定があり、裁判所はこれについて審査権はない。法律的に割り切れない高度の政治、外交問題については司法権に限界がある。
弁護側主張	条約の締結は憲法改正より簡単な手続きでおこなわれるので、憲法優位だ。しかも条約施行のための国内法は当然、審査の対象となりうる。

真っ向から対立する検察側と弁護側

新聞各紙で報じられた九月七日からの口頭弁論の内容からまとめると、まず検察側の主張は要するに、こういうことでした。

「憲法九条二項で保持が禁じられている戦力とは、日本国に指揮管理権のある戦力を意味する。日本に駐留する米軍が、日本政府の依頼で日本の防衛のために出動する可能性があったとしても、日本国には米軍に対する指揮管理権がないので、**米軍は日本の戦力とはいえず、よって憲法九条に違反していない。**

外国の軍隊が駐留する場合、受け入れ国はその外国軍隊に対して特別の保護をあたえることは国際的な慣行である。したがって、安保条約にもとづき駐留する米軍の基地について特別の保護をあたえる刑事特別法には、合理的理由があり、憲法三一条〔「何人も、法律の定める手続によらなければ、その生命もしくは自由を奪われ、またはその他の刑罰を科せられない」〕に違反しているわけではない。

安保条約のような高度の政治、外交問題について司法権には限界というものがあり、条約が合

憲か違憲かを審査する権利は裁判所にはない。外国軍隊を駐留させるか否かは、もっぱら内閣および国会にゆだねられるべき政策問題であり、本来憲法九条の関与することではない。**条約の締結は政府による統治行為であり、司法審査の対象から除外される**」

一方、弁護側の主張は要するに、こういうことです。

「**憲法は自衛戦争も含め一切の戦力の保持を禁止している。憲法上みずから戦力保持を禁じたのに、政府の行為で条約を結び、米国の戦力を誘致することは、指揮権の有無にかかわらず憲法違反である。憲法九条は、わが領土内に一切の戦力を存在させることを禁止したもので、指揮管理権があるかどうかは問題にならない。**

米軍の駐留は憲法九条に違反しているので、米軍の基地について特別の保護をあたえる刑事特別法には、合理的理由がなく、憲法三一条に違反する。一三条（個人の尊重と公共の福祉）、一四条（法の下の平等）にも違反する。

条約の締結は憲法改正より簡単な手続きでおこなわれるので、条約よりも憲法が優位にある。憲法が裁判所に違憲審査権を認めたのは、裁判所が『憲法の番人』であることを認めたからだ。それは、憲法の厳正な解釈適用を保障し、国会や政府の専横な行為で国民の人権が侵害された場

合、これを保障救済しようとするためである。政府の行為はいわゆる統治行為として司法審査から除外されるという説は、法治主義に徹して人権を擁護するための裁判所に違憲審査権を認めた、憲法の条文から見て容認できない」

安保法体系と憲法体系

このように検察側と弁護側の主張は真っ向から対立していました。その対立をより大きな構図のなかに位置づけてみると、浮かびあがってくるのは「安保法体系」と「憲法体系」という二つの法体系の対立です。

この「二つの法体系」論を提唱したのは、憲法学者で名古屋大学法学部教授だった長谷川正安《まさやす》です。その著書『憲法現代史』（日本評論社　一九八一年）などで長谷川は、日米安保条約とその付属協定である日米地位協定（旧行政協定）が、日本における米軍の事実上の治外法権といえる特権を保障していることは、つまり「日本の国家主権がアメリカの軍事力によって直接重大な制限を受けていること」を意味し、そのため現代日本には二つの法体系が併存することになったとのべています。

そのひとつは憲法・法律・命令（政令・省令など）とつづく「憲法体系」で、もうひとつは安保条約・地位協定（旧行政協定）・特別法とつづく「安保法体系」です。

そして、この「安保法体系」によって米軍は、「憲法体系」に制約されない基地運営や訓練実施や戦闘作戦への出動など軍事活動の自由という特権を保障されています。「安保法体系」に含まれる特別法は主なもので二二あり、安保特別法・安保特例法と総称されます。

たとえば、航空機の安全や飛行場施設や航空運送事業などに関して規定する、航空法という一般の国内法があります。それは「憲法体系」のなかの法律のひとつです。一方、「安保法体系」に含まれる特例法のひとつとして、「地位協定の実施に伴う航空法特例法」が制定されています。その航空法特例法によって米軍は、航空法が定める規定のうちさまざまな項目で適用を免除されています。いくつか例をあげると次のとおりです。

①飛行場・航空保安施設設置の許可義務。
②「耐空証明」不帯用機の航空禁止。
③夜間飛行の際の灯火義務。
④飛行禁止区域の遵守。
⑤最低安全高度の遵守。

⑥巡航高度の遵守。
⑦速度制限の遵守。
⑧編隊飛行の禁止。

このように航空法の適用除外があるから、米軍機は騒音公害をもたらす爆音を放ちながら、最低安全高度（人口密集地では最も高い障害物の上端から三〇〇メートル、それ以外の所では地面や建物などから一五〇メートル）も守らずに、日本全国各地で危険な低空飛行訓練などをつづけていられるのです。日本政府の規制もおよびません。

また、安保特例法のひとつである、「地位協定の実施に伴う道路運送法等特例法」でも、道路運送法と道路運送車両法の規定のうち、さまざまな項目で適用除外をもうけています。いくつか例をあげます。

①自動車の使用・廃車の届け出。
②道路運送事業者等への立ち入り検査。
③自動車登録。
④保安技術基準の遵守、乗車定員・積載量の遵守など。

⑤事前・定期点検。
⑥整備工場への立ち入り検査。

軍事優先の安保法体系

また、一般国内法である国有財産法では、国有財産の民間への供与は有償・貸付限度期間を定めなければならないのに、米軍には国有地など国有財産を無償・無期限で供与し、しかも返還時の原状回復義務を免除する、「地位協定の実施に伴う国有財産管理法」という安保特例法もあります。これによって米軍基地のために、国有地など国有財産が無償・無期限で提供され、環境破壊が起きても米軍には返還時の原状回復義務はないのです。

民有地が米軍基地の建設・拡張のために提供されるときも、米軍に有利な安保特別法があります。「地位協定の実施に伴う土地等の使用等に関する特別措置法」です。駐留軍用地特措法あるいは米軍用地特措法とも呼ばれます。同法には、基地提供の手続きにおいて、日本政府が民有地所有者と軍用地の賃貸借契約ができない場合、強制使用、強制収用する手続きが定められています。同法第三条で、次のとおりです。

「駐留軍の用に供するため土地等を必要とする場合において、その土地等を駐留軍の用に供することが適正かつ合理的であるときは、この法律の定めるところにより、これを使用し、または収用することができる」

この特措法を根拠にして、日本政府は米軍立川基地の滑走路拡張のために、砂川の農民の土地を強制収用、すなわち取り上げようとしました。また沖縄でも、軍用地の賃貸借契約を拒否する「反戦地主」の土地を強制使用するために、この特措法を運用しています。

同法にもとづく強制使用・収用は、その土地を米軍基地にすることが適正かつ合理的であるか否かという点だけで判断されることになっており、土地所有者の側の事情はまったく考慮に入れられていません。そして適正かつ合理的であるか否かという判断は、米軍の軍事目的にもとづいて決定されるわけですから、一般国民が異議をさしはさむことはできないのが現実です（『日米安保体制と日本国憲法』渡辺洋三著　労働旬報社　一九九一年）。

一般の国内法である土地収用法は、公共の利益となる事業に必要な土地収用について、公共の利益の増進と私有財産との調整を図ることを定めています。一方、この特別措置法は米軍の軍事目的を最優先させた法律なのです。

そのほか、米軍に水先案内なしの出入港を許す水先法特例法、電波法の定める義務や規制を除外する電波法特例法、所得税や消費税などあらゆる税を免除する所得税法等の臨時特別法、米軍の軍事機密の探知・収集を取り締まる刑事特別法など、米軍優位の特権を認めた地位協定の実施にともなうさまざまな安保特別法・特例法があります。

　このように米軍に事実上の「治外法権」を認める軍事優先の「安保法体系」は、平和主義と国民主権にもとづく「憲法体系」と矛盾しています。元もと日本国憲法は安保条約のような軍事同盟を想定して制定されたものではなかったのです。憲法学者の長谷川正安はその著書のなかで、こう指摘しています。

「〔日本国〕憲法には、およそ軍隊の存在を前提とした条文がなく、したがって、軍事機密を保護したり、軍人の権利・義務を特別にあつかったりする法令を生みだすはずがない。しかし、安保条約から生まれる行政協定〔現在の地位協定〕、それにもとづく刑事特別法などをみると、憲法では予想しえない、軍人の特権や軍事機密の保護があつかわれている。このように憲法体系と安保法体系とは、全面的にあい容れない二つの法体系であることは、虚心にこれをみればだれも否定できないところである」（『昭和憲法史』岩波書店　一九六一年）

二つの法体系がぶつかり合う裁判

この「安保法体系」と「憲法体系」の矛盾がはっきりと表れたのが、砂川事件でした。その矛盾点を、「安保体制と憲法」（長谷川正安著／『安保体制と法』長谷川正安・宮内裕・渡辺洋三編三一書房　一九六二年　所収）を参照しながら整理してみましょう。

米軍立川基地の飛行場拡張のための測量に反対して、一九五七年七月八日に立ち入り禁止の基地内に数メートル入った労働者・学生ら七人の被告の行為に対し、検察側は刑事特別法第二条違反（一年以下の懲役または二〇〇〇円以下の罰金もしくは科料）だと主張しました。刑事特別法は「安保法体系」に含まれる安保特別法・特例法のひとつです。

しかし、仮にこのような事件が日本政府や地方公共団体の管理する飛行場の立入禁止区域で起きたとすれば　軽犯罪法第一条三二号「入ることを禁じた場所に正当な理由がなくて入った者」（拘留または科料）に該当し、重くても拘留ですむはずなのです。軽犯罪法は「憲法体系」に含まれる一般国内法です。

つまり、立ち入り禁止区域に入るという同じ行為なのに、事件が起きる場所の違いによって、異なる犯罪としてあつかわれるのです。まさに「安保法体系」と「憲法体系」が矛盾しているからです。同じ日本国内の事件でありながら、米軍基地に立ち入った行為のほうに重い刑罰を科すことは、日本国民の法益（法律によって保護される社会生活上などの利益）よりも米軍の法益を重視する、主客転倒した法的処理です。

こうした矛盾に対して、東京地裁の「伊達判決」は、「安保法体系」よりも「憲法体系」を優先させる判断を下しました。刑事特別法という安保特別法の適用は、どんな人でも適正な手続きによらなければ刑罰を科せられないことを保障する憲法第三一条に違反していると判断したのです。

つまり、「憲法体系」を基準として、「安保法体系」の違憲無効を宣言し、二つの法体系の併存を否定しようとした判決なのです。その根底には、米軍駐留は憲法第九条に違反しているとの判断があります。

ところが、日本政府の立場を代表する検察側は東京地裁でも最高裁でも、安保条約にもとづき駐留する米軍は日本の戦力ではなく、憲法第九条には違反しておらず、駐留軍に特別の保護すなわち特権をあたえることは国際的な慣行であると主張しています。したがって、米軍基地について特別の保護をあたえる刑事特別法には、合理的理由があり、憲法第三一条に違反していないというのです。

そして、安保条約のような「わが国の存立の基礎にきわめて重大な関係をもつ高度の政治性を有するもの」については、第一次的に内閣と国会の判断にしたがうべきものであるから、安保条約が合憲か違憲か裁判所には審査する権利はないとしています。つまり、憲法を最高法規とする「憲法体系」にもとづいて審査をする裁判所に、安保条約が合憲か違憲か判断する権利はないというわけです。

そうすると、安保条約にもとづいて駐留する米軍には「憲法体系」が適用できないということになります。それは要するに、米軍に特権を認める「安保法体系」は「憲法体系」に優越するという主張なのです。米軍をいわば憲法を超えた「超法規的存在」と位置づけるようなものです。

一方、「伊達判決」を評価する弁護側は、そもそも米軍駐留は憲法第九条に違反しているので、米軍基地について特別の保護をあたえる刑事特別法には、合理的理由がなく、憲法第三一条に違反するとしています。

そして条約よりも憲法が優位にあり、裁判所には憲法第八一条「最高裁判所は、一切の法律、命令、規則または処分が憲法に適合するかしないかを決定する権限を有する終審裁判所である」にもとづく、違憲審査権があると主張しています。

つまり「伊達判決」と同じように「憲法体系」を基準として、「安保法体系」を違憲無効とし、二つの法体系の併存を否定しようとする主張なのです。

こうして最高裁を舞台に、「安保法体系」と「憲法体系」という二つの法体系がぶつかり合う構図ができあがっていました。

日本の基地から出動する米軍

このような重大な対立点があきらかになった最高裁での口頭弁論でしたが、実はそこにも背後でアメリカ政府の手が伸びていました。検察側が不利にならないように、その弁論内容に重要な指示をひそかにあたえていたのです。しかも、それは事実をねじ曲げるものでした。そして最高検察庁は、アメリカ政府が提供した見解を最終弁論でそのまま陳述したのです。一連の経過を見てみましょう。

最高裁での審理日程が発表されたのは、一九五九年八月四日でしたが、その同じ日と翌五日に、弁護団は最高検察庁の上告趣意書（同年六月二日提出）に対する答弁書を、最高裁に提出しました。

答弁書には、米軍が日本にある基地を利用して、日本防衛とは関係のない海外の紛争に軍事介入していること、そうした行動が日本を戦争にまきこみ、戦争の惨禍が日本におよぶおそれがあること、そうした米軍の駐留を許容する日本政府の行為は憲法違反である、という指摘が含まれていました。

それは具体的には、主に一九五四年と五八年の「台湾海峡危機」や「台湾海峡事件」と呼ばれる事態をめぐっての指摘でした。この紛争の焦点となったのは、中国福建省の海岸から東に約一五キロの場所にある金門《きんもん》島と約二四キロの馬祖《ばそ》島《とう》です。

このふたつの島は、台湾の中華民国政府（国民党政権）が本土の中華人民共和国政府（共産党政権）との戦いにそなえて軍を置き、全島を要塞化していました。そこに中華人民共和国政府の人民解放軍が大規模な砲撃を開始し、反撃する中華民国軍との間に砲撃戦、海戦、空中戦が交わされたのです。

台湾を支援するアメリカ政府は、このときアメリカ海軍第七艦隊を台湾海峡に派遣し、航空部隊も台湾の基地に派遣しました。その際に在日米軍基地が使われたのです。第七艦隊は横須賀基地から、海兵隊航空部隊は厚木と岩国の両基地から、第五戦術空軍は横田基地などから出動しました。そして、台湾海峡で中華民国軍と共同で軍事演習をおこない、第七艦隊の巡洋艦や駆逐艦は金門島と馬祖島への武器弾薬など物資補給作戦を支援したのでした。

弁護団の答弁書は、「わが国に駐留する米軍はわが国を戦禍に巻きこむ恐れがある」として、次のように指摘しています。

「金門《きんもん》馬祖《ばそ》など台湾海峡をめぐる中華人民共和国政府と中華民国政府の武力衝突は、あきらかに一国内の二つの政権による領土争奪の内乱である。しかるに〔＝それなのに〕これを『一国の他国に対する侵略』と断定し、（米軍は）日本を基地とする強力な海空軍を出動させている。

一九五四年九月の第一次紛争のときは、原爆搭載空母を含む第七艦隊を台湾海峡に出動させた。また昨一九五八年八月から九月にかけての紛争のときは、横須賀より第七艦隊、厚木、岩国より海兵隊航空隊が台湾方面に出動した。

このことはいずれも当時の新聞報道により一般に知られている。このような行動は国連憲章五一条の自衛権の行使を逸脱する疑いがある。しかも今後もかかる〔＝このような〕自衛権濫用の恐れがないとはいえない。（中略）

しかも日本を基地とする米軍がソ連またはその友好国を攻撃した場合、ソ連は日本の米軍基地を報復攻撃する恐れのあることは、最近のソ連政府のしばしば言明するところである（一九五八年一一月二七日ソ連政府の日本政府に対する口上書参照）。したがってかような米軍の駐留を許容するわが国政府の行為は、『政府の行為によってふたたび戦争の惨禍が起ることのないようにすることを決意』した日本国憲法前文の精神にまったく違反するものである」

（「砂川裁判が現在に問いかけること――伊達判決五〇年によせて」）

日本が戦争に巻きこまれる危険

この弁護団の主張は、東京地裁「伊達判決」の主旨とも一致していました。それは「伊達判決」の要点（22ページ）にあった次の部分です。

「日米安保条約では、日本に駐留する米軍は、日本防衛のためだけでなく、極東における平和と安全の維持のため、戦略上必要と判断したら日本国外にも出動できるとしている。その場合、日本が提供した基地は米軍の軍事行動のために使用される。その結果、日本が直接関係のない武力紛争に巻きこまれ、戦争の惨禍が日本におよぶおそれもある。

したがって、安保条約によりこのような危険をもたらす可能性を含む米軍駐留を許した日本政府の行為は、『政府の行為によってふたたび戦争の惨禍が起きないようにすることを決意』した日本国憲法の精神に反するのではないか」

「伊達判決」は、そのうえで「米軍駐留は違憲」だと、次のように判断していました。

「このような実質をもつ米軍の駐留は、日本政府の要請と米政府の承諾があったからで、つまり日本政府の行為によるものだといえる。米軍の駐留は、日本政府の要請と基地の提供と費用の分担など協力があるからこそ可能なのである。

この点を実質的に考察すると、米軍の駐留を許容していることは、指揮権の有無、米軍の出動義務の有無にかかわらず、憲法第九条第二項で禁止されている戦力の保持に該当するものといわざるをえない。結局、日本に駐留する米軍は憲法上その存在を許すべからざるものといわざるをえない」

弁護団は答弁書において、まさに「日本が直接関係のない武力紛争に巻きこまれ、戦争の惨禍が日本におよぶおそれ」をもたらす、米軍の日本国外での軍事行動のための基地使用の事実、「米軍駐留は違憲」に通じる実態を、「台湾海峡危機」での実例をあげて問題にしたのでした。

検察は最高裁でどのように反論すべきか、マッカーサー大使がアメリカ国務省に問い合わせ、最初の回答が届く（八月二四日）

それに対して、検察側は最高裁での弁論、審理が不利にならないように、米軍の日本国外での軍事行動のための基地使用の事実、すなわち「米軍駐留は違憲」に通じる実態を否定する必要がありました。そこで、最高検察庁から弁護団側の指摘を聞いた外務省は、マッカーサー大使に相談したのです。マッカーサーは国務省に、検察側は最高裁でどのように反論すべきかを問いあわせました。

そして一九五九年八月二四日、ディロン国務長官代理から駐日アメリカ大使館宛ての「秘」公電で、回答が届きました。末浪靖司が二〇一一年に米国立公文書館で、アメリカ政府解禁秘密文書のなかから発見したものです。なお、一連の公電は同文情報提供あつかいで、太平洋軍司令部と在日米軍司令部へも転送されていました。

「コメントをするわれわれの基本的前提は、太平洋上の米太平洋艦隊の主要な部隊は他の地域と同様、ときに応じて日本の海軍施設を使うかもしれないが、日本の国内とその付近に配置された米軍とは見なされないし、日本を基地とするものではないということである」（末浪訳、『9条「解釈改憲」から密約まで　対米従属の正体』末浪靖司著）→資料⑨

電文は、第七艦隊など米太平洋艦隊がときに応じて、横須賀など日本のアメリカ海軍基地を使っていることは認めています。しかし、「日本国内とその付近（沖縄など）に配置された米軍とは見なされない」とごまかして、言い逃れようとしているのが見え見えです。

OUTGOING TELEGRAM Department of State

INDICATE: ☐ COLLECT
☐ CHARGE TO

1959 SEP 4 PM 02

0300

THIS DOCUMENT MUST BE RETURNED TO THE RM/R CENTRAL FILES

CONFIDENTIAL
Classification
VERBATIM TEXT

SENT TO: AmEmbassy, TOKYO PRIORITY 537

RPTD INFO. CINCPAC, EXCLUSIVE FOR POLAD AND ADMIRAL FELT
COMUS, JAPAN EXCLUSIVE FOR GENERAL BURNS
AmEmbassy, SEOUL (by pouch)
AmEmbassy, TAIPEI (by pouch)
AmEmbassy, SAIGON (by pouch)

790.5411

LIMIT DISTRIBUTION

711.56394/8-2459
@794.5

Embassy's G-104

VERBATIM TEXT

Hypothetical questions posed by Fonoff raise a number of serious legal and political problems for US and we generally concur in Fonoff approach that specific answers are to be avoided. On short notice, it has been impossible to ensure that all aspects of these complex problems have been explored, and comments given below should be given to Fonoff on understanding that there will be no attribution to US Govt and that they should not be considered as final interpretations of legal questions by US Govt.

Our basic premise in preparing following comments is that principal US fleet units in Western Pacific, while they may make use from time to time of naval facilities in Japan as well as in other areas, are not considered US forces disposed in and about Japan, nor are they based in Japan. This premise stems from fact that US Seventh Fleet operates in accordance with modern concept of mobility, i.e., supply and support

711.56394/8-2459

RM/R
Anal 47
Rev
Cat

Drafted by: FE:NA:KWSwayze:jeh 9/4/59

Telegraphic transmission and classification approved by: NA - Mr. Bane

Clearances:
CA - Mr. Bennett (in draft)
SE/A - Mr. Kaplan (substance)
Defense - Col. Lynn (in draft)
L/FE - Mr. Maurer
L/UNA - Mr. Korley in draft (KFL)
L - Col. Raymond (substance)
FE - Miss Bacon (in draft)

S/S CR
SEP 4 - 1005 P.M.

CONFIDENTIAL Classification

CLASSIFIED FILE

REPRODUCTION FROM THIS COPY IS PROHIBITED UNLESS "UNCLASSIFIED".

711.56394/8-2459

資料⑨　1959年８月24日、ディロン国務長官代理から駐日アメリカ大使館への「秘」公電。第七艦隊など米太平洋艦隊と在日米軍基地の関係について曖昧に説明する内容。

外務省の当局者とマッカーサー大使が、検察の最終弁論について打ち合わせをし、ふたたび国務省に問いあわせる（九月七日）

最高裁での九月九日の第二回公判の口頭弁論では、弁護団の内藤功弁護士がこの問題をとりあげ、次のように追及しました。文中に「国府《こくふ》」とあるのは、中華民国（台湾）政府のことです。

「今から一年前〔一九五八年〕の第二次台湾海峡事件です。昨年八月二三日、中国軍の金門攻撃が開始されると、在日米軍は大規模に迅速に台湾海峡に出動展開しました。

まず世界最大の破壊力を豪語する第七艦隊は、国府海軍と合同演習と称して、横須賀その他を抜錨《ばつびょう》して〔＝から出航して〕台湾海峡へ進撃した。

米海兵隊第一飛行連隊のうち厚木、岩国の両基地隊は、米国府合同の戦闘訓練を受けるという名目で台湾に出動した。

第五空軍（府中、横田、板付、三沢）は戦闘待機の態勢に入った。米紙クリスチャン・サイエンス・モニターの八月三〇日の発表は、**『アメリカは日本を根拠地とする航空部隊をもっており、これらの部隊は原爆を使用することができる』**と伝えていたのです。

このような在日米軍の出動も、もちろん中国の内戦に干渉するものであり、集団的自衛権の範囲をまったく逸脱したものであるというほかありません。かように在日米軍の歴史を見るとき、

国際連合の機関の決定または勧告にもとづかず、あるいは憲章第五一条の自衛権の行使の範囲を逸脱して出動したことのきわめて多いことを認めざるをえません。かかる〔＝このような〕出動を目して〔＝見て〕国連の安全保障機能を補充するためのものとは到底認められません。

またとくに、一国内の内戦を『侵略』とか『武力攻撃』とかと独断して出動する例が多いのですが、かような内戦がただちにわが国の平和と安全とに脅威をおよぼすということはできません。かように考えれば、在日米軍が日本の領土を基地として極東に出動する場合、『わが国が自国と直接関係ない武力紛争の渦中に巻きこまれ、戦争の惨禍がわが国におよぶおそれは必ずしも絶無』ではありません。（中略）

かような戦禍をまねくおそれのある在日米軍は、まさに憲法九条二項が保持を禁じた『戦力』というべきであります」

こうした弁論がなされたことは、すぐにマッカーサー大使から国務省に知らされました。一九五九年九月一三日、アメリカ大使館から国務長官宛て「秘」公電に、こう記されています。公電は新原昭治が二〇〇八年にアメリカ公文書館で発見したものです。

「**外務省当局者がわれわれに知らせてきたところによると、**砂川裁判の弁護側は、予想どおり、日本を基地とする米国艦隊が一九五四年五月にインドシナ周辺海域で、また一九五八年の台湾海峡危機の際、金門・馬祖両島周辺で、作戦行動をおこなったと申し立てた。

われわれは九月七日、わが方の意見書（関連電報）を外務省当局者に伝えて両者でそれを注意深く吟味した。外務省当局者は、それらの意見書をまだ検察庁に届けておらず、届けるのを躊躇《ちゅうちょ》していると知らせてきた。その理由は、**意見書（中略）は、日米安保条約下で日本に出入りしている艦隊の部隊が、一九五四年五月に南シナ海に行ったことを明確に否定しているものの、（中略）台湾海峡関連ではそうした否定がまったくなされていない**からである。外務省当局者は、南シナ海部分だけの否定では、台湾海峡に関する別の作戦に注意をひきつけることにならざるをえず、弁護側から日米安保条約関係への新たな攻撃を受けることになるだろうと見ている。

しかしながら外務省当局者は、**台湾海峡についての説明を、（中略）〔南シナ海について〕なされたのと同一の、あるいはそれと共通したものと言うことができないだろうか、もしそうできるなら、最高裁法廷で九月一八日に最終弁論をおこなう検察官にとって大きな助けとなる**であろうとものべ〔てい〕る。（中略）この点の回答は九月一五日までに必要である。どうか可能なかぎり迅速な返事を願いたい」（新原・布川訳　同前）

つまり一九五四年の南シナ海については、在日米軍の部隊ではないとはっきり否定できる。しかし、一九五八年の台湾海峡については、そうはいえない。そこで「外務省当局者」とマッカーサー大使が、最高裁での弁論が検察側に有利になるようなんとかできないかと、懸命に策を練っている様子が伝わってきます。できることなら、「台湾海峡危機」に出動した米軍が、日本の基地を使わなかったことにしたいわけです。しかも、九月一八日の検察側の最終弁論に間にあわせなければならないのです。外務省当局者とは、おそらく安保改定の秘密交渉に加わっていた高級官僚たちの誰かでしょう。

アメリカの国務長官の指示どおりに、検察が虚偽の弁論をおこなう（九月一八日）

そしてあくる日、必要としていた「迅速な返事」が届きました。一九五九年九月一四日、ハーター国務長官からアメリカ大使館宛て「秘」公電です。

「台湾海峡危機の際の米軍に、日本に出入りしている部隊が含まれていなかったという言明は、日本から沖縄や台湾に移った海兵航空団や第五空軍部隊の移動から見て不正確なものとなろう。海兵航空団も第五空軍部隊も第七艦隊所属部隊とは見なされないから、この言明は第七艦隊についてはなしえても、**これにつづく日本の基地使用の否定は、事実に照らして台湾海峡作戦の場合には正しくないだろう。というのは、基地は実際に使われたからだ。**

これにそって、検察官は次のようにのべることはできよう。『米第七艦隊は一九五八年秋、台湾海峡にいた。第七艦隊は、安保条約のもとで日本に出入りしている部隊ではない。台湾海峡海域での米軍の作戦を支援して、第七艦隊は西太平洋中で同艦隊が利用できるさまざまな基地を活用した』」（新原・布川訳　同前）→資料⑩

なんと、「台湾海峡危機」の際に、「(日本の) 基地は実際に使われた」にもかかわらず、「第七艦隊は西太平洋中で同艦隊が利用できるさまざまな基地を活用した」と、あいまいな表現でごまかし、実質的にウソをつくことを、国務長官みずからが指示してきたのでした。

マッカーサー大使からこの情報を受けとった外務省当局者は、ただちにそれを最高検察庁に伝えました。そのことを一九五九年九月一七日、アメリカ大使館から国務長官宛て「秘」公電で、マッカーサー大使が報告しています。

「関連電報に含まれていた情報は、外務省当局者に伝えた。かれらはこれに深謝し、許可された情報は検察官に伝え、九月一八日午後おこなわれる最終弁論で使うことになると今朝知らせてき

1955-59 Box 3918

OUTGOING TELEGRAM Department of State

INDICATE: ☐ COLLECT
☐ CHARGE TO

CONFIDENTIAL
Classification

1959 SEP 14 PM 9 28

076

SENT TO: AmEmbassy, TOKYO - PRIORITY 603

RPTD INFO: CINCPAC and COMUS JAPAN

LIMIT DISTRIBUTION

711.56394/9-1359
790.5411
794.5

Embtel 743, RPTD CINCPAC 80, COMUS JAPAN 56.

Assumption first sentence final para reftel/is partially [illegible] correct. Statement that US "forces" in Taiwan Strait crisis did not include units disposed in and about Japan would be inaccurate in view of movement of Marine air wing and Fifth AF units from Japan to [illegible] Okinawa Taiwan. and [illegible]. Since Marine air wing and Fifth AF units not considered elements of Seventh Fleet, this statement may be made about Seventh Fleet, but subsequent denial re use of Japanese bases would be [illegible] factually incorrect [illegible] in case of Taiwan Strait operations, since bases were in fact used.

On this basis, Public Procurator may state: QTE The United States Seventh Fleet was present in the Taiwan Strait area in the autumn of 1958. The Seventh Fleet is not among the forces disposed in and about Japan under the Security Treaty. In support of its operations in the Taiwan Strait area, the Seventh Fleet utilized various bases / available to it throughout the Western Pacific. UNQTE.

Final sentence may be included or omitted at your discretion.

We recognize that this may not be particularly helpful. If

RM/R
Anal 47
Rev
Cat

711.56394/9-1359

Drafted by: FE:NA:[illegible]:mp 9/14/59

Telegraphic transmission and classification approved by: FE - Mr. Green

Clearances: L - Col. Raymond
CA - Mr. Bennett
Defense - Lt. Col Lynn (in substance)
NA - Mr. Bane

CLASSIFIED

L WS

CONFIDENTIAL
Classification

711.56394/9-1359

資料⑩　1959年9月14日、ハーター国務長官から駐日アメリカ大使館への「秘」公電。「台湾海峡危機」で在日米軍基地が使われたことをごまかすための内容。

た」（新原・布川訳　同前）

その報告どおり、九月一八日の第六回公判・口頭弁論、検察側の最終弁論のなかで、井本台吉《いもとだいきち》最高検察庁検事が次のようにのべたのでした。なお、この最高検察庁最終弁論要旨の文中に「一九五七年」とあるのは誤記で、正しくは一九五八年です。

「弁護人の所論のなかには、合衆国の日本駐留海軍の一部は一九五四年五月南支那海に、一九五七年〔一九五八年〕台湾海峡に出動し、侵略的行動に出たむねの主張がある。外務省を通じ米〔アメリカ〕大使館に問い合わせたが、『合衆国艦隊の一部が一九五四年五月南支那海に、一九五七年〔一九五八年〕台湾海峡にそれぞれ存在したが、これらの艦艇には安保条約にもとづいて日本またはその周辺に配置された艦艇を含まず、またこれらの艦艇は日本の海軍施設を基地として使用しなかった』むねの回答に接した。すなわち日本基地より出動したことのないことはあきらかである」

このように最高検察庁は、最高裁という厳正であるべき司法の場で、アメリカ政府が事実をごまかすためにねじ曲げて提供した情報を使って、「日本の基地より出動したことのないことはあきらかである」と陳述したのでした。まさに虚偽の弁論でした。「法治国家崩壊」そのものというべき状況です。

それから二〇日後の一九五九年一〇月八日、マッカーサー大使はハーター国務長官に宛てた「秘」公電で、次のように報告しています。なお、こちらも電文中に「一九五七年」とあるのは誤記で、正しくは一九五八年です。

「外務省は、九月一八日の最高裁砂川事件最終弁論で、最高検察庁が陳述した文書のコピーをわれわれに提供した。翻訳は次のとおりである。

『弁護団の最終弁論には、日本に駐留する米海軍の部隊が一九五四年五月に南シナ海に、一九五七年〔一九五八年〕一〇月に台湾海峡に攻撃のために展開したという主張が含まれている。外務省を通じてアメリカ大使館に照会したところ、われわれは次のような回答を得た。

〝合衆国艦隊の部隊は、一九五四年に南シナ海に、一九五七年〔一九五八年〕に台湾海峡にそれぞれいた。これらの艦船は、安保条約により日本国内とその付近に配置されたいかなるものも含んでおらず、日本国内の海軍施設をその基地として使っていなかった。

これにより、合衆国の海軍艦船が日本の基地から展開しなかったことはあきらかである〟』」

（末浪訳　同前）

このように、アメリカ国務省・アメリカ大使館・外務省・最高検察庁の間を結ぶ、日米間の裏側の権力チャンネルが機能し、ひそかに裁判の方向を決定していました。田中長官とマッカーサー大使の密談と同じく、そうした驚くべき実態が、一連のアメリカ政府解禁秘密文書を通じてあぶり出されたのです。

最終回口頭弁論が終了する（九月一八日）

一九五九（昭和三四）年九月一八日、砂川事件跳躍上告審の最終回口頭弁論が終了し、全六回の口頭弁論は幕を閉じました。九月七日の開始から、わずか一〇日あまり。田中長官、マッカーサー大使、そして岸政権の思惑どおりの、異例のスピード審理でした。

最終回口頭弁論の終了後、裁判長の田中長官は記者団との会見で、「年内に判決という見通しがあるが……」との問いに、次のように答えています。

「これからの合議のスケジュールについては、ひといき入れてから予定を立てたいと考えているが、判決言い渡しがいつごろになるかは合議の進行状況にもよることであり、いまのところ予測

できない。（中略）なお、合議は速やかに集中的にやりたいと思う」（「朝日新聞」同年九月一九日）

こうして裁判の行方は、田中長官を筆頭とする最高裁大法廷の裁判官一五人の合議（裁判所法では評議という言葉が使われているが、意味は同じです）を通じて、どのような判決が下されるかという段階に移りました。田中長官の思惑はこの場合も、スピード審理を成功させたように、合議も「速やかに集中的にやりたい」という点では変わりありません。

最終回口頭弁論で、検察側が有利になるように、水面下でアメリカ国務省からの虚偽の情報を最高検察庁に渡したマッカーサー大使も、その後、判決まで手をこまねいていたわけではありません。またもや田中長官に接触してゆくのです。

マッカーサー大使と田中最高裁長官がふたたび密談を交わす（一一月X日）

安保改定の秘密交渉が大詰めをむかえていた一九五九年一一月、マッカーサー大使は田中最高裁長官とふたたび密談を交わしました。

東京のアメリカ大使館から国務長官に宛てた公用の「極秘」書簡（書簡番号G－230、一一月五日発送、六日受領）で、マッカーサー大使がその密談の内容を報告しています。太平洋軍司令部と在日米軍司令部にも同じものが転送されています。末浪靖司が二〇一一年秋にアメリカ国立公文書館で発見しました。

「**田中最高裁長官との最近の非公式の会談のなかで、砂川事件について短時間話しあった。長官は、時期はまだ決まっていないが、最高裁が来年のはじめまでには判決を出せるようにしたいと言った。**彼は、一五人の裁判官全員についてもっとも重要な問題は、この事件に取り組む際の共通の土俵をつくることだと見ていた。できれば、裁判官全員が一致して適切で現実的な基盤に立って事件に取り組むことが重要だと、田中長官はのべた。裁判官の幾人かは『手続き上』の観点から事件に接近しているが、他の裁判官は『法律上』の観点から見ており、また他の裁判官は『憲法上』の観点から問題を考えている、ということを長官は示唆した。

（裁判官のうち何人かは、伊達判事を裁判長とする第一審の東京地裁には、合衆国軍隊駐留の合憲性について裁定する権限はなく、自己の権限と、もともと〔基地への〕不法侵入という事件について、地裁に提起された特有の争点を逸脱しているという、狭い手続き上の理由に結論を求めようとしていることが私にはわかった。

他の裁判官は、最高裁はさらに進んで、米軍駐留により提起されている法律問題それ自体に取り組むべきだと思っているようである。
また、他の裁判官は、日本国憲法のもとで、条約は憲法より優位にあるかどうかという大きな憲法上の問題に取り組むことを望んでいるのかもしれない。）

田中最高裁長官は、下級審の判決が支持されると思っているという様子は見せなかった。反対に、彼は、それはくつがえされるだろうが、重要なのは一五人のうちのできるだけ多くの裁判官が憲法問題に関わって裁定することだと考えているという印象だった。こうした憲法問題に〔下級審の〕伊達判事が判決を下すのはまったく誤っていたのだ、と彼はのべた」（末浪訳　同前）
↓資料⑪

裁判所法に反して評議の秘密をもらす長官

アメリカ大使と最高裁長官。社会的には申し分のない高位高官の地位にあるふたりが、このときも、どこで、どのように話しあったのかはわかりません。非公式の限られた時間内に、当時、両者にとって最大の課題だったといえる、砂川裁判の最高裁判決の行方について、密度の濃い会話をひそかに交わしていたのです。しかし、その密談の内容は、あまりにも露骨なもので、驚か

SECRET

--and others may wish to grapple with the broad constitutional problem whether under the Constitution of Japan a Treaty overrides the Constitution.)

The Chief Justice gave no indication that he believed the lower court's ruling would be upheld. On the contrary, I had impression that he felt it would be overruled but that the important thing was to have as large a majority of the fifteen justices as possible rule on the constitutional issue involved, which, he said, it had been quite improper for Judge Date to pass on.

MACARTHUR

DMacArthur:me:pdc DCM:WmLeonhart

SECRET

INCOMING AIRGRAM ***Department of State*** **ACTION COPY**

B003339
PAGE 1 OF 2 PAGES

55-52
Action

SECRET
Classification

FE
Info

Date Sent: November 5, 1959
Rec'd:

Action Assigned to NK/S
Action Taken
Nov 6 4 48 PM '59

FROM: Amembassy TOKYO
SS
G TO: Secretary of State
SP NO: G-230
C
L Rptd Info; CINCPAC G-86 EXCLUSIVE FOR ADM FELT AND POLAND
H COMUSJAPAN EXCLUSIVE FOR GEN BURNS
INR
UMSC Ref: G-74, August 3, 1959.
RMR

Name of Officer
Direction to RM/R

LIMIT DISTRIBUTION

During recent informal conversation with Chief Justice Tanaka we had a brief discussion about the Sunakawa case. The Chief Justice said that he now hoped that the Supreme Court of Japan would be able to hand down its verdict by the first of the year although he was not yet certain of this timing. He observed that with a bench of fifteen justices the most important problem was to try to establish some common denominator to approach the case. Chief Justice Tanaka said that it was important that, if possible, all of his associate justices approach the case on the basis of agreed, appropriate and realistic ground rules as it were. He implied that some of the justices were approaching the case on a "procedural" basis whereas others were viewing it on a "legal" basis while still others were considering the problem on a "constitutional" basis.

(I gathered some of the justices seemed inclined to look for a decision on the narrow procedural ground that the court of first instance, the Tokyo District Court under Judge Date, lacked jurisdiction to rule on the constitutionality of the presence of United States forces and had exceeded both its own competence and the specific issue presented to it in the original trespassing offense;

--other justices seemed to feel that the Supreme Court should go further and itself deal with the legal issue posed by the presence of U.S. forces;

CLASSIFIED FILE
MAY 6 1960

Copy No(s) 5
Destroyed in RM/R
Name Date 5/6/60

SECRET
Classification

REPRODUCTION FROM THIS COPY IS PROHIBITED UNLESS "UNCLASSIFIED"

PERMANENT
RECORD COPY • This copy must be returned to RM/R central files with notation of action taken •

DECLASSIFIED
Authority NND 907416
By NARA Date 9-2011

②

資料⑪　1959年11月５日、駐日アメリカ大使館からハーター国務長官への「極秘」書簡。マッカーサー大使と田中最高裁長官がふたたび密談を交わしたときの内容を報告。

ずにはいられません。内容を箇条書きにして、まとめてみましょう。

①判決を出すタイムリミット（来年のはじめまで）。

②評議において一五人の裁判官の観点が手続上、法律上、憲法上の三つに分かれているという通報。

③東京地裁の「伊達判決」がくつがえされるという通報。

④その逆転判決は一五人の裁判官の全員一致によることが望ましいとの見解。

⑤しかも重要なのは、三つに分かれている観点を憲法上のそれに一本化し、「できるだけ多くの裁判官が憲法問題に関わって裁定すること」、つまり米軍駐留は合憲というお墨付きをあたえる最高裁判決にすることだとの思惑。

⑥さらに、こうした憲法問題に〔下級審の〕伊達判事が判決を下すのはまったく誤っていたのだと断言することによる、「伊達判決」への敵意の表明。

まさに田中長官は最高裁大法廷の内幕と、予想される判決内容を、裁判の一方の当事者といえるアメリカの大使に、あけすけに語っているのです。マッカーサー大使はこの極秘情報に接して、さぞかし満足し、安心したことでしょう。

「伊達判決」をくつがえす「米軍駐留は合憲」という逆転判決が、一五人の裁判官の全員一致で下されるよう、田中長官が裁判長として「この事件に取り組む際の共通の土俵」をつくるべく、裁判の評議（合議）をリードしようと考えている。そのことがわかったのですから、田中長官にひそかに接触してきた甲斐があったわけです。もしも一五人の裁判官の全員一致で逆転判決が下されるなら、その最高裁判決の拘束力と権威は非常に強固なものになります。

しかし、ここで注意しなければならないのは、この田中長官の言動は、裁判官が厳守しなければならない裁判所法に違反しているということです。裁判所法第七五条（評議の秘密）は、次のように定めています。

「評議は、裁判長が、これを開き、かつこれを整理する。その評議の経過ならびに各裁判官の意見およびその多少の数については、この法律に特別の定めがないかぎり、秘密を守らなければならない」

憲法の番人といわれる最高裁。その長官で、全国の裁判所・裁判官のトップに立ち、率先して裁判所法を、そして法律全般を守らねばならない人物、日本の司法の最高責任者ともいうべき人が、評議の秘密をもらしていたのです。これまた「法治国家崩壊」と呼ぶべき大事件ではないでしょうか。

こうした田中長官の言動を、彼自身が著書のなかでのべている言葉と照らしあわせてみましょう。『私の履歴書』（春秋社　一九六一年）所収の「最高裁判所の思い出」には、こう書かれています。文中に「合議」とあるのは「評議」のことです。

「合議は完全に秘密であり、裁判官だけしか、その席にはいない。調査官がたまに呼ばれて、調査を命じられたり、報告書を説明させられたりするくらいなものである。合議の経過を記録する書記官のようなものもない。私が書記官を兼ねているようなものである」

「合議の内容は絶対に秘密であるから、具体的な事件について内部でどういう議論が戦わされたか、どういう経過で最後の判断に到達したか、を公表するわけにはゆかない」

「在任中関与した裁判のことを語ることには、退官後といえども合議の秘密と『裁判官は弁解せず』の格言を守らなければならぬために、おのずから限度がある」

田中長官の表の顔と裏の顔

「合議は完全に秘密」「合議の内容は絶対に秘密」と強調する田中長官。しかし、それは表向きの顔で、裏ではひそかにマッカーサー大使と意思を通じ合わせて、「完全に絶対に秘密」であるべき合議（評議）についてしゃべっていたのです。

田中長官はこの「最高裁判所の思い出」を月刊誌「文藝春秋」（一九六一年一月号）に発表しました。それは一九六〇年一〇月に最高裁長官を退任した直後のことで、マッカーサー大使とふたたび密談して評議の秘密をもらしてから、ほぼ一年がたっていました。しかし当時、記事を読んだ人たちはだれも、田中長官のこうした正論の裏側に、それとまったく相反する評議の秘密の漏洩があったことなど、想像もしなかったでしょう。

田中長官は同じ一九五九年六月一四日の「読売新聞」紙上で、経済学者の中山伊知郎氏と「裁判と雑音」という対談をし、こんな発言をしています。

「戦後、政府の側から裁判所に対して干渉するような傾向は全然なかった。逆に司法権の独立は、制度的に戦前よりいっそう完全なものになっております。裁判所全体の地位は高まり、裁判所と裁判官の独立性を維持する保障が新憲法ではっきり規定されております」

その新憲法が保障する裁判所と裁判官の独立性、司法権の独立は、憲法第七六条にこう規定されています。

「すべて裁判官は、その良心にしたがい独立してその職権をおこない、この憲法および法律にのみ拘束される」

ところが、対談での格調高い発言とは裏腹に、田中長官はアメリカ大使に評議の秘密をもらすことで、司法権の独立性をないがしろにしていたわけです。

さらに、田中長官はマッカーサー大使との二度目の密談より少し前と思われる、一九五九年一〇月二日、最高裁で午前九時から二時間にわたって開かれた、全国の高裁長官と地裁所長と家裁所長の計七一人を集めた裁判官会同の席で、「裁判の威信を守れ」と訓示しました。そのなかに次のような発言があります。

「裁判所はその超党派的な性格上、政府のような与党はもっていない。たんに精神的要素だけに依存しているのである。一党一派の後援でなく、国民全体の支持を求めなければならぬ。

一方、われわれ裁判官としては、裁判所の威信が法の支配の基礎条件であること、それを守ることは法の支配のための正当防衛であること、したがってそれは裁判官の個人的特権ではなく、適正敏速な裁判という民主国家におけるもっとも根本的な国民の要求に応えるために不可欠であるという確信をもって、ためらうことなく裁判所の威信を擁護しなければならぬ」(「朝日新聞」一九五九年一〇月二日夕刊)

これもまた、みずからのおこないとは完全に矛盾する言葉です。最高裁長官ともあろう人が、裁判所法に違反して米国大使に評議の秘密をもらしておきながら、「裁判所の威信」も「法の支配」もあったものではありません。

このような田中長官が裁判長をつとめていた砂川裁判の最高裁大法廷は、憲法第三七条（「すべて刑事事件においては、被告人は、公平な裁判所の迅速な公開裁判を受ける権利を有する」）が保障する「公平な裁判所」ではなかったのです。

こうしてアメリカ政府の解禁秘密文書を通して、田中長官の表の顔と裏の顔の落差、日本の司法権の独立が侵された歴史の汚点が浮き彫りになりました。

砂川事件最高裁判決（一二月一六日）

一九五九年一二月一六日午前一〇時、最高裁大法廷で砂川裁判の判決が言いわたされました。その主文は次の通りです。

「原判決を破棄する。本件を東京地方裁判所に差しもどす」

東京地裁「伊達判決」をくつがえす逆転判決でした。一度は無罪判決を受けた七人の被告は、

朝日新聞 夕刊
砂川事件上告審
最高裁で破棄、差し戻しの判決
駐留米軍、違憲でない
安保条約審査は不適当
主文、駐留軍合憲は全裁判官一致
砂川事件に判決を下す最高裁
安保改定 政府に有利
社党、あす緊急質問
自衛戦力、ふれず
最高裁 31条も論外に

「米軍駐留は合憲」とした砂川裁判最高裁判決を報じる、1959年12月16日の「朝日新聞」夕刊。

あらためて東京地裁でのやり直し裁判にのぞまなければならなくなりました。新聞各紙の夕刊一面には、「最高裁〝伊達判決〟を破棄」「米軍の駐留は合憲」「最高裁、全員一致で判決」「安保条約審査は不適当」などの大きな見出しがのりました。「朝日新聞」夕刊の記事は、判決の場面をこう描写しています。

「午前十時キッカリ、田中裁判長を先頭に、十五〔人の〕裁判官が入廷。左右に分かれて席につく。入院中、無理を押して出てきたという河村（又）裁判官の顔が青白い。右側面、検事席には清原検事総長以下、村上、井本、吉河各検事、向かいあう左側面の弁護団は、海野主任弁護士はじめ総勢四十人。百十一の傍聴席も、五人の被告（二被告は欠席）と憲法学者、学生、宮崎砂川町長らの傍聴人で空席はない。

起立してむかえる全員の視線を受けながら、田中裁判長は判決書を軽いしぐさで机上に置いた。ひとしきりカメラのフラッシュ。

十時三分、裁判長は開廷を宣告。続いて廷吏《ていりちょう》長〔裁判所職員〕が事件名を読みあげる。そして『判決を宣告致します』――かわいた田中裁判長の声が、廷内マイクから響くとともに、分厚い判決原本の第一ページが開かれた。無造作といってよいくらい早口の裁判長の声がつづく。黙々と聞き入る廷内の顔、顔。十時二十二分、判決は終わり、ただちに閉廷。朗読十八分間で九カ月間の〝伊達判決〟論争に断は下された」

判決の概略は以下のとおりです。これもまた長くなりますが、非常に重要な内容なので読んでみてください。

「憲法九条は、わが国が敗戦の結果、ポツダム宣言を受諾したことにともない、軍国主義的行動を反省し、政府の行為によってふたたび戦禍が起ることのないよう決意した、憲法の平和主義を具体化した規定である。

憲法九条は戦争を放棄し、戦力の保持を禁止しているが、主権国家としてもつ固有の自衛権は否定されていない。憲法の平和主義は決して無防備、無抵抗を定めたものではない。わが国が、自国の平和と安全を維持し、その存立をまっとうするために必要な自衛のための措置をとりうることは、国家固有の権能の行使として当然のことである。

日本国民は憲法九条二項により、戦力は保持しないが、わが国の防衛力の不足は、憲法前文でいわれているように、平和を愛好する諸国民の公正と信義に信頼することによって補い、安全と生存を保持しようと決意した。

そして、それは必ずしも原判決のいうように、国連の安全保障理事会などの軍事的安全措置などに限定されたものではない。憲法九条は、わが国がその平和と安全を維持するために他国に安全保障を求めることを禁ずるものではない。

憲法九条二項がその保持を禁止した戦力とは、わが国が主体となって指揮権・管理権を行使し得る戦力を意味する。つまり、それはわが国自体の戦力を指す。だから、わが国に駐留する外国の軍隊は、憲法九条二項が保持を禁止した戦力には該当しない。

日米安保条約はわが国の存立の基礎にきわめて重大な関係をもつ高度の政治性を有するものだ。だから、その内容が違憲か合憲かの法的判断は、その条約を締結した内閣と、それを承認した国

会の高度の政治的、自由裁量的判断と表裏一体をなしている。それゆえ、違憲か合憲かの法的判断は、純司法的機能をその使命とする司法裁判所の審査には、原則としてなじまない。

だから、一見きわめて明白に違憲無効であると認められないかぎりは、裁判所の司法審査権の範囲外のものである。第一次的には、条約の締結権を有する内閣と、それに対して承認権をもつ国会の判断に従うべく、終局的には、主権を有する国民の政治的判断にゆだねられるべきものだ。

米軍は外国軍隊であって、わが国自体の戦力ではなく、わが国には米軍に対する指揮権・管理権もない。

米軍の駐留は憲法九条、九八条二項、前文に適合こそすれ、これらの条章に反して違憲無効であることが一見きわめて明白であるとは、とうてい認められない。

原判決が、米軍の駐留は憲法九条二項前段に違反し、許すべからざるものと判断したのは、裁判所の司法審査権の範囲を逸脱し、同条項と憲法前文の解釈を誤ったものである。したがって、それを前提にして、刑事特別法を違憲無効としたのは誤りであり、破棄する」

判決の根本的な矛盾

それは米軍の駐留に合憲のお墨付きをあたえる内容で、日米両政府と米軍の望み通りの判決でした。

まず、憲法九条で禁止された戦力とは、日本に指揮権・管理権のある戦力を意味すると限定したうえで、駐留米軍に対しては日本の指揮権・管理権がおよばないので、駐留米軍は憲法第九条で禁止された戦力には該当しない、という検察側の主張をそのまま受け入れています。

その検察側の主張はもともと、一九五二年に当時の吉田茂内閣が出した統一見解、「憲法第九条二項にいう〔戦力の〕『保持』とは、いうまでもなくわが国が保持の主体たることを示す。米国駐留軍は、わが国を守るために米国の保持する軍隊であるから、憲法第九条の関するところではない」にもとづいたものです。

つまり、最高裁は政府の公式見解を追認したわけですが、このロジックそのものが、アメリカ国務省きっての理論家だったジョン・ハワード・国務長官特別補佐官が考えだしたものであることが、共著者の末浪靖司の研究によってあきらかになっています。（末浪　同前）

さらに、日米安保条約は高度の政治性を有する問題であり、内閣と国会の高度の政治的・自由裁量的判断にゆだねられているので、それが一見きわめて明白に違憲無効であると認められないかぎり、裁判所は違憲か合憲か審査できないと判断しています。

それは、「高度の政治問題には裁判所の違憲審査権はおよばない」という検察側の主張と重なるものです。いわゆる「統治行為論」という法理論にもとづく見解です。「統治行為論」では、高度に政治性をおびる問題については、裁判所が合憲か違憲かを審査するのは不適当だとされています。

この最高裁判決では「統治行為論」という言葉こそ使ってはいませんが、その意味するところは「統治行為論」と同じです。

そして米軍の駐留は、憲法第九条などに反して違憲無効であるとは一見きわめて明白には認められないと判断しました。つまり、違憲無効と一見きわめて明白には認められないので、自動的に合憲になるというわけです。

そのうえで、米軍の駐留は憲法第九条違反と判断した東京地裁「伊達判決」は、裁判所の司法審査権の範囲を逸脱して誤っており、したがって米軍の駐留は違憲を前提にして刑事特別法を違憲無効としたことも誤っていると結論づけたのです。

しかし、この判決の論理には根本的な矛盾があります。

最高裁判決は、高度な政治性を有する安保条約が違憲か合憲かの法的判断は、それが一見きわめて明白に違憲無効であると認められないかぎり、裁判所の審査には原則としてなじまないと判断しています。

だから論理的に考えるなら、安保条約にもとづく米軍駐留が違憲か合憲かの法的判断も、裁判所の審査には原則としてなじまず、「裁判所の司法審査権の範囲外のもの」であるはずです。つまり、安保条約を「裁判所の司法審査権の範囲外のもの」とした以上、米軍の駐留も「裁判所の司法審査権の範囲外のもの」とするべきなのです。

ところが最高裁判決は、駐留米軍には日本の指揮権・管理権がおよばないので、憲法九条で禁止されたわが国の戦力には該当せず、また駐留米軍は「極東における国際の平和と安全に寄与し、「外部からの武力攻撃に対する日本国の安全に寄与するために使用することとなっている」から、米軍の駐留は「憲法九条、九八条二項、前文に適合こそすれ、これらの条章に反して違憲無効であることが一見きわめて明白であるとは、到底認められない」として、米軍駐留は事実上合憲なのだという判断を下しています。

なんと、東京地裁「伊達判決」の「米軍駐留は違憲」という判断を、裁判所の司法審査権の範囲の逸脱と非難しておきながら、最高裁みずからは「米軍駐留は事実上合憲」という判断を下しているのです。自分たちの司法審査権の範囲の逸脱は棚にあげているのです。

政治的な最高裁判決

なぜ、こんな論理の矛盾が生じたのか。それは、安保条約が違憲か合憲かの司法審査に正面から向き合うことを避けながら、「伊達判決」をくつがえして、米軍駐留には合憲のお墨付きをあたえたいという考えが、田中長官をはじめ最高裁の裁判官たちにあったからではないでしょうか。

そこで考えだされたのが、片や「一見きわめて明白に違憲無効であると認められないかぎり」は、「裁判所の司法審査権の範囲外」としておいて、一方では「違憲無効であることが一見きわめて明白であるとは、到底認められない」ので自動的に合憲になる、という論理のすりかえです。「一見きわめて明白に」という同じ言葉を使い分けて、都合のいい結論を導きだしたのです。

「安保法体系」と「憲法体系」という「二つの法体系」論をとなえた憲法学者の長谷川正安も、その著書『憲法現代史（下）』（日本評論社　一九八一年）で、最高裁判決の矛盾を指摘しています。

> 「最高裁判決は、（中略）法解釈と政治的判断の合成という感じの強いものであった。最高裁判決が地裁判決を破棄した理由は次のようである。

一、本件安保条約は『主権国としてのわが国の存立にきわめて重大な関係をもつ高度の政治性』をもち、『右違憲なりや否やの法的判断は、純司法的機能をその使命とする司法裁判所の審査になじまない性質のもの』であり、『一見きわめて明白に違憲』と認められないかぎり、司法審査権の範囲外である。最高裁が、いわゆる『統治行為』論を原則として認めた、これが最初の判決例である。

二、憲法第九条二項が保持を禁止した戦力とは、『わが国が主体となってこれに指揮権、管理権を行使し得る戦力』を指し、外国の軍隊はたとい日本領土内に駐留していても、同条項にいう『戦力』には該当しない。このような解釈は、すでに一九五二年一一月二五日の政府『統一見解』で主張されていたものである」(同前)

「最高裁判決の最大の矛盾は、一方では、安保条約の違憲・合憲をめぐる法的判断を、司法裁判所の審査には原則としてなじまないといっておきながら、他方では、憲法審査を行い、憲法第九条第二項の『戦力』について政府に追随する解釈をほどこし、駐留米軍の合憲性を認めていることである。判決の前半と後半は完全に矛盾している。そのため、この判決は、『統治行為』論を認めた先例となるのかどうか、憲法学者のなかで長く争われることになる」(同前)

そして、長谷川は判決の矛盾の背後に、「田中耕太郎を長官とする最高裁に、安保改定交渉についての政治的考慮があったこと」を推測し、「安保条約の『高度の政治性』を理由に、憲法第八一条が認めた違憲審査権をみずから放棄するのも政治的であるが、そういっておきながら審査を行い、自民党政府の解釈をそのまま援用するというのも、二重、三重に政治的であった」と批判しています。

アメリカの公文書が発見されるはるか以前から、この田中耕太郎・最高裁判決の本質は見抜かれていたのです。まさに「政治的な判決」そのものでした。

判決にこめられた政治的意図

この矛盾に満ちた判決を「政治的判決」と受けとられたくない田中最高裁長官は、判決直後の記者会見で早くも次のように予防線を張っていました。

「問い　〝憲法裁判〟を終わられた気持ちは？

答え　私としてはまず**十五人の裁判官がそろって合議できたこと、そして一致した結論が出せたことを大変よいことだと思います。**

問い　気をつかわれたことも多かったでしょう？

答え　事柄の性質が複雑で影響するところも大きいので、この点はずいぶん気をつかいました。（考え込むように下を向いて）われわれとしては十分に当事者の弁論を聞き、合議にも時間を費やしたので、思い残すようなことはありません。参考になる学者の意見はできるかぎり資料として集めました。決して〝雑音〟として片づけるようなことはありませんでした。

憲法裁判の場合、法律技術的なことだけでなく、国民に納得してもらえる答えを出さなければなりません。その意味で全裁判官は苦労したわけです。判決に対する批判はいろいろあるでしょうが、**ただ信じてほしいことは、裁判所はいかなる意味でも政治的な意図に動かされたものではないということです。（言葉に力がこもる）判決は政治的な意図をもって下したものではないことをはっきり言っておきたい**」（「朝日新聞」朝刊　一九五九年一二月一七日）

しかし、こうした発言は、アメリカ政府の解禁秘密文書を通じて田中長官の裏の顔、すなわちマッカーサー大使との密談で評議の秘密をもらしていた事実があきらかになった今、そらぞらしい限りです。また、「政治的な意図」はなかったと強調しながら、「十五人の裁判官」が「一致した結論が出せた」のは「大変よいことだ」と、思わず本音をもらしているのも興味深い点です。

田中長官を激賞したマッカーサー大使（一二月一七日）

この田中発言とは裏腹に、実際は最高裁判決に政治的な意図がこめられており、安保改定交渉にも大きなプラスになることを、マッカーサー大使はよくわかっていました。判決翌日の一二月一七日午後六時、大使は国務長官に送った「秘」公電で、田中長官の「手腕と政治的資質」をほめたたえています。

「最高裁大法廷判決が**全員一致で判決を下したことは、多くが田中最高裁長官の手腕と政治的資質によるものであり、**判決と法廷におけるその賢明な指導力は、彼が八月に計画した予定をこえて審理を引きのばそうとした弁護団法律家たちの大がかりな取り組みを抑えこむことに成功しただけでなく、最後には一五人の裁判官による責任ある全員一致の判決をもたらした。本件での〔田中〕長官の貢献は日本の憲法の発展ばかりか、日本を自由世界に組みこむうえで画期〔的な貢献〕となるものである」（末浪訳　同前）

マッカーサー大使は田中長官の「手腕と政治的資質」つまり政治力を称賛するこの報告を書き

ながら、なにを思っていたのでしょう。おそらく藤山外務大臣や田中長官と密談を重ねて、「伊達判決」を一日も早くくつがえすべくおこなった政治的工作や干渉を振り返り、その成果にさぞかし満足していたことでしょう。

「安保法体系」を「憲法体系」よりも優越させる

この日米両政府と米軍の望みどおりの最高裁判決は、「米軍駐留は合憲」と判断したことで、事実上、安保条約の合憲性も認めたことになります。安保条約にもとづく米軍の駐留が合憲なら、米軍の日本における法的地位を定めた行政協定（現在の地位協定）も、それにもとづく刑事特別法も合憲となる、と連鎖的に判断を下したことになるのです。

そして最高裁判決は、「伊達判決」が指摘し、弁護団も「台湾海峡危機」の例をひいて追及した、「日本が直接関係のない武力紛争に巻きこまれ、戦争の惨禍が日本におよぶおそれ」をもたらす、米軍の日本国外での軍事行動のための基地使用の事実、「米軍駐留は違憲」に通じる実態には目を向けず、問題にしませんでした。それは結局、日本に直接関係のない海外の紛争に、米軍が日本の基地から出動することを、最高裁が認めたことを意味します。

つまり、最高裁は「安保法体系」を「憲法体系」よりも優越させる判断を下したのです。主権在民にもとづく独立国家の根幹である憲法の法体系よりも、軍事同盟である安保条約の法体系を上位に置いたのです。

それはマッカーサー大使をはじめ米政府・米軍にとって、願ったりかなったりの判決でした。「安保法体系」による米軍の基地運営や訓練実施や戦闘作戦への出動など軍事活動の自由という特権が、「憲法体系」によって制約されないことを、この最高裁判決が保障したことになるのですから。

日本政府も安保条約によるアメリカとの軍事同盟を通じ、アメリカ中心の資本主義陣営に属して共産主義陣営と対峙するという政策をとる以上、日本における米軍の特権を認める必要があり、最高裁判決を歓迎するのは当然でした。

田中最高裁長官がこの日本政府の政策に同調し、安保条約に肯定的だったことは、前出の彼自身の発言などからもわかります。

東京地裁に差し戻された砂川裁判は、伊達秋雄裁判長らとは別の裁判官らのもとで審理されました。そして一九六一年三月二七日、検察側の言い分を認め、「米軍駐留は合憲」という最高裁判決を支持し、刑事特別法違反の罪で罰金二〇〇〇円（求刑は懲役六カ月）の有罪判決が七人の被告に言いわたされました。

判決当日の「朝日新聞」夕刊記事には、次のような解説が載っています。

「弁護団では、『駐留米軍が日本の戦力となっていることは誰が見てもハッキリしている。それこそ〝一件明白〟に違憲の存在なのである』と主張、在日米軍の〝性格〟と〝実体〟をやり直し審でもくり返し訴えていた。

だが結局、『上級審の裁判所の裁判における判断は、その事件について下級審の裁判所を拘束する』という裁判所法〔第四条〕の〝鉄則〟は動かず、この点についての結論も『最高裁と異なる判断は許されない』ということになった」

こうした差し戻し審の判決からも、最高裁判決が拘束力と権威のある判例となり、以後、他の米軍基地がらみの裁判、違憲訴訟が起こされても、地裁や高裁が「米軍駐留は違憲」や「安保条約は違憲」といった判決を出すことは、まずできなくなるだろうという、日米両政府と米軍の思惑も裏づけられたのではないでしょうか。

実際、その後、米軍基地内の土地の強制使用の取り消し・返還を求める民事訴訟など、米軍基地がらみの裁判では、「米軍駐留は合憲」を前提としたうえで、安保条約が違憲か合憲かの法的判断は司法審査権の範囲外という、「統治行為論」をもちいた判決が出されるようになりました。砂川事件最高裁判決の判例が下級審の裁判所に対して、いわばしばりをかける効果をもたらしたのです。日米両政府と米軍の思惑どおりの展開でしょう。

治外法権と対米従属の道

しかし、このように「安保法体系」を「憲法体系」よりも優越させる最高裁判決が下された結果、何が起きているでしょうか。日本では今日にいたるまで、米軍のフリーハンドの特権が認められ、米軍の軍事活動が事実上の治外法権の状態におかれています。

たとえば、米軍機が騒音公害となる爆音を放ちながら危険な低空飛行を続けても、日本政府はそれを止められません。基地周辺の住民が、せめて夜間だけでも飛行をやめてほしいと、飛行差し止め訴訟を起こしても、裁判所は「日本政府には、米軍の飛行場の管理運営の権限を制約し、その活動を制限することはできない」として、差し止め請求を却下したり、棄却したりしつづけています。

こうした差し止め請求却下・棄却の背景には、「〔米軍は〕わが国が主体となって指揮権・管理権を行使し得る戦力ではない」と判断した、砂川裁判最高裁判決の影響があります。

つまり、米軍には日本政府の指揮権・管理権がおよばないので、飛行差し止めはできない、という論理構成です。

要するに、米軍基地と米軍の活動に日本の行政権も司法権もおよばない、というわけです。まさに事実上の治外法権の状態です。裁判所が「憲法体系」にもとづいて、米軍による人権侵害をやめさせるべく、違憲審査権を行使すべきなのに、その司法の役割と責任を放棄してしまっているのです。これもやはり「法治国家崩壊」と呼ぶべき状況です。

こうして見ると、砂川裁判最高裁判決と日米密約交渉は、戦後日本の進路を対米従属のレールに固定化する役割をはたしたといえます。「安保法体系」という日本の主権を制限する法体系に優越性を持たせ、密約と情報隠蔽の構造で米軍優位の不平等な日米関係を容認したのです。

この二つの成果を収めるために、一九五九年の春から冬にかけて同時並行で、マッカーサー大使らアメリカ大使館スタッフと藤山外務大臣ら外務省高官と最高検察庁の幹部が、さらにマッカーサー大使らアメリカ大使館スタッフと田中最高裁長官が、それぞれ連携しながらひそかに事を進めていたのです。もちろんマッカーサー大使らの背後にはアメリカ政府と米軍が、藤山外務大臣らの背後には岸信介政権がひかえていました。

外務省や最高検察庁や最高裁（当時）のある霞が関、首相官邸や国会や自民党本部のある永田町、米国大使館のある赤坂、安保改定秘密交渉の舞台となった帝国ホテルのある内幸町、首都中枢部のかぎられた空間、かぎられた密室で、かぎられた政治家と官僚と外交官と裁判官らによる、いわば日米安保体制のインナーサークルで、日本の進路を左右する重大事がひそかに決定されていたのです。

それはたしかにひとつの事件でした。政治的判決と密約によって「憲法体系」を骨抜きにした、もっと極端にいえば〝暗殺〟した一大事件だったのではないでしょうか。しかも外部の目の届かない密室での事件。すべては日米両政府の合作でした。いえ、「共謀」だったといっていいでしょう。

封印された「完全犯罪」と関係者たちのその後

こうして安保改定の障害となっていた「伊達判決」はくつがえされ、**秘密裏に進めてきた改定交渉も、年が明けた一九六〇年一月六日、最終的に妥結しました。**その日、マッカーサー大使と藤山外務大臣が「核持ちこみ密約」や「事前協議なしに在日米軍基地を自由に使用して出撃できる密約」「基地の自由使用の特権を保障する基地権の密約」といった関連秘密文書に、ひそかに頭文字署名をしました。

そして一月一六日、岸首相と藤山外務大臣ら新安保条約調印全権団が渡米。一九日にワシントンでアイゼンハワー大統領も同席して、日本側全権団とハーター国務長官らアメリカ側全権団とで、新安保条約と地位協定と事前協議に関する交換公文などの調印式がおこなわれました。

1960年6月15日、日米安全保障条約に反対し、国会の構内に突入したデモ隊とにらみ合う警官隊。(写真：共同通信社)

その後、国会での新安保条約の審議は、新条約の承認・批准を目ざす政府・与党と、それに反対する野党の間で激しい論戦が交わされました。五月一九日・二〇日の衆議院での会期延長と「新条約の承認を求めるの件」「新条約・新協定関係法令整理法案」などの強行採決を機に、国会外でも学生・労働者・市民による安保反対運動のデモと集会が一気に盛りあがり、岸政権退陣を求める声も強まりました。連日の大規模なデモが国会を包囲し、安保闘争は空前の高まりを見せます。予定されていたアイゼンハワー大統領の訪日も中止に追いこまれました。

しかし、六月一九日午前〇時、新安保条約は参議院での議決をへずに自然承認され、翌日、自民党が単独で参議院本会議を開き、「新条約・新協定関係法令整理法案」を可決成立させました。二三日には、東京、芝白金にある外務大臣公邸で、藤山外務大臣とマッカーサー大使による日米の批准書の交換式がおこなわれました。その直後、岸首相は緊急臨時閣議の席で、「人心を一新し政局転換をはかるため、総理大臣辞任を決意した」と表明。安保改定と引き換えに、混乱の政治責任をとるというかたちで岸内閣は退陣することになりました。

その後、岸元首相は自民党の実力者として政界で影響力を振るいます。藤山元外務大臣は後継総裁選に名のりをあげ、池田勇人新首相に破れますが、自民党内で藤山派を率いてゆきます。安保改定秘密交渉の外務省チームの一員だった山田事務次官は、後に自民党所属の衆議院議員になり、藤山外務大臣とマッカーサー大使の通訳を務めた東郷安全保障課長は後に事務次官や駐米大使を歴任します。

1960年6月23日、東京・芝白金の外相公邸で日米新安保条約批准書を交換する藤山外相とマッカーサー駐日アメリカ大使。（写真：共同通信社）

マッカーサー大使は一九六一年三月、駐日アメリカ大使を離任し、新たに駐ベルギー米大使としてブリュッセルに赴任。田中長官は六〇年一〇月まで最高裁長官をつとめ、同年一一月には国際司法裁判所判事に就任し、オランダのハーグへと赴きます。

こうして、砂川裁判干渉と日米密約交渉に関わった人物たちは、それぞれの道を歩みだしました。最高裁への政治工作と密約づくりの事実は封印され、関係者以外は知るよしもありませんでした。いわば密室の「完全犯罪」が達成されたともいえます。

しかし、それから半世紀の時をへて、アメリカ国立公文書館で秘密指定解除された関連文書を、新原昭治と末浪靖司が次々と発見し、この歴史の闇に光が当てられることになったのです。

Part 2

秘密文書の発見

新原昭治、末浪靖司

マッカーサー大使を通じたアメリカ政府による日本政府中枢と最高裁長官への政治的工作。隠されていたその重大な事実が明らかになるきっかけは、新原昭治がアメリカ国立公文書館で偶然見つけたアメリカ政府解禁秘密文書でした。その経緯と砂川裁判への秘密工作の背後にあった米軍の世界的な戦略などについて、本人がつづります。

砂川裁判干渉の秘密工作の背後にあった米軍の世界的な戦略

新《にい》原《はら》昭《しょう》治《じ》

秘密文書を通して日米軍事同盟の内実を探り出す

私は一九八七年を手はじめに、アメリカで解禁秘密文書の調査をしてきました。行ったところは、アメリカの首都ワシントンのアメリカ議会図書館やアメリカ国立公文書館（後に、ワシントンの隣り、メリーランド州カレッジパークに主要な資料が移った）、アメリカ各地にある歴代大統領図書館の解禁文書資料室、それに軍の公文書館などです。核持ち込み密約や基地権の密約をはじめ、日米安保条約下の日米軍事同盟の赤裸々な内実をアメリカ政府秘密文書から探り出したいと考えたからです。

私は国家権力による虚構を許してはならないと強く考えています。そう思うようになった大きな動機は、あのアジア・太平洋戦争の際の戦争体験にあります。一九四五年の敗戦の日八・一五を、私は「勤労動員」中、軍作業に駆り出されていた現場で迎えました。旧制中学二年生でした。昨日まで、先生もＮＨＫも政府も天皇も、あらゆる「大人たち」がこの戦争は「聖戦」だと教えていたのに、実はそれは中国や東南アジア諸国に対する許されざる侵略戦争であったこと、そのずっと前から日本はお隣の朝鮮を植民地支配し、朝鮮の人々にたくさんの苦しみと辱めを与え続けてきたことを、初めて悟りました。

そして、戦時中の「大人たち」による教育や宣伝がまったくの偽りであったこと、それも国家権力が国民に系統的に間違った情報やものの見方を信じ込ませた結果であったことを知って、もう二度とそのようなことを絶対に繰り返させてはならないと固く決意しました。未だ世間のことを十分知らない若者ではありましたが、その思いは、私のその後の生き方の、出発点となったように思います。

その後、学生時代には、いわゆるノンポリとして政治的運動と一線を画しながら学問一本やりで勉強に専念しようと考えていました。ところが、ある日、私の目の前で思いがけない事件が起きました。

それは忘れもしない一九五一年秋のことでした。日本がしかけた戦争を法的に終わらせるための対日平和条約（講和条約）がサンフランシスコで締結され、また、日米安保条約も同じ時、サンフランシスコの米軍基地の中の下士官集会所で結ばれました。そのやり方がまったくの秘密外交だったので多くの国民から強い批判の声があがりました。また、安保条約によってたくさんの米軍基地が占領中と同様いすわることも分かりました。そこで、大学の中で、学生自治会が秘密外交に断固抗議しようという提案をしました。そのための「一日授業ボイコット」案の是非を議論する自治会総会が開催されましたので、私も出席しました。

学園の中の秩序正しい平穏な屋内集会でした。二人の学友が次々に立ち、「授業ボイコット」に賛成の発言をしたあたりで、突如として会場のとびらが外から荒々しく蹴破られ、大勢の武装警官隊が棍棒を振りかざしながら会場に乱入してきました。警官隊の隊長が、大声で「〝ウィロビー書簡〟により即時解散を命じる」とどなり、学友たちはたちまち会場から追い出されました。ウィロビー書簡とは、当時、日本を占領していた連合国軍［実体は米軍］の最高司令官総司令部（GHQ）のウィロビー公安部長名による、国民の集会等に対する弾圧の指令書のことです。

私のすぐ脇で社会学の教授が傍聴していましたが、教授は唇をわなわなと震わせながら私たちとともに外に出されました。さらに、警察は私が属していた科学論の研究会のメンバーの友人を含め、いかなる抵抗もしていない十六人の学友を逮捕して警察のトラックで警察署に連行していきました。私は深刻な衝撃を受けました。敗戦の衝撃につづくわが人生の、第二の重大事件でした。それがきっかけとなって、私は日米安保条約とはなにかを、真剣に考えざるを得ない立場に置かれたのでした。

二度にわたる国家権力による、戦争と平和の問題での闇の中での国民に対する強制誘導をまざまざと見せつけられ、日本と世界の真実を知ろうとする国民の努力への政府の許されざる妨害を身近に体験させられたのです。そのことが、私のその後の生き方に大きな意味を持つことになったのです。

日米安保条約下の日本で、またもや国が関わって繰り返されている「国家のウソ」の疑惑解明を、私が実際上、一生の仕事にするにいたったのも、そのことと関係しています。かつての日本のアジア・太平洋侵略戦争において、国家権力によって国民がだまされた過去と同じようなことを、繰り返させないためには、なによりも自分で真実をつかむための努力を、とことんやらなければならないと思うようになったのです。

それは、〝戦中派最後の世代〟として、日本の侵略戦争と敗戦後のアメリカによる日本の軍事支配の押しつけを経験した者としての、最小限の義務であるとも考えています。

二〇〇八年四月一〇日、その日もアメリカ国立公文書館の閲覧室で、解禁秘密文書を読み続けていました。そのときは三週間の予定でアメリカに調査に来ていて、いよいよ明日で調査も終わりという日でした。借り出した文書ボックスには、一九五〇年代後半の日本関係のアメリカ国務省外交文書が数百枚、ぎっしり詰まっていました。

やがて両手の間を素早くすり抜ける解禁秘密文書の何枚かに、「SUNAKAWA CASE」とか「TOKYO DISTRICT COURT」とか「AKIO DATE」の文字が飛び去るのが気になりました。注意深く手を止めて目を凝らすと、砂川事件や東京地裁の「伊達判決」のことだとわかりました。注意深く読み返したところ、それらは間違いなく一九五九年三月三〇日の東京地裁で伊達秋雄裁判長が下した砂川事件の判決に関するものでした。マッカーサー駐日米大使が判決後ただちに藤山外相に会い、伊達判決を覆すように日本政府に密かに求めた報告の公電も含まれているのを確認しました。さらに、マッカーサー大使と田中最高裁長官の密談について記された公電も見つかりました。

重大な内容であることはわかりましたが、これほど深刻な意味を持つ解禁秘密文書なら、すでに日本国内で報道ずみではないかと考えて点検しました。まずアメリカ国立公文書館に備え付けてある『米外交文書集』(『Foreign Relations of the United States』アメリカ国務省発行)の、一九五九年分の「日本」関係解禁資料集を見ました。それはアメリカ解禁秘密文書研究者にとっての重要文献です。これに収められていれば、日本でもそれなりに知られているにちがいないと考えたのです。

しかし、同資料集には含まれていませんでした。ついでながら『米外交文書集』は一九世紀にリンカーン政権が初めて刊行（一八六一年）して以来、現在に至る一五〇年間に四五〇冊以上が出版されています。一九七〇年代のアメリカ大統領行政命令で「三〇年を経過した秘密文書」の原則的公開が始まってからは、注目度が上がりました。日本政府の秘密文書公開制度がいちじるしく遅れているのとは対照的です。

その日の夜、ワシントン市内のホテルにもどった私は、広島県に住む旧知の友人の弁護士にEメールを送り、「伊達判決」に対するマッカーサー大使の干渉の事実は日本で知られているのかどうか、調査してほしいと依頼しました。翌朝には返事が来て、この分野に詳しい早稲田大学法学部の水島朝穂教授に問い合わせたが、未知の解禁文書であると確言してくれたことを知りました。

マッカーサー大使の「伊達判決」干渉関連の秘密公電は、いつアメリカ国立公文書館で解禁されたのでしょうか。後に調べた結果によると、一九九〇年ということでした。アメリカ国立公文書館では解禁秘密文書の個々の公開プロジェクトにNNDという整理番号を付けています。アメリカ国立公文書館の個々の文書箱に記載されており、西暦年の終わり二桁がNND番号の冒頭に振られます。そのNND番号から一九九〇年に解禁決定がされた文書とわかったのです。しかし、現実には公文書館での公開まで事務手続きに一定の時間がかかるので、おそらく一九九〇年代半ばごろ閲覧できる状態になったのではないかと見られます。

立川基地滑走路延長の画策と住民の抵抗

マッカーサー大使による干渉の背景には、当時の在日アメリカ空軍基地の滑走路延長計画がありました。アメリカ国立公文書館などで入手したアメリカ政府解禁秘密文書からは、計画の背後にあった米軍の世界的な軍事戦略や、同計画をめぐる日米両政府の隠されたやりとりの一端が浮かび上がってきます。

日本政府当局が砂川町に基地拡張のための新規土地接収の意向を初めて伝えたのは、朝鮮戦争休戦から二年後の一九五五年（昭和三〇年）五月四日のことでした。

いまは東京都立川市に合併した当時の砂川町は、この年四月三〇日に町長選挙がおこなわれ、後に基地拡張の新規土地接収に一貫して反対することになった宮崎伝左衛門氏が、新たに町長に選ばれたばかりでした。

その宮崎新町長の自宅に五月四日、町長当選への祝いのあいさつに来た調達庁（駐留米軍の請求の処理を担当した官庁。後に防衛庁〔現防衛省〕に統合）の立川出張所長が、席上、「非公式だが」と言いながら、問題の基地拡張計画のことを話し、協力を要請したのが始まりでした。

そこからただちに、基地拡張のためにこれ以上農地をとりあげるのは許せないと、砂川の農民たちは結束してたたかいに立ち上がり、町議会も全会一致で反対を決議しました。これが、砂川

創元社愛読者アンケート

今回お買いあげ
いただいた本

[ご感想]

本書を何でお知りになりましたか(新聞・雑誌名もお書きください)

1. 書店　2. 広告(　　　　　)　3. 書評(　　　　　)　4. その他

闘争の起こりでした。そして、基地拡張のための政府当局の測量を阻止しようとする闘いにつながってゆくのです。

私が入手したアメリカ政府解禁秘密文書によると、日本政府が土地接収に動きだすよりもずっと前――その二年も前から、アメリカ政府の海外アメリカ空軍基地拡張計画に基づいて、立川基地を含む日本国内の六つの米軍飛行場における滑走路延長のための土地取り上げを、日米両政府が密かに協議していました。

当時、東京の市ヶ谷の米軍基地パーシング・ハイツ――いまの防衛省所在地――にあった極東米軍司令部から米陸軍省に宛てた、アメリカ空軍滑走路延長計画の進行状況を記した報告書（一九五六年一〇月二五日付）があります。それによると、立川をはじめ日本本土の六つのアメリカ空軍基地（木更津、新潟、小牧、横田、伊丹、立川）の滑走路延長のための土地接収の要求を、アメリカ側が一九五三年と五四年の日米合同委員会で繰り返し持ち出しています。

日米合同委員会の施設分科委員会では、アメリカ側が「この計画に必要な不動産の迅速な提供」を日本政府に迫っています。そして、この対日要求をダメ押しするため、リッジウェーアメリカ極東軍司令官は一九五四年九月二〇日付で吉田茂首相に宛てて、アメリカ空軍滑走路延長の「緊急性」を強調した書簡を届けています。

かつて立川基地で働いていた日本人労働者によれば、同基地の施設内には、「立川空軍基地の新開発計画地図」が貼り出され、のちに大問題になった基地拡張計画と寸分変わらない滑走路延長の予定図が、一九五三年三月三一日の日付入りで米軍関係者向けに明示されていたそうです。

核攻撃計画の一環としての滑走路延長

地元の砂川町の町長を含めて町民に知らされるより二年以上も前から、基地の中で滑走路延長の計画が周到に準備され、米軍関係者には周知されていたこと、しかもその日付が「一九五三年」の早春であったことに、私は驚き、強い関心を持ちました。

なぜ一九五三年という時期に注目したかといえば、それは、前年秋の選挙で選出されたアイゼンハワー大統領が就任して政権を発足させた最初の年だからです。アイゼンハワー政権は二十年ぶりの共和党政権として登場しましたが、すぐにトルーマン前政権以上に露骨な対ソ戦略を打ち出し、とくに「ニュールック戦略」の名で広く知られるタカ派の軍事戦略をつくって、着々と実行に移しました。

この政権で、統合参謀本部議長をつとめたラドフォードが強調したように、軍事費削減や米軍兵員の縮小をすすめる一方で、アイゼンハワー政権は、強力で優勢なアメリカ空軍の実現をきわめて重視しました。さらに、「通常兵器と同じように使える」核兵器の大増強を、「ニュールック戦略」のきわめて重要な柱にしました（アメリカ統合参謀本部刊『統合参謀本部史・一九五三—

五四年』による)。在日アメリカ空軍基地の滑走路延長計画は、中ソ両国に対する「封じ込め」戦略にもとづく重要課題であっただけでなく、実は米軍の核戦略に基づく核基地化と深く関わっていたのです。

当時の滑走路延長計画は一般的に、米軍機のジェット機化のためといわれています。しかし、それだけではなく、計画の軍事的核心は、核攻撃機や核兵器輸送機の発着を可能にするための、全世界的なアメリカ空軍の核基地強化にあったと見るのが正確です。

たとえば、一九五七年六月一八日付のアメリカ統合参謀本部作成文書「日本における米軍の削減」と題する解禁秘密文書は、当時米軍が、日本駐留のアメリカ陸軍の削減とひきかえに、核攻撃力をいっそう強めたアメリカ空軍戦力のために、新鋭攻撃機・戦闘機の基地とそれを支援する空中輸送の拠点をつくろうと意図していたことを、次のように記しています。簡略な文章ですが、要点が次のように示されています。

「〈空軍部隊〉アメリカ空軍は日本にこの地域での交戦に備えて航空・**核能力**と、航空・**核戦力**を支援する空輸能力、偵察能力、この地域の施設と部隊の防空のための限られた能力を保持するであろう。」(新原訳)

アメリカ陸軍を日本から大幅に減らして、いつまでも占領の「後遺症」を残さないようにする方針をとる一方で、精鋭化した核攻撃機能をもつアメリカ空軍戦力のための基地を日本で強化することが計画されていたのです。その一環として、ソ連や中国、北朝鮮に対する核攻撃能力を持つアメリカ空軍戦闘機・爆撃機部隊を、それを支援する空軍の核兵器輸送部隊とともに拡充するという戦略方針がとられました。

実際にその後、一九六〇年前後にかけて、全面占領下にあった沖縄をはじめ、日本本土の米空軍基地でも、核攻撃機能やそのための態勢が目立って強まったことが明らかになっています。たとえば、一九六〇年から六四年まで横田基地に駐留していたB-57爆撃機部隊は、れっきとした核攻撃部隊でした。同部隊は、この期間、茨城県の原子力研究所のすぐそばにあった米軍の水戸射爆場で、核模擬爆弾を使って核投下演習をくりかえしおこなっていました。

さらに、一九七二年に静岡における三・一ビキニデー集会参加のため日本に来た、「ベトナム反戦米兵の会」のアル・ハバード元米空軍軍曹は、一九六〇年代はじめ核爆弾と核爆弾のコンポーネント（組み立て済みの核兵器構成部分）や核物質を、横田、三沢、嘉手納などの日本のアメリカ空軍基地にC-124グローブマスター機で運び込んだと証言しました。ハバード元軍曹への私のインタビューは「赤旗」で報じられました（一九七二年三月一日付一面）。ハバード元軍曹はまた、ある時期、立川基地に属したことがあり、そのとき同基地内に核兵器関連の特殊な計画があったとものべました。

「原水爆基地化反対」は的を射た指摘だった

砂川闘争に参加した人びとも、基地拡張計画は「原水爆基地化」が狙いであると批判して、それへの国民的反対のために砂川闘争を進めようと強く訴えていました。

たとえば、当時、砂川の地元の婦人会長として、また砂川町教育委員として基地拡張反対闘争に熱心に参加された故砂川ちよさんは、自伝『砂川―私の戦後史。ごまめのはぎしり』（一九七六年、たいまつ社）の中で、そのことを強調しました。

砂川の問題を「原水爆基地をつくるための拡張」だと一貫して告発し続けた砂川ちよさんは、この闘争が始まった直後の一九五五年八月に広島で開かれた第一回原水爆禁止世界大会に、砂川町の代表として派遣され、そのことを全参加者に訴えました。

ところが原水爆禁止世界大会の最終段階で、大会の最後に採択されるはずの「宣言」案を砂川さんが入手したところ、基地のことに何もふれられていなかったので、「これでは砂川に帰れない」と、各地の基地反対運動の代表とともに大会執行部に強くねじこみます。

彼女らの奮闘が功を奏して、最終的に大会がおこなった「宣言」は、「原子ロケット砲の持込み、原子兵器の貯蔵、基地拡張がすべて原子戦争準備に関連しております」「その故に基地反対の闘争は、原水爆禁止の運動と共に、相たずさえてたたかわなければなりません」とよびかけて、原水爆禁止運動と基地反対運動の連帯を強調しました。

この文言は、その後の日本における平和運動と原水爆禁止運動にとって、長らく一つの重要な指針としての役割を果たしました。

砂川闘争の背景となった当時の在日アメリカ空軍基地拡張に関するアメリカ政府解禁秘密文書が、立川基地などの拡張をめぐる米軍の戦略上の動機の一つにまさしく核兵器基地化のねらいがあったことを明らかにしている事実は、砂川闘争参加者の当時の「原水爆基地化反対」のスローガンが、根拠のある異議申し立てであったことを裏づけています。

明らかになった日米両政府の策略

滑走路延長を強行するため、日米両政府がまず実現しようとしたのが、「工事のための立ち入り権」と「測量」でした（日米合同委員会秘密記録による）。

砂川の農民にとっては、宮崎町長が東京調達局立川事務所長から非公式に通知された一九五五年五月四日が最初だったのですが、その二年も前から砂川町の人びとをはじめ国民には隠して米軍基地拡張の土地強制収用について密かに協議していたことも判明しました。

日本政府の態度は、このアメリカ側の要求をほとんどまるごと受け入れるというものでした。

アメリカ解禁文書に出ていますが、一九五五年二月一四日付で当時の鳩山一郎首相は極東軍司令官に宛てて返書を送り、「飛行場拡張に必要とする土地を提供することに原則的に同意する」と公式に回答しています。

この土地取り上げの目的を果たそうとして日本政府がとった措置の中には、実に悪辣なものがありました。たとえば、そのころ立川市内で米軍基地から流出した油による井戸水汚染が起き、市民の不満がひろがっていました。政府はこれに対する損害補償を逆手にとって、米軍基地滑走路延長を住民に認めさせようという策略をめぐらしました。

日米合同委員会の経過報告によると、一九五五年一月三一日の日米合同委員会で米軍基地からの油流出による井戸水汚染問題が取り上げられ、福島慎太郎調達庁長官が「汚染問題の損害賠償請求の適切な時機における解決は、立川基地滑走路延長を認めさせるのを促すかもしれないとほのめかした」と記録されています。損害補償が所定の額の四分の一程度しか払われず、残額の支払いが滞っていたので、全額払うのとひきかえに基地拡張を認めさせるという駆け引きの画策だったのです。

内々に基地拡張の意向を宮崎砂川町長に伝えるよりもずっと前の話ですが、砂川町の農民の誰も基地拡張の計画を知らず、国民もまったく知らない時点で、土地接収を押しつける策略だけが先行していたのです。

一方、鳩山首相は、砂川で土地を取り上げられた人々を、アメリカに難民として移住させることを密かにアメリカ側に打診していました。この事実も、アメリカ政府の解禁秘密文書に記録されています。一九五五年九月三〇日の松本滝蔵官房副長官と東京の米大使館のパースンズ米公使との懇談記録に出てくるものです。米軍の土地取り上げで農地をなくした人びとを、アメリカ政府の「難民救済計画」に基づいて海外に移住させるという構想です。

話を持ちかけられたパースンズ公使は、「もし日本政府が〔同計画の〕提案を決めたら、土地所有者に賄賂を贈っていると見られるのよりは、良い効果をもたらすだろう」などと前向きに応じています。さらに、アメリカ公使の個人的考えとして、「この問題は砂川だけを狙い撃ちするのでない方が良い」とも入れ知恵しています。あくまで極秘の首相自身の構想として「取扱い注意」にしながら、アメリカ大使館と鳩山内閣の間で検討されたことが示されています。

米軍によって農地を強奪された人びとを遠く離れたところに集団移住させた例は、これとほぼ同じ頃、米軍部隊が直接、銃剣を突きつけて文字通り乱暴きわまる土地強奪を強行した米軍支配下の沖縄で、実際におこなわれています。いまの宜野湾《ぎのわん》市（当時は宜野湾村）の伊佐浜《いさはま》で米軍が出動して直接おこなった土地強奪による被害者などを、琉球列島の先島《さきしま》諸島の石垣島や、さらには南米のブラジルやボリビアにまで行かせたのがそれです。米軍基地づくりのために土地を奪われた農民を遠隔地へ事実上の「棄民」にも比すべきひどいやり方を、アメリカは強行したのです。

鳩山首相もそれと似たことをやろうと構想していたのでしょう。

アメリカ側がけしかけた警官隊の実力行使

アメリカ政府解禁秘密文書の中で注目されるのは、砂川の農民の抵抗やそれを支援する労組員、学生らの滑走路延長反対の運動に対し、アメリカ政府が警官隊による弾圧を日本政府に平然とけしかけていたことです。

立川基地の拡張予定地では、土地接収の前段となる拡張予定地の現地測量が、基地拡張に反対する人びとの抵抗のため進みませんでした。そのため、日本政府は警官隊の投入によって農民、労働者、学生、市民の抵抗の排除を画策し、アメリカ側にそのことを密かに説明しています。この経過を記した解禁秘密文書からは、警官隊による弾圧計画に対してアメリカ政府が強力な支持以上のものを与えていたことが裏づけられます。

砂川の土地接収計画が明らかになって三カ月あまり後の一九五五年八月末、重光葵《まもる》外相・副総理が訪米し、アメリカ政府首脳と重要会談をおこないました。日本政府が日米安保条約の改定を初めてアメリカ政府に提案したことで知られている日米会談でした。

その時の重光外相らとダレス国務長官らとの協議のさい、アメリカ側は特に農民、労働者、学生の抵抗ですんなりと進まない立川アメリカ空軍基地の滑走路延長計画をとりあげ、基地拡張反対の運動を強権の発動によってつぶすよう正面切って促しています。

一九五五年八月三〇日付け、ダレス国務長官と重光葵外相の第二回会談記録です。出席者は、アメリカ側がダレス長官、ロバートソン国務次官補、ラドフォード統合参謀本部議長、グレイ国防次官補など、日本側が重光外相、河野一郎農相、岸信介日本民主党幹事長などでした。

「滑走路延長問題。
ダレス国務長官は、ゴードン・グレイ国際安全保障担当国防次官補がある特別の問題について発言するようだと言った。グレイ次官補は、日本における滑走路延長問題を国防総省は懸念していると切り出した。日本政府との間でこの問題の取り決めはできあがったし、国防総省は日本政府が計画遂行の特別措置を具体化しつつあることを聞いて励まされているが、この計画に反対するデモのひろがりや組織ぶりにはがっかりさせられている。この計画は日本国民自身の利益になるし、特に日本の航空機がやがて運航のため広大なスペースを必要とするようになるのだから重要である。**現在のデモに対して対抗措置をとることが望ましいし、アメリカは喜んでそれを助けたい**。

重光外相は、共産主義者らを抑えるため措置をとることには賛成だが、現状況下での実力行使は険悪になるかもしれないと述べた。外相は〔米軍の〕占領で共産主義者に手際よく対処する法律がすべて廃棄されたので、いまではかれらを何とかするのはほとんど不可能だと強調した。現在日本政府が活用し得る唯一の力は説得力であり、政府は説得力を発揮できるよう共産主義反対

の強固な能力を開発しなければならないと述べた。（略）
　ロバートソン副長官はグレイ次官補が出した滑走路問題は、日本国民が自分たち自身の国防上の利益になると確信すべきだと指摘した。重光外相はこれに応え、滑走路の延長をすでに約束し必要な土地の接収もやむなくされるかもしれない政府に日本国民が耳を傾けないのだと述べた。だが、それをやれば左翼の思うつぼにはまるだろう。外相はそうのべて、滑走路延長反対は純粋なものではなく、共産主義者の扇動によるものだとつけ加えた」（新原訳）

　このようにダレス長官の催促に従って発言したグレイ次官補は、「日本における滑走路延長問題をめぐる反対運動の拡大に強い懸念を示し、「現在のデモに対して対抗措置をとることが望ましいし、アメリカは喜んでそれを助けたい」とのべ、警官隊の弾圧をあおるだけでなく、その援助まで申し出ていたのです。

　これに対して重光外相は異議なく同調し、「滑走路延長反対は純粋なものではなく、共産主義者の扇動によるものだ」と、民衆のやむにやまれぬ抵抗の抹殺を意図する発言をしていたのです。

土地接収強行のための弾圧

一九五五年五月の滑走路延長計画の通告以来、土地接収に反対する砂川の人びとは、最初は労組に支援を要請し、のちに学生の応援も呼びかけて、各地から来た人たちとともに、土地取り上げの前段としての強制測量阻止のため、非暴力的手段で土地を守ろうとしてきました。砂川町基地反対同盟行動隊長の青木市五郎さんが口にされ、またたく間にあのきびしい抗議行動に加わった多くの人々のきずなとなった「土地に杭は打たれても、心に杭は打たれない」の合い言葉が物語っている通り、それは父祖伝来の農地を守って、戦争のための基地拡張に反対するという大義に基づくたたかいだったのです。

そのなかで、測量強行の動きがあった一九五五年秋と翌五六年秋に、接収に反対する人びとの強制測量阻止のデモに対し、警官隊が襲撃して殴る蹴るの暴行を加えケガを負わせるという、重大な「衝突」、正確な言葉を使えば大がかりな弾圧事件が起きました。

特に一九五六年一〇月半ばの数日間にわたる測量阻止のデモ隊に対する警官隊の襲撃は、実に乱暴きわまる暴力沙汰でした。測量を阻止しようとした地元農民や労組員、学生らの方は、まったくの非暴力で、ただスクラムを組み測量を阻止しようとする、やむにやまれぬ抵抗だったのですが、警官隊がこれに棍棒で殴りかかるなどして襲いかかり、最後の二日間には千数百人におよぶ負傷者が出ました。

この時の目撃証言として、砂川地元の基地拡張反対同盟の中心人物の一人であった故宮岡政雄さんの証言があります。宮岡さんの著書『砂川闘争の記録』（御茶の水書房　二〇〇五年）に出てくるもので、一〇月一三日の経過を次のように記しています。

「午前一一時、鉄兜・棍棒・ピストルで武装した二〇〇〇名の警官隊は、五日市街道から町役場の横へ入り、目的地の栗原むらさん宅を目標に、広い畑一面に散開して乱入してきた。日本陸軍歩兵部隊の散兵戦の戦術であった。スクラムでは防げない広い範囲であった。警官隊は労働者や学生の頭を棍棒でめった打ちにし、腹を突き上げ、足蹴にした。手のつけられない兇暴さであった」

宮岡さんは、つづけてこう述べています。

「そこへ日本山妙法寺のお坊様達が現れ、坐り込まれる。さすがに猛り狂った警官隊も一時とどったように止まる。お坊様達は動かない。たちまちそのまわりに労働者、学生が集結して坐り込む」

「この日の測量の目標は、栗原さん宅からはじまる拡張予定地の西側の部分である。支援諸団体も地元も全員がその地点に結集し、目標区域は人で埋めつくされた。これを排除しなければ測量できない。警官隊がまた行動を再開した。無抵抗で坐り込んでいる妙法寺のお坊様たちに警棒をふり挙げて襲いかかり、労働者、学生のなかへ突っ込んでくる。負傷者の悲鳴があがる。泥のなかへ倒れている女子学生を力いっぱいに蹴り上げる。警官隊は報道陣や救護の人達まで、まるで見さかいのない暴力をふるった。倒れても倒れても新手の支援部隊は限りなく栗原さん宅の付近に結集しつづけ、測量させない」

「この激突が、この日もついに夕方までつづいたが、現地に一本の杭も打たせなかった。しかし、負傷者は救急車で運ばれ、手当てを受けた者だけで八〇〇名を上回る。実際の負傷者の数はもっと多かったことは間違いない」

「誰のためにこうまでして米軍の基地をつくらなければならないのか——という人もいた。現地の砂川の反対同盟の素朴な人びとは、この苦しみに耐えぬいて、測量を阻止してくれた人達に対して、何をもって報いるか——ただ基地をつくらせないこと、の一事につきた。傷つきながら、必死に測量阻止のために闘ったこの人達の姿に、反対同盟の人びとの心に反権力の抵抗の拠点は築かれた」

宮岡さんのこの生々しい描写は、砂川闘争の意味とこれを弾圧した警官隊の暴挙の本質を明らかにしています。

一〇月一三日の弾圧をめぐる記述の最後の部分には、次のような文章も続いています。

「警官の兇暴さに限りない憤りが沸き上がってくる。激しい衝突に頭から血を流し、スクラムで押し、押し返される苦しさに、思わず口をついて出た『お母さん』と呼ぶ女子学生の気持は、猛り狂った横暴な警官隊への恐怖と威圧感にこらえて闘った人達にはよく分かった」

一方、当日出動した警視庁の若い一人の機動隊員は、「精神的に悩み、苦しみ」ぬいたと、弾圧を疑問視する遺書を書き残して、自殺しました。

戦争のための米軍基地拡張は許せない、自分たちの土地を基地に取り上げられるのは絶対にご免だ、というやむにやまれぬ闘いと、アメリカ政府の密かなそそのかしを受けて警官隊によって暴圧した日本政府の問答無用の態度が、だれの目にも鮮明に焼き付けられたのです。

こうした不当弾圧は、日米安保条約のもとでわが国がアメリカの戦争の基地として強化されていくことへの危惧を、国民のあいだに一挙に生み出し、砂川闘争への全国的な同情と共感が広がりました。

このため、一〇月一三日の夜、政府は緊急に「測量中止」という想定外の措置を発表せざるをえませんでした。

これがその後の国民的批判と抵抗の広がりもあって、一〇年あまり後の一九六八年の立川基地拡張計画中止の発表、そしてその後の（一部は自衛隊基地にされたものの）立川アメリカ空軍基地そのものの全面返還（一九七七年）へとつながったのです。

「伊達判決」につながった一九五七年の砂川事件

ところで、ここまでの経過と、東京地裁における「伊達判決」につながる翌一九五七年の砂川での弾圧事件とは、同じ砂川の基地拡張阻止の闘いに対する警官隊の弾圧という点では本質的に共通していますが、問題になった争点や、具体的な経過では違いがあります。

「伊達判決」につながる五七年の「第二の局面」の砂川の闘いは、それ以前の闘争と違って、基地の中に土地を持っていた農民たちが、自分たちの土地を取り返す訴訟を始めたことに関連していました。

これに対抗して政府側は「土地収用法」でその土地の取り上げを一方的に決定し、そのための強制測量をおこなおうとします。そこで、これを阻止しようとするデモ隊とのあいだで紛糾し、それを口実に、若干の時間をおいて労働者や学生を弾圧したというのが事件の概要です。

事件の発端になったのは、砂川の基地拡張反対同盟に属していた青木市五郎さんら八人の農民が、立川基地内で米軍が終戦後から一方的に使ってきた自分たちの土地の返還を要求したことでした。宮岡政雄さんの手記から引用しましょう。

「敗戦による米軍の進駐で、旧陸軍の飛行場施設は接収され、その時、飛行場のなかに一部あった民有地も全部米軍基地に取上げられてしまったが、〔一九〕五二年の講和条約によって、土地の所有権が地主に返った。基地内の民有地は滑走路にされてしまったが、これは法律上、所有者と賃貸契約を取交わした米軍が使用しているということであった」

「この〔八名の〕人達は、基地内の土地の賃貸契約の年度更新を行わないことに決めた」

　こうしてもともとは自分たちの土地でありながら、敗戦後の経過のなかで勝手に米軍基地の一部とされた自分たちの農地を取り返すため、国を相手どって土地明け渡し訴訟が開始されました（一九五六年四月）。

　砂川の八人の農民による訴訟に対して、政府はこれらの土地を「土地収用法」で一方的に取り上げることを総理大臣の名で決めました。そして、この土地取り上げの手続きの一環として、強制測量しようとしたのです。政府の一方的な土地取り上げの措置は、「行政協定（現地位協定）実施に伴う土地使用特別措置法」という、米軍の特権確保のための法律に基づいていました。もちろんそれは「安保法体系」に含まれる特別法のひとつです。

　この政府の一方的土地収用の決定（「収用認定」）に基づいて、立川基地内の八人の農民の土地の継続使用を合理化するための土地測量を、政府は一九五七年六月二七日と七月八日におこなったのです。

「調達庁は米軍基地に地元や学生の阻止部隊に立入られることを恐れて夜のうちに測量隊を入れたり、米軍も滑走路前の道路に坐り込む学生達を武装した憲兵を出動させて威嚇したりした。雨が激しく、支援の労働者たちが引き揚げた手薄な時を狙って、地元の人達や学生に憲兵が襲いかかって負傷者を出す衝突もあった」（宮岡さんの手記）。

六月二七日未明には米軍も加わり「予備測量」と称する作業を強行。つづいて問題の七月八日を迎えたのです。

七月八日のもようと、それにつづく同年九月二二日の二三人の労働者、学生の逮捕のいきさつを、総評（日本労働組合総評議会）作成の資料『砂川事件―安保条約は憲法違反だ』（一九五九年）からの引用で見ておきましょう。

「七月八日には米軍と協力し、基地内から柵にそって移動鉄条網を一〇〇〇米〔メートル〕に亘って張りめぐらし、警察の装甲車を先頭に一八〇〇名の武装警官と一〇〇名の私服をくり出して精密測量を強行したのでした。支援団体の人々は柵にそってスクラムを組み、『平和を守れ』『測量を中止せよ』等を叫ぶ若干のいざこざはあったが、山花代議士、総評小山政治部長と第八方面〔機動隊〕隊長、立川警察署長と話し合いを持ち、お互に今日の事は責任を問わないと約束して円満に双方解散したのです」

「それから約二ケ月半も過ぎた九月二十二日の連休日の晩方、突如寝込みを襲って、鉄鋼労連傘下日本鋼管川鉄労組九名、日本鋳造労組一名、国鉄労組五名、学生九名がそれぞれ自宅から逮捕されました」

「野口警視庁公安部長は、『事件後二ケ月もかかったのは慎重な下調べを行ったからだ』といっていましたが、砂川に行っていない人が、教育大の学生、国鉄と二人も逮捕されたのです」

このように、逮捕の経過自体がきわめて政治色の濃いものでした。二三名の逮捕（二四名逮捕との指摘もある）と、それに続くその中の七人の労働者、学生の「刑事特別法」違反容疑による起訴は、明らかに先進的な活動家を狙い撃ちした弾圧事件でした。これが後に、一九五九年三月三〇日の東京地裁での「伊達判決」につながってゆくのです。

砂川裁判の最高裁での逆転判決の鍵を握っていた田中長官から、評議の秘密をひそかに聞き出すほどの深い関係を、マッカーサー大使はどのように築いていたのでしょうか。実は、そこにはアメリカ政府による長期にわたる働きかけの歴史が秘められていました。末浪靖司がアメリカ国立公文書館で調査・発見した、アメリカ政府解禁秘密文書などをもとに解き明かします。

アメリカと田中最高裁長官の深い関係、そしてアメリカが生み出した「九条解釈」

末《すえ》浪《なみ》靖《やす》司《し》

赤城宗徳元防衛庁長官とのつき合い

私は記者生活を通して自民党の政治家をよく取材しました。政局の動きをつかみ政治の先行きを見るには、政権党に食い込む必要があったからです。

かなり深いつきあいをした大物政治家に、赤城宗徳《あかぎむねのり》がいました。戦時中からの岸信介の腹心で、戦後、岸内閣では農相、官房長官などを務め、佐藤内閣でも農相でした。一九六〇年の安保改定時には、防衛庁長官（いまの防衛大臣）として、野党議員らの質問に答弁しました。

当時は、安保条約改定に反対する運動が全国的に大きく盛り上がっていました。「戦争に巻き込まれる」「安保改定で危険が増える」。そのような不安が急速に広がり、学生だった私もクラス全員でデモに参加しました。

一九六〇年五月一九日の深夜に岸内閣が警官隊を国会に導入して野党議員をごぼう抜きにし、審議を打ち切り、翌日未明に新安保条約を強行採決しました。これをきっかけに、「安保反対」の世論は「岸反対」となってさらに広がり、国会周辺は一〇数万人のデモに埋め尽くされました。岸首相は自衛隊出動を打診したが、赤城は断ったことをあとで知り、よかったと思いました。赤城が拒否しなければ、死者は六月一五日に警官隊との衝突で死亡した東大生樺美智子《かんばみちこ》さん一人ではすまなかったでしょう。

私が赤城を取材した時は安保改定から二〇年ほどたっていましたが、彼はまだ党内に隠然たる影響力をもっており、国会議事堂に近い平河町のビルの事務所には多くの政治家が出入りしていました。

「日本はもう戦争しちゃいかんよ」。これが赤城の口癖でした。赤城に限らず、「級友はみんな戦死しちゃった。戦争はダメだね」などと言う人は、自民党にもけっこういたのです。

赤城を取材するようになったのは、快く取材に応じてくれたこともありますが、安保国会で防衛庁長官として社会党議員らの追及の矢面にたっていた元岸側近に当時のことを言わせれば、ニュース・バリューがあり、記事になると考えたからです。実際、核持ち込み問題で赤城の発言が紙面を飾ったこともあります。

私は赤城とつきあいながら、取材の合間に国会議事堂最上階にあった国会図書館分室に行っては、衆参両院の安保条約特別委員会の議事録をせっせと読みました。

今から考えると、赤城防衛庁長官の答弁はそう悪いものではありませんでした。今は米軍機が低空飛行訓練を全国どこでもやっており、住民が爆音に苦しみ墜落の危険や落下物に怯えていますが、安保国会での答弁は次のようなものでした。

「米軍は上空に対しても、その区域内で演習する。こういう取り決めとなっている」（一九六〇年五月一一日、衆議院日米安全保障条約特別委員会議事録第三三号）

区域というのは、安保条約第六条で日本が米軍に提供している基地や演習区域のことです。航空機の演習区域は海上に設定されていますから、赤城答弁の通りに実行されれば、米軍機はまず海上に出て、そこで訓練しなければなりません。住民は苦しんだり怯えたりしなくてもよいわけです。

六〇年安保国会では、このような答弁は赤城防衛庁長官にかぎりませんでした。丸山《まるやま》佶《ただし》調達庁長官（いまの防衛省地方協力局長）の答弁はさらに明確でした。

「空軍の演習の場合には、演習区域というものを指定している。したがって、その演習は、その上空においてのみ行われることになる」（前同）

基地の問題でも政府答弁は今と違っていました。

高橋通敏外務省条約局長

「施設・区域〔米軍基地や演習場〕は、治外法権的な、日本の領土外的な性質を持っているものではなくて、当然、日本の法令が原則として適用になる。ただ、アメリカが施設・区域を使用している間は、これを使用するにあたり、必要な、どういう措置をアメリカがとることができるかは協定に定め、その協定に従って、米側は措置をとることができる。しかし原則として、当然、日本の主権、統治権下にあり、日本の法令が適用になる」（前同）

基地の中でも日本の法令が適用されるのであれば、米軍が基地内で何ができて、何ができないか、政府や地方自治体がアメリカ側と協議しなければなりません。米軍が協定に違反していないかどうか、基地内に入って調べる必要も当然でてきます。

基地の外については、外務省アメリカ局長（いまの北米局長）はさらに厳格でした。米軍は何かをやろうとすればまず日本側と相談しなければなりません。

森治樹外務省アメリカ局長
「今度の協定では、日本側がまず必要な措置を法令の範囲内においてとる、そうしてアメリカ側も権能を有しているけれども、その権能の行使にあたっては、必要に応じてではなく、常に日本側と協議の上とらなくちゃいけないことになっている。従って、施設外においては、大いに従来と実体的な相違がある」（一九六〇年六月一二日、参議院日米安保条約等特別委員会議事録第七号）

これらの国会答弁は、内閣法制局の見解に裏づけられたものでした。

山内一夫内閣法制局第一部長「合衆国軍隊は、施設及び区域〔米軍基地や演習場〕について他の使用権を有するけれども、日本国の法令は、施設および区域でも、適用を否定されるわけではない」（『時の法令』一九六〇年八月一三日三六〇号「施設及び区域――いわゆる地位協定の問題点」）

このように政府の見解は、いまとはまったくちがっていたのです。ＰＡＲＴ３の「基地権の密約」（259ページ）をお読みになると、こうした見解は安保反対の世論を抑えるための方便だったのではないかと思われるかもしれません。しかし、私はその後の赤城への繰り返しての取材で、彼らは当時、方便ではなく、本気でそう考えていたのだと確信しました。

いずれにせよ、政府が外国と結んだ条約の内容について、閣僚が政府を代表して国会で答弁した内容は重いものです。

その後の国会議事録を読むと、政府はだいたい一九七〇年代から八〇年代はじめにかけて、どんどん見解を変えていました。変更は一般国民には見えにくい閣議決定や通達などで進められました。首相官邸や外務省のブリーフィングなど、新聞記者への説明もそのために使われました。

こうして、現在、米軍がこの日本でやっていることは、安保条約の建前とも、かつての政府答弁ともおよそかけ離れたものになっています。憲法も法律も変わっていないのに、なぜ変わるのか。何か問題があるはずだと、私は外務省に行って、条約上の根拠などを問いただしました。しかし、エスカレートする米軍行動に合わせて答えは変わり、納得できる回答は得られませんでした。

戦後日米関係の隠されていた事実を発見

いったい日本のこの現実はどうなっているのだろう。いつか徹底的にこの問題について調べてみたい。記者時代を通じてそんな気もちを持ち続けていました。

退職後、アメリカの図書館や公文書館に通って政府や軍部の文書を読みました。二〇〇五年夏にワシントンDCの議会図書館で調査したあと、二〇〇六年からはメリーランド州カレッジパークにある国立公文書館に通いました。

国立公文書館の正式名称はNational Archives and Record Administration（略称NARA《ナラ》）です。ここには情報自由法（Freedom of Information Act 略称FOIA《フォイア》）により、三〇年をへて秘密指定を解除された文書が大量に持ちこまれ保管されています。アーキビスト（公文書保管者）と呼ばれる各分野の専門家がそれらを分類して閲覧できるようになっており、アメリカ本国はもちろん世界各国から研究者、ジャーナリストらが来ています。

もっとも、分類されているといっても、たとえばアメリカ政府、その在外公館、軍当局やその海外司令部、それぞれの下部組織、それぞれのセクションなど、すべてが数字で表されています。数字は備え付けのファイルで調べるのですが、その仕組みをマスターするのにも何年か必要でした。

最初の年は一カ月も行けば十分だろうと考えていましたが、結局、断続的ですが、毎年のように出かけることになりました。おかげでアーキビストやスタッフとも顔なじみになり、文書がどのような仕組みで保管されているのか、読みたい文書を請求するにはどのファイルをみたらよいか、少しは勘がはたらくようになってきました。パソコン、スキャナーなどの改良により、大量の文書を記録して持ち帰ることができるようにもなりました。

アメリカ・メリーランド州カレッジパークにある国立公文書館の正面。右側のガラス張りの建物が閲覧棟。本館はワシントンDCのペンシルバニア通り７番街にある。

最初に行った二〇〇六年当時は、ブッシュ政権の対テロ戦争の影響もあって、厳重な警戒態勢がとられていました。パソコン、カメラ、スキャナーなどの器材は製造番号などを事前に届け、閲覧室に入る際はそれを読み上げて、警備員に照合してもらう必要があり、要領のいいほうでない私は苦労しました。最近は、厳重な警戒は変わりませんが、製造番号などのチェックが廃止されるなど、運営面では一定の改善がありました。機密（トップ・シークレット）、極秘（シークレット）、秘密（コンフィデンシャル）、部外秘（オフィシャル・ユース・オンリー）などを指定された文書を記録するには、スタッフの所にもっていって秘密指定を解除してもらう必要があります。

公文書館の魅力は何といっても、何十年も前に政府高官や秘書がタイプライターを叩いて作った文書がそのまま見られることです。内部文書は政治的思惑で事実をねじ曲げたりする必要はなく、その時点で何が起きていたか、当局者は何を考え、どうしようとしていたかを知るうえできわめて役立ちます。まさに第一次情報です。

私は長い間、くり返し通ったこともあり、当局者が秘密裏に約束した密約を含め、隠されていた戦後日米関係の多くの事実を発見できました。その一部は『対米従属の正体』（高文研）に書きました。

驚いたのは、本書のPART1にあるように、憲法の番人と言われ、「いっさいの法律、命令、規則または処分が憲法に適合するかしないかを決定する権限を有する終審裁判所」（憲法八一条）とされる最高裁判所の長官までが、アメリカ政府と通じていたことです。重要な局面でアメリカ大使と密談し、米軍駐留を合憲とする判決理由を一本化することまで通報していました。まさに法治国家崩壊というべき現実の根底にあるものをつきとめた思いでした。

そうして生まれた最高裁判決は、現にいま、米軍が日本の法律を無視して行動し、国民に多大の被害をあたえる根拠になっています。

ここでは、田中耕太郎長官とマッカーサー駐日大使の密談が示す最高裁とアメリカ政府との隠された関係を中心に書きます。（日付、送り手や受け手、秘密指定などを引用文の前に**太字**で書

いているのが公文書館で入手した文書です。翻訳は末浪。〔　〕内は訳者の補足です）

司法の独立がなぜ重視されるようになったか

一九四五年（昭和二〇年）八月一四日、日本はポツダム宣言を受諾して連合国に無条件降伏しました。ポツダム宣言は同年七月二六日に、アメリカのルーズベルト大統領、イギリスのチャーチル首相、中国の蔣介石総統によって署名されました。

宣言は「日本国軍隊は、完全に武装を解除せられたのち、各自の家庭に復帰し」とのべて日本の武装解除を定め、さらに経済を支持するための産業を維持することは許されるとしながらも、「ただし、日本国が戦争のための再軍備をできるような産業は、この限りではない」と非軍事化を命令しました。

また第二次世界大戦で日本、ドイツ、イタリアと戦った連合国が一九四五年六月二六日に署名した国際連合憲章は、二〇世紀に起きた二つの世界大戦のような戦争の惨害から将来の世代を救うために「〔加盟国の〕共同の利益となる場合以外は武力を用いない」（前文）とし、「すべての加盟国は…武力による威嚇または武力の行使を…つつしまなければならない」（二条四項）と定めました。

ポツダム宣言を受諾したことによって、日本は侵略戦争を始めたことを根本的に反省し、国連憲章にも示される平和のルールを守ることを世界の人々に約束したのです。

そして、日本は一九四六年一一月三日に公布し翌四七年五月三日に施行した日本国憲法に、戦争と武力による威嚇や武力の行使の永久放棄（第九条第一項）、陸海空の戦力の不保持（同第二項）を明記しました。これは国際社会に対する約束であるとともに、アジア諸国民に多大の損害をあたえ、みずからも核兵器の被害を受けるなど、戦争の残虐さ、悲惨さを体験した国民として、もう二度と絶対に戦争しないという決意の表明でした。

憲法は、日本がそうした新しい平和国家として再出発するために多くの重要なことを定めていますが、三権分立による司法権の独立はとくに重要な規定です。戦前は裁判所が司法省（現憲法下で廃止）に属しており、裁判官も政府や軍部の顔色をうかがうのが当たり前で、戦争に反対した自由主義者や社会主義者には容赦なく有罪判決を下しました。そのため、戦争末期になって、戦争を始めたことの誤りが誰の目にもわかるようになっても、戸坂潤や三木清などの思想家たちは獄死しなければなりませんでした。

この歴史の教訓にたって、憲法は「すべて裁判官は、その良心に従ひ独立してその職権を行ひ、この憲法及び法律にのみ拘束される」（第七六条）と定めています。そして、これを保障するために、裁判所法は「評議の秘密」として、「合議体でする裁判の評議は、これを公行《こうこう》［おおっぴらにおこなう］しない」（第七五条）と述べています。裁判官が評議で何を言ったかが外部にもれるようでは、裁判官が良心に従って自由に発言することはとうてい望めず、司法の独立などありえないからです。

マッカーサー占領軍総司令官との関係

にもかかわらず、田中耕太郎最高裁長官がマッカーサー駐日大使と密談し、砂川裁判で評議の秘密を破って、判決の内容まで事前に漏洩するという、とんでもないことをしていたのです。アメリカ政府とのそのような不正常な関係は、いったいどうしてできたのでしょうか。

田中耕太郎とアメリカ政府の関係は、ＰＡＲＴ１で描かれた一九五九年よりも九年も前の、彼が占領下に最高裁長官に就任した時から始まりました。

当時はマッカーサー連合国軍最高総司令官が日本を支配していました。マッカーサー占領軍総司令官（元帥）は、第二次世界大戦で日本軍との戦争を指揮した軍人です。ＰＡＲＴ１に登場したマッカーサー駐日大使は、彼の甥になります。

それではまず、旧安保条約下でアメリカ政府が田中長官にどのように接近したのかということから話を始めましょう。

田中耕太郎は一九一五年に東京大学法学部を卒業して内務省に入りました。その後、東大大学院で商法を研究、一九二三年に東大教授となり、戦後は吉田茂内閣の文部大臣、参議院議員を歴任しました。

田中も他の法学者と同じく、憲法制定直後は第九条の熱烈な支持者でした。

一九四六年七月一五日、文相だった田中は衆議院帝国憲法改正委員会で、

「剣をもって立つ者は、剣にて滅ぶという千古〔永遠〕の真理について、われわれは確信を抱くものである」

「大きな目をもって考えますと、戦争放棄ということも決して不正義に対して負ける、不正義を認容するという意味を持っていないと思う」とのべました。(『帝国憲法改正審議録・戦争放棄編』一九五二年)

田中がこのようにのべたのは、日本国憲法の草案を吉田内閣が帝国議会に提出した直後のことでした。この年の四月には女性もはじめて参政権をえて衆議院選挙がおこなわれ、多くの国民が憲法草案を支持していることが示されました。

しかし、田中が一九五〇年二月二八日に吉田首相に任命され、同年三月三日に最高裁長官に就任したときには、アメリカ政府は日本をソ連や中国に対立する前線基地とする方針に転換していました。対日平和条約(サンフランシスコ講和条約)後も米軍駐留を続けることを考えるように

なっていたわけです。もちろん吉田首相はそうしたアメリカの意向をよく知っていました。ですから吉田が田中を最高裁長官に選んだのは、「〔田中が〕反共理論家であることが有力な要素となった」（「毎日新聞」一九五〇年二月二八日）ことは事実でしょう。

アメリカでは大統領が任命した最高裁裁判官は議会の承認を受けますが、日本では国会の承認を必要とせず、三権分立とは言いながら、国民の監視がないと、最高裁が政府に従属する危険は多分にあります。

占領軍を指揮していた極東米軍司令部は、田中が最高裁長官に就任した時からその動向を注視していました。平和条約が発効して日本が独立を回復したのち、米軍が日本国内に居すわれば、ポツダム宣言や日本国憲法に反するということは、アメリカの軍部や政府もよくわかっていました。それだけにアメリカにとって、日本の独立が目前に迫った一九五〇年、最高裁長官がだれになるかはきわめて重要なことでした。

極東米軍司令部は、田中が最高裁長官に就任した翌四日の極秘公電で、それを「情勢の重要な変化」のひとつとして、陸軍省情報参謀部に報告しています。

東京のアメリカ大使館は三月三日、「田中耕太郎最高裁長官」と題する政治顧問秘書室の秘密文書を国務省に送り、その中で「彼の政治的見解は保守的である」とのべ、本国の政府や軍部を安心させていました。

三月一一日には、東京の大使館が「田中耕太郎の最高裁長官任命」と題するヒューストン公使の秘密書簡で次のように、田中最高裁長官選任の内情を国務省に報告しています。

■一九五〇年三月一一日、ヒューストン公使から国務長官へ、主題：田中耕太郎の最高裁長官任命、書簡、秘密

「内閣が田中を選んだのは、吉田首相の推薦によるとされている。首相は他の候補だった真野《まの》毅《つよし》最高裁判事より田中を好んだ」

真野毅は退官後、最高裁砂川裁判の弁護団に加わり、一九五九年九月一六日には第五回公判で田中裁判長に対して鋭く迫りました。真野は「剣を以て立つ者は剣にて滅ぶ」とのべた田中耕太郎の憲法支持発言を引用して、

「戦争放棄、戦力不保持は、国際情勢の変化を口実として、憲法解釈の名のもとに、ときの政府の便宜主義によってくつがえし得るものではない」

と論陣を張りました。

マッカーサー占領軍総司令官と田中長官

最高裁長官就任から二週間後の一九五〇年三月一七日、田中はマッカーサー連合国軍最高総司令官を表敬訪問しました。田中は自著『私の履歴書』にこう書いています。

「長官としての当初の一年あまりは、日本はまだ占領下にあった。そのために私は就任後まもなく、第一生命ビル六階に連合国最高司令官のマッカーサー元帥に挨拶に出かけなければならなかった。

元帥は親しみと厚意にみちた態度で私をむかえ、初対面の挨拶などはぬきにして、司法権の独立、裁判所の任務の重要性について論じ、私の仕事が非常にチャレンジングであることを強調した」

それから半年後の一九五〇年九月二七日、田中最高裁長官は、真野毅、穂積重遠《ほづみしげとお》両最高裁判事らとともに、アメリカの司法制度視察のために渡米しました。

田中耕太郎『アメリカ紀行』（読売新聞社　一九五三年）によれば、この訪米は田中長官がマッカーサー最高司令官を表敬訪問したときに、マッカーサーから「アメリカに視察に行く気があるかどうか」と聞かれたのがきっかけで、アメリカ陸軍と国際教育協会の招待により実現したものです。

一行は、同年一一月一八日に帰国するまで、ワシントン、ニューヨークなどを訪れ、司法制度視察のほか、国務省ではアチソン長官に面会しています。

私は公文書館で連合国軍最高司令官（SCAP《スキャップ》、Supreme Commander for the Allied Powers）のファイルを見ながら、田中長官は訪米中にどんなことを言って歩いたのだろうと興味がわいてきました。

探してみると、田中の講演を報じた新聞の切り抜きが見つかりました。シアトル弁護士会と太平洋関係研究所が共催して商業会議所で開いた講演で、田中は「日本の最高裁長官」と紹介され、次のようにのべていました。

「武装を放棄した国として、そして憲法で再軍備を禁止された国として、われわれはみずからの安全に不安を感じている。冷戦の中で、わが国の政府は断固として西側同盟の側について共産主義独裁に反対している。地理的状況からみて、次のように自問してきた。連合国の占領が終わったら、日本はどうなるか、攻撃されるか、と」（「日本の最高裁長官、マッカーサー元帥を称賛」The News、一九五〇年一一月七日）

そして、朝鮮半島では米軍がアメリカ青年の血を犠牲にして戦っているが、もし日本が同じ状態になったら、米軍は同じように戦ってくれるか、というのです。

私はこれを読んで、日米安保条約の理屈を先取りしているな、と思いました。というのは、翌五一年九月八日にサンフランシスコで吉田首相が署名した同条約では、平和条約発効後も米軍が日本に駐留する理由を、前文で次のようにのべていたからです。日米安保に関して、すでに吉田と田中のあいだに共通したスタンスがあったことがうかがえます。

「日本国は、武装を解除されているので、平和条約の効力発生のときにおいて固有の自衛権を行使する有効な手段を持たない。無責任な軍国主義がまだ世界から駆逐されていないので、前記の状態にある日本国には危険がある。よって日本国は、平和条約が日本国とアメリカ合衆国の間に効力を生ずると同時に効力を生ずべきアメリカ合衆国との安全保障条約を希望する」

田中耕太郎は一九五一年一月一日付「毎日新聞」の芦田均《あしだひとし》、安倍能成《あべよししげ》との座談会に最高裁長官の肩書で出席し、ソ連、中国、インドなどを除き、アメリカなど一部の国々と平和条約を結ぶことを主張しました。

「現実の問題としては単独講和もやむを得ないという方向に赴きつつある」

「鉄のカーテン群の侵略に対しては戦わなければならない」

と言うのです。

こうした田中長官の発言は、すべて米軍当局によって追跡されていました。五日後の一月六日、極東米軍司令部は陸軍省とアメリカ空軍あての極秘公電で、田中長官に関する情報を伝えています。

■一九五一年一月六日、極東米軍司令部から陸軍省へ、公電、極秘

「保守党指導者は新年の声明で国防の必要性を強調している。田中最高裁長官は民主主義防衛のためなら戦争も正当化されるとのべている」

田中長官は一九五一年四月、トルーマン大統領により罷免《ひめん》されて離日するマッカーサー最高司令官へのメッセージで、

「閣下の偉大な業績が残したものは史上にもまれなものであり、いまや講和条約調印で飾られようとしています」

と賛辞を送りました。

アメリカ大使館は田中のアメリカ寄りの立場を、『法曹時報』（法曹会発行）掲載の田中の論文でも確認し国務省に報告しています（一九五三年一月二三日、駐日大使館から国務省へ、外交封

印袋、秘密)。同誌五三年一月号で田中は最高裁長官の肩書で、共産主義について、「われわれはこの種の勢力の基礎をなしている哲学、世界観、政治理論をつぶさに検討し、適切な根本的対策を講ずることを怠ってはならない」

とのべていたのでした。

極東米軍司令部はこの田中論文を、次のようなコメントをつけて陸軍省に報告しました。極秘公電につけられたコメントは、米軍当局が論文を最高裁長官による安保条約支持のメッセージと受けとったことを示しています。

■一九五一年五月四日、極東米軍司令部から陸軍省へ、公電、極秘

「憲法制定四周年の五月三日、主要政治指導者の演説の中で、吉田首相は日本が主権を回復するため交渉を始めるとのべた。田中最高裁長官は『真実と虚偽、正義と不正義、寛容と専制の間に中立はない』と強調した。

コメント：両スピーチは〔吉田首相と田中最高裁長官が〕早期の平和条約締結についてかなり夢中になっていることを示している」

公文書館に保管されている文書で見ると、アメリカは一九五六年に駐日大使が田中長官と直接、接触する機会を意図的につくっています。ロックフェラー財団が日本の最高裁に法律書を寄贈す

ることを決め、最高裁は感謝の意を表明するため、アリソン駐日大使を贈呈式に招待したのです。

同財団管理人のジョン・ロックフェラーは、アリソンとともに、アメリカ外交政策協会や太平洋問題調査会のメンバーで、ダレスが平和条約と安保条約の最終交渉のために一九五一年一月〜二月に訪日したときも同行していました。アリソンは、ラスク極東問題担当国務次官補の副顧問として、ダレスの補佐官をつとめていました。そして、ロックフェラー財団総裁として日本の最高裁への図書寄贈を推進したラスクは、一九五二年一月〜二月にはアメリカ国務次官補として岡崎勝男外相と日米行政協定を交渉し、調印しています。まさに日米安保条約・行政協定締結の中心にいた人々です。

つまり、旧安保条約と行政協定の締結に重要な役割を担った政治家らが総出で、駐日アメリカ大使と田中長官の接触の機会をつくったというわけです。この裏工作に関する次のふたつのやり取りは、アメリカ政府が田中との直接の接触をいかに重視していたかを物語っています。

■一九五六年六月七日、アリソン駐日大使からダレス国務長官へ、公電、部外秘

「私はロックフェラー財団による三九九五冊の法律書贈呈式のために、田中最高裁長官から招待を受けている。田中は六月一三日、一八日、二〇日のいずれか、私の都合のよい日に贈呈式と記者会見をしたいと言っている」

■一九五六年六月二一日、ロバートソン国務次官補からラスク・ロックフェラー財団総裁へ、書簡

「ジョン・アリソンは、日本の最高裁へのロックフェラー財団寄贈書贈呈式のため田中耕太郎最高裁長官の招待を受けたいと考えている。六月一八日の贈呈式で挨拶する文章を提案してくださり、彼は喜びました」

日本国民の不安と怒りを察知したベテラン外交官

こうして一九五七年二月、ダグラス・マッカーサー（二世）が駐日大使として赴任したとき、すでにアメリカ政府は田中最高裁長官との深い関係をつくりあげていました。

マッカーサーが着任した時、日本国民の間にはアメリカに対する不満や怒りが充満していました。マッカーサーが着任する直前、五七年一月三〇日に起きたジラード事件（65ページ）は、アメリカの軍人が日本人を遊び半分で殺害しても、日本が裁判もできない現実に怒りが沸騰していました。

またアメリカが一九五四年三月一日に太平洋上のビキニ環礁で行った水素爆弾実験は、第五福竜丸の久保山愛吉無線長を放射能によって死亡させ、広島、長崎の反省もなく、核兵器開発を進めるアメリカへの怒りが広がっていました。

マッカーサー大使がとくに感じたのは、多くの日本人が戦争に巻きこまれるのではないかと不安や不満を強めていることでした。彼はそのことを国務長官にこう報告しました。

■一九五七年四月一〇日午後六時、マッカーサーから国務長官へ、公電、極秘

「安保条約は軍隊を日本に駐留させる権利をアメリカに一方的にあたえているから不平等であるという主張は別としても、最もきびしい批判の的になっているのは、日本の意思とはかかわりなく、場合によっては日本防衛とは直接関係ない目的のために、そのような軍隊を使用する権利をアメリカにあたえているということである。したがって、極東のほかのどこかで起きるかもしれない戦争に日本を巻きこむものだというのである。このような意見は、上述の戦争に対する反感、安保条約に対する不満を強める傾向があることと結びついている」

この当時の国務長官への公電を読むと、マッカーサー大使は占領時代そのままの安保条約を改定する必要をくり返し進言しています。しかしその一方で軍部は、安保条約を改定したあとも、日本の基地から日本以外の地域に出撃する権利を維持することしか眼中にありませんでした。では、どうするか。日米政府が選んだのは、日米交渉の内容をすべて秘密にして、国会にも報告しないことでした。

安保改定交渉は、一九五八年一〇月四日から東京の帝国ホテルを舞台に藤山外相とマッカーサ

ーの間で公式交渉が始まりました。しかし、実質的にはそれ以前からひそかにつづけられており、早い段階ですべてを秘密交渉とすることに双方が合意していました。

■一九五八年七月一三日午前一一時、マッカーサーから国務長官へ、公電、極秘

「七月一一日、岸との内密の会合で、岸は米日安保取り決めの改定について語り、このことを以前から考えてきたと言った。彼はこの時は特定の提案はしなかったが、そのうちに私に連絡してくるだろう。これは重要なことだが、考えられる最大の微妙な問題で、われわれがおこなういかなる議論も厳格に秘密裏にやるべきであり、それに関する情報は最大限できる限り両政府内に限定しなければならない、と彼〔岸〕は強調した。

私は岸にすすめた。現行安保取り決め改定についてのいかなる非公式のささいな議論も、その前提として、私が彼と藤山とひそかに話しあい、安全保障分野における彼らの最終的目標、目的と米日安保取り決めに関する長期的な意見を私に要約してのべさせるのがもっともよいということを。そうしてこそ、もっとうまくやれることになるだろう。岸は、それはいい考えだと思うと言った」

安保改定交渉が最終段階に入っていた一九五九年一一月五日のマッカーサー大使と田中長官の密談（116ページ）は、最高裁が米軍の駐留を合憲とし、その理由を一本化するうえで決定的なも

のとなりました。

この密談で田中長官がマッカーサーにのべたのは、米軍駐留を「憲法違反ではない」とする理由を判決でどうするか、ということでした。岸内閣が最高裁に跳躍上告をし、八月から始まった砂川裁判は、九月の大弁論を経て、一一月初めには大法廷一五人の裁判官による評議が終わっていました。

二〇一一年九月三〇日にアメリカ公文書館で発見した国務長官あて一九五九年一一月五日のマッカーサー極秘文書の核心部分は次のようにのべています。

■一九五九年一一月五日、マッカーサーから国務長官へ、書簡、極秘

「彼〔田中長官〕は、一五人の裁判官全員について最も重要な問題は、この事件に取り組む際の共通の土俵をつくることだと見ていた。できれば、裁判官全員が一致して適切で現実的な基盤に立って事件に取り組むことが重要だと、田中長官はのべた。裁判官の幾人かは『手続き上』の観点から事件に接近しているが、他の裁判官は『法律上』の観点から見ており、また他の裁判官は『憲法上』の観点から問題を考えている、ということを長官は示唆した。（略）

田中最高裁長官は、下級審の判決が支持されると思っているという様子は見せなかった。反対に、彼は、それはくつがえされるだろうが、重要なのは一五人のうちのできるだけ多くの裁判官が憲法問題に関わって裁定することだと考えているという印象だった。こうした憲法問題に、

〔下級審の〕伊達判事が判決を下すのはまったく誤っているのだ、と彼はのべた」

この文書のなかに、マッカーサーが伊達判決直後から動きだし、岸内閣に跳躍上告をさせ、田中長官と密談をくり返した目的がはっきりと書かれています。

マッカーサーには、砂川事件で最高裁が米軍駐留合憲判決を下すことは早くからわかっていました。マッカーサーは伊達判決四日後の四月三日に自民党の福田赳夫幹事長から跳躍上告すると通報されましたが、その五時間後に国務長官にあてた秘密公電でも、伊達判決がくつがえされる見通しを報告していました。

■一九五九年四月三日午後九時、マッカーサーから国務長官へ、公電、秘密

「政府首脳は、伊達裁判長の判決がくつがえされることに自信をもっており、事件を迅速に処理するよう圧力をかけるつもりだ」

そして一九五九年一二月一六日に砂川事件最高裁大法廷が全会一致で下した米軍駐留合憲判決は、次のようにのべています。

■最高裁砂川事件大法廷判決　一九五九年一二月一六日

「〔憲法第九条第二項〕がその保持を禁止した戦力とは、わが国がその主体となってこれに指揮権、管理権を行使し得る戦力をいうものであり、結局わが国自体の戦力を指し、外国の軍隊は、たとえそれがわが国に駐留するとしても、ここにいう戦力には該当しないと解すべきである」（「安保条約第三条にもとづく行政協定にともなう刑事特別法違反被告事件」）

198ページの極秘書簡の傍線部分をお読みください。評議の段階では一五人の裁判官の事件へのアプローチは、法律上の観点、手続き上の観点、憲法上の観点とバラバラだったのに、判決では同じ電報のなかで田中長官がマッカーサーと約束したように「全裁判官共通の土俵」がつくられ、「憲法上の観点」から裁定されたのでした。この最高裁判決は、安保条約の統治行為論に対しては、多くの少数意見がついていますが、米軍駐留を合憲とした理由には少数意見がついていません。

裁判官たちは評議でのべた法律上、手続き上などの理由をどこに置き忘れてきたのでしょうか。みずからの意見を捨てて、一本化に応じています。「良心に従い、独立してその職権を行使」するとは、判例によれば「裁判官が有形無形の圧力や誘惑に屈しないで、自己内心の良識と道徳感に従う」（最高裁一九四七年一一月一七日大法廷判決）ということです。砂川裁判の裁判官は「有形無形の圧力」を受け、それに屈したことは明らかです。

マッカーサーにとって、これは大きな勝利でした。最高裁に米軍駐留を合憲とする理由を一本化して出させることがいかに重要であったかは、一九五九年一二月一六日の最高裁の判決を受けて、彼がその日と翌日の夕刻に相次いで国務長官に打電した秘密公電の内容をみればわかります。

■一九五九年一二月一六日午後九時、マッカーサーから国務長官へ、公電、秘密

「コメント：この判決は、いま進めている安保条約改定交渉に関してだけでなく、日本の防衛力の引きつづく発展にとってもきわめて重要である。責任をもって見ている人はいずれも、この判決が、一五人の裁判官全員が憲法九条に関して一致して結論を出したものであるという事実を、日本の司法の画期的出来事と考えている」

■一九五九年一二月一七日午後六時、マッカーサーから国務長官へ、公電、秘密

「最高裁大法廷が全員一致で判決を下したことは、多くが田中最高裁長官の手腕と政治的資質によるものであり、判決と法廷におけるその賢明な指導力は、彼が八月に計画した予定をこえて審理を引きのばそうとした弁護団法律家たちの大がかりな取り組みをおさえこむことに成功しただけでなく、最後には一五人の裁判官による責任ある全員一致の判決をもたらした。本件での長官の貢献は日本の憲法の発展ばかりか、日本を自由世界に組みこむうえで画期となるものである」

翌一九六〇年秋、東京のアメリカ大使館は、最高裁から差しもどされた第一審の東京地裁が七月に下した判決を受けて、アメリカにとっての最高裁判決の意義を改めて強調しました。

■一九六〇年一〇月四日、東京・米大使館から国務省へ、書簡、極秘

「アメリカ軍基地の合憲性。一九五九年三月三〇日の砂川事件東京地裁判決により引き起こされた米軍基地に対する脅威は、一九五九年一二月一六日の全員一致による最高裁判決によって取り除かれた。それは下級審の判決を拒否し、日本における米軍駐留の合憲性を確定した。最高裁は再審を命じ、それは一九六〇年七月七日に、異なる裁判官により東京地裁で行われたが、問題の法律上の争点は最高裁によって明確に解決され、日本国内におけるアメリカ軍隊の地位にはもはや疑問の余地がない」

最高裁砂川判決を正しいという憲法学者はいなかった

マッカーサーが極秘公電などで国務長官に提出した報告は、ほとんどすべてが米軍駐留の合憲判決についてのものです。最高裁の判決は、アメリカ政府にとって、それほど重要だったのでしょう。しかし、日本には、このような理由で米軍駐留を合憲とする憲法学者は、当時はいませんでした。

これまでこの判決について、憲法学者はどのように言ってきたでしょうか。代表的な権威ある憲法学者の学説を紹介しましょう。

清宮四郎（一九四六年に幣原内閣がつくった憲法調査委員会の委員）

「日本の指揮下にない外国の戦力であっても、米軍駐留のように、それが同時に、条約により、日本の意志にもとづいて駐留している戦力であるとすると、憲法上の問題が起こらないとはいえまい。アメリカと不平等の立場に立って、日本が受動的に締結した旧安保条約（昭和二六年条約第六号）のもとでも問題になったが、独立・対等の立場に立って締結した現安保条約（昭和三五年条約第六号）のもとでは、問題はさらに浮きぼりにされて現われている。」（『憲法1』（有斐閣一九七九年）

佐藤功（成蹊大学教授）

「平和条約および日米安全保障条約は、日本が、米国を盟主とする陣営の側に決定的に参加し、これによって他方の陣営の側からの攻撃に対して自国を防衛する以外には、日本の安全保障の途はないという考え方にたつものなのである。それは、憲法の理想とし予想した安全保障の形態とは完全に異なるものであると言わざるを得ない。

第九条の規定をめぐって生じたいろいろの問題は、すべてここに淵源している」(『日本国憲法概観』有斐閣　一九五九年初版、一九八〇年全訂第二刷)

アメリカ国務長官特別顧問が考えだした理論

それでは、最高裁は、日本に駐留する米軍を憲法九条二項のいう戦力とは認めないという理屈を、いったいどこからもってきたのでしょうか。

実は、それは、アメリカ国務省が占領軍を日本の独立後も引きつづき日本に駐留させるための準備を始めていた一九五〇年につくったものでした。

舞台を第二次世界大戦後のアメリカに移して考えてみましょう。

さきに紹介したポツダム宣言は、第一二項で、

「平和的傾向をもち、かつ責任ある政府が樹立されたときには、連合国の占領軍はただちに日本国より撤退するものとする」

とのべています。対日平和条約が発効すれば、占領軍はただちに日本から撤退しなければなりません。

しかし、第二次世界大戦を通じて、経済的にも軍事的にも圧倒的な力をもつようになったアメリカは、一九四八年ごろになると、ソ連を封じこめて、みずからの支配を世界中で広げようとして軍事同盟づくりに乗りだします。

一九四九年には中国革命が成功して、同年一〇月一日に中華人民共和国が生まれます。アメリカの対日政策は、アジアにおける革命の広がりを食いとめるために、平和条約発効後も軍隊を日本に駐留させ、日本を前線基地として確保する方向に大きく転換します。

しかし、これはアメリカが積極的役割をはたしたポツダム宣言や国連憲章の定める世界の流れに反し、なによりも国連憲章の影響のもとに成立した日本国憲法を否定する行為でした。

では、どのようにして米軍駐留と憲法九条との折り合いをつけるか。そこで国務省は、ジョン・B・ハワードという国際法学者を国務長官特別補佐官に任命して、憲法九条の下でも米軍駐留をつづけられるための理論づくりを始めたのです。

ハワードは数多くの報告書や論文を書いて国務長官に提出しました。公文書館には、「JBハワード」と名づけられたファイルをはじめ、さまざまなファイルに大量のハワード文書が保管されています。戦争するための強大な軍隊の駐留を、戦力を保持してはならないと定めた憲法の下で認められるようにするというのですから、ハワードの作業はたいへん難航しました。

そして、一九五〇年三月三日、ハワードは試行錯誤を重ねたあとで、ひとつの結論に達しました。日本が憲法で放棄したのは「日本の戦力」であって、条約などにより日本に維持される「アメリカの戦力」ではないとする解釈です。「軍事制裁への日本の貢献に対する戦争放棄の影響」と題する極秘の報告書においてです。

この報告書でハワードは、憲法九条の全文を引用したうえで、中立という形をとらずに戦争放棄を保障する方策として、平和条約による連合国の軍事基地、国連の安全保障制度、太平洋地域の安全保障協定、そして最後に四番目として米日二国間軍事協定を検討し、「結論」として次のようにのべました。

■一九五〇年三月三日、ジョン・ハワード　報告書、極秘

主題：軍事制裁に対する日本の戦争放棄の影響

「結論

〔日本〕占領終了後の安全保障協定に関して、そして、今後、考えられる国連加入に関して、次のような憲法解釈を日本が採用するか、さもなければ憲法を改正しなければならない。

日本が平和条約に調印したあとに、国連憲章第四三条〔国連の軍事措置のための陸海空軍提供を加盟国と結ぶ特別協定〕であれ、地域的防衛協定であれ、あるいはアメリカとの二国間防衛協定であれ、侵略に対して軍事的制裁を加える目的で、緊急事態であれ継続的であれ、日本国以外によって維持され使用される軍事基地を日本に置くことを可能にするのは、憲法の範囲内であっ

て、日本が軍隊その他の戦力の保持を求めたことにはならない。
そのような憲法解釈には次のことが含まれる。
すなわち、日本が保有しないという「戦力」とは日本の戦力であって、占領中の連合国によるものか、平和条約にもとづくものか、あるいは日本国との協定にもとづく国連または地域的な防衛協定、あるいはアメリカとの協定により保持される戦力ではない」

ハワードの報告書は、表題にもあるように、憲法で非武装になった日本は侵略者に対する軍事制裁はできないが、では侵略されたときはどうするのかという問題を設定しています。田中最高裁長官がこの年の一一月に訪米中の講演で強調し、旧日米安保条約が平和条約発効後の米軍駐留が必要だとしたのと同じ問題の立て方です。

ハワードはこのように仮定の問題に答えるかたちで、日本国憲法が保持を認めない「戦力」と、認められる「戦力」の二つがあるかのように描き出すことによって、米軍駐留を憲法第九条と両立させる「理論」を編みだしたのです。

しかし、このような憲法九条解釈が通用しないことは、国際法学者のハワードが誰よりもよく知っていました。

戦前からルーズベルト大統領のもとで対日政策に携わり、終戦直後には占領政策立案にも大きな役割をはたしたロバート・フィアリー国務省北東アジア局長は、ハワードの報告書から約一カ月後、憲法九条があるため、日本国民は外国軍基地を受け入れないだろうと明確にのべていました。

■一九五〇年四月七日、フィアリー国務省北東アジア局長からアリソン北東アジア担当国務次官補代理あて、極秘

主題：日本の米軍基地

「憲法問題。日本国内に外国軍基地を維持することが憲法九条と両立するのかどうかということは、国会でもマスコミからも挑戦をうけている。軍事基地は、防衛を軍備ではなく、国際的信義に依拠するという憲法九条に表明され日本が決意した精神に違反しているということが、広く支持されている。日本の国土に米軍基地を設けることを日本側から働きかけ確保するようなくわだてては、憲法問題をもっとも深刻なかたちで引き起こす。日本国民は憲法の条項に違反することに対しては責任があると感じ、それはもともとわれわれ〔アメリカ〕が心から承認したものだと考えている。彼らの多くがまじめにそれを信じているのである」

日本にもちこまれたハワードの「理論」

その後、ハワードの「理論」はどのようにして日本に持ちこまれ、そして最高裁判決になったのでしょうか。

米軍の日本駐留を認めたのは吉田首相でした。マッカーサー総司令官は一九五〇年春になっても、連合国軍政治顧問のシーボルトに「日本国民の九五％がアメリカの基地に反対している」とのべていました（一九五〇年四月六日、マッカーサー総司令官との会話覚書、極秘）。それくらいですから、当時は米軍駐留を言いだす者はいませんでした。吉田も国会答弁や記者会見で「米軍基地は認めない」と言っていました。

吉田は一九四六年の憲法制定議会では、共産党の野坂参三議員から、

「すべての戦争というのではなく、侵略戦争の放棄とするのが適切ではないか」

と問われて、

「近年の戦争は多くは国家防衛権の名において行われたことは顕著なる事実である」

「正当防衛権による戦争を認めることが、たまたま戦争を誘発する有害な考えである」

と答弁していました。

ところが、一九五〇年五月になると、「認めてもよい」というメッセージをひそかにアメリカ政府に送っていたのです。

吉田は、一九五〇年五月はじめに訪米した池田勇人《はやと》蔵相に占領軍総司令部経済顧問のジョセフ・ドッジへのメッセージに託して、独立後も米軍に駐留してほしいという「希望」を伝えました。蔵相秘書官として池田に随行して訪米した宮沢喜一（後の首相）は、伝言の記録は国務省、

陸軍省、東京のマッカーサー元帥にも送られたはずだとし、池田が「吉田総理大臣からの伝言」として伝えた内容を次のように書いています。

「日本政府はできるだけ早い機会に講和条約を結ぶことを希望する。そしてこのような講和条約ができても、おそらくはそれ以後の日本およびアジア地域の安全を保障するために、アメリカの軍隊を日本に駐留させる必要があるであろうが、もしアメリカ側からそのような希望を申し出にくいならば、日本政府としては、日本側からそれをオファーするような持ち出し方を研究してもよろしい。この点について、いろいろの憲法学者の研究を参照しているけれども、アメリカ軍を駐留させるという条項がもし講和条約自身の中に設けられれば、憲法上はその方が問題が少ないであろうけれども、日本側から別の形で駐留の依頼を申出ることも、日本憲法に違反するものではない、というふうに憲法学者は申しておる」（宮沢喜一『東京―ワシントンの密談』一九五〇年）

伝言を受けたドッジも宮沢の記述を裏づけています。

■一九五〇年五月二日、ジョセフ・ドッジ、（あて名なし）、主題：日本の池田蔵相との平和条約に関する討論、機密

「池田氏は、政府はできるだけ早い平和条約を願っているという吉田首相からのドッジあて私信をもってきた。そうした条約は、米軍の駐留条項を確保する必要があるから、もしアメリカ政府がそうした条件を提案するのを躊躇《ちゅうちょ》するようであれば、日本政府がなんらかの方法をみつけて〔自分たちから〕提案してもよいと吉田は言う。

憲法の角度から研究して、そうした米軍基地を存続させるために、条約が必要であれば条約を結んでもよく、また基地の継続を申し出ても日本国憲法に違反しない。そうした条項は条約それ自身か別の協定でもよい、と」

こうして吉田は、米軍駐留は日本国憲法に違反するものではないと憲法学者に言わせる必要に迫られることになりました。そのために、一九五〇年秋、東京・目黒の外相官邸に学者や元軍人、経済人らを集めて、米軍駐留と日本国憲法の関係を議論させることにしました。

当時、外務省条約局長として対米交渉にあたっていた西村熊雄は、憲法の問題がどんなに重要であったかということを次のように書いています。

「安保条約の締結関係者として、もちろん、『合衆国軍隊の駐留—日本が要請し合衆国が同意した、すなわち、両国の合意による—は憲法第九条第二項前段に違反する』との断定に一番注意をひかれる。安保条約を準備したころもっとも熱心に議論したのは、この点であったからである

（略）。安保条約を交渉する前、準備時代に、外国軍隊の駐在と憲法第九条第二項前段との関係についてはげしい議論を上下《じょうげ》〔行ったり来たり〕し思案をめぐらしたものである」（『安全保障条約論』時事通信社　一九五九年）

「この情勢が、突然変わったのが一九五〇年からであって、変わった事情は、ここにくどくど申す必要もありません。一言にして言えば米英の対日講和問題に対する方針の転換ということです。（略）

したがって事務当局としては、もっとも適当な形式でそれを達成するよう考えてみろ、というお指図《さしず》を受けることになったのであります。（略）

ここにおいてわれわれは、わが憲法第九条を問題とせざるをえなかったのです。ここでも壁にぶつかった感じを体験したわけであります。憲法九条の問題は、安全保障体制に関する体内条件のうち根本条件だと思うのです。日本の安全保障体制を考える場合の根本条件をなすわが憲法の条規を破る条約は考えられないし、また考えてはいけないということになります。どうしても破ってはいけないという、これが根本的条件です」（「日米安全保障の成立事情」『日本の安全保障』日本国際問題研究所・鹿島研究所　一九六四年）

このように米軍駐留と憲法九条との折り合いをつけることを目的にして始まった外相官邸の議

論ですが、憲法学者はひとりも参加していませんでした。法学者で参加したのは、国際法の横田喜三郎東京大学教授ただひとりでした。

横田もそれまでは、第九条による戦力不保持は自衛権をも放棄したものであるとして、その意義を精力的に説いていました。東京大学法学部につくった管理法令研究会の研究誌では、マッカーサー総司令官が一九四七年三月一七日の記者会見で、

「総司令部の軍事占領の時期は、講和条約の締結をもって、完全に終るべきである」

「自分は、講和条約の締結ののちに、いかなる形にせよ、軍事的な組織を残そうとは考えていない」

と声明したことを指摘して、

「マックアーサー元帥の声明がそれに大きな推進力をあたえたことに、われわれは強い関心をおぼえるものである」

と書いていました。(「講和条約に関するマックアーサー元帥の声明」横田喜三郎『管理法令研究』第一七号　一九四八年)

憲法九条が禁止しているのは日本の戦力であって、外国軍隊ではないという主張に対しても、横田は厳しく批判していました。

「形式的に見れば、外国の軍隊や軍事基地をおくことは、憲法に違反しないといえるかも知れない。しかし、実質的に見れば、つまり、精神からいえば、すくなくとも適当でないといわなくてはならない。軍隊も戦力も、いっさい廃止した精神は、あきらかに、戦争の手段となるものをまったく存在させないということにある。たとえ外国の軍隊や戦力であっても、戦争の手段となるものを存在させることは、右の精神に反するものといわなくてはならない」（『日本の講和問題』勁草書房　一九五〇年）

それから九カ月後、目黒の外相官邸で、米軍の駐留について横田はどのようにのべたでしょうか。外務省が公表した資料には、横田喜三郎の発言として次のように記されています。

「客観情勢からみて、日本としては、アメリカの考え方―国連による安全保障が確実になるまでアメリカその他の軍隊（なるべくアメリカ軍のみでなく広く他国の軍がはいったほうがよい）と日本の施設との協力―に賛成していいではないか。国連が日本の安全を引きうける時期は、国連が決定することとし、それまでの間、アメリカの考えている方式をうけいれよというのである」（一九五〇年一一月一六日、目黒外相官邸における有識者会合「日本の安全保障について」、極秘、『日本外交文書・サンフランシスコ平和条約　対米交渉』外務省編纂　二〇〇七年）

このときはまだ、国連による安全保障が確実になるまでは暫定的に米軍を駐留させるというのが、横田の主張でした。

ところが、吉田首相が一九五一年九月八日に安保条約に調印し、米軍駐留が決まると、横田はハワードの解釈により、米軍駐留は合憲だと書籍や雑誌で書きまくるようになりました。平和条約後も米軍は撤退しないことがはっきりしたので、憲法よりアメリカの意向に合わせたわけです。

安保条約調印と同じころに出版した著書では、

「憲法には、陸海空軍その他の戦力は、これを保持しないと規定されているが、ここに、陸海空軍その他の戦力というのは、あきらかに、日本の陸海空軍その他の戦力のことである」

と書きました。(『自衛権』横田喜三郎　有斐閣　一九五一年)

一九五二年四月二八日の平和条約・日米安保条約の発効が間近になると、横田は、駐留米軍は日本の戦力ではないから憲法違反ではないとする九条解釈をさらに徹底させました。

「なるほど、日本が軍事基地や軍事施設を建設し、これを提供すること、その基地や施設が日本に存在することは、日本が戦力を保持するようにも見える。しかし、この基地や施設は、外国軍隊が使用するためであって、日本が使用するためではない。したがって、外国にとってこそ、戦力となるけれども、日本にとって戦力となるものではない」(「日本の安全保障」横田喜三郎『国際法外交雑誌』第五一巻一号　一九五二年)

日本政府は一九五二年一一月二五日、

「憲法第九条第二項にいう〔戦力の〕『保持』とは、いうまでもなくわが国が保持の主体たることを示す。アメリカ駐留軍は、わが国を守るためにアメリカの保持する軍隊であるから憲法第九条の関するところではない」

とする統一見解を発表しました。(朝日新聞一九五二年一一月二五日)

この政府統一見解は、その後一九五九年五月二日の自民党総務会の決定、

「憲法第九条第二項は、わが国がいわゆる戦力を保持することを禁止した規定であって、駐留米軍の存在は、ここにいう戦力にあたらない」(『法律時報』一九五九年六月号)

となります。そして砂川裁判において、東京地検が一九五九年六月二日に最高裁に提出した上告趣意書の記述、

「外国軍隊に対してわが国政府が指揮権管理権を有しない以上、これをもって、わが国が戦力を保持していると言い得ないことは明らかである」

となりました。(東京地方検察庁「第二次砂川事件に対する上告趣意書」)

一九五九年一二月に最高裁砂川判決が出ると、横田は多くの論文や論評記事を書き、法律雑誌の座談会に出席して、最高裁判決賛美の論陣を張りました。その論点は、米軍の駐留の是非をめ

ぐる議論はこれによってすべて決着がついたということでした。

「こうして、最後の結論として、アメリカ軍隊の駐留は、どのような点から見ても、日本の憲法に違反するものでないことが確定された。（略）

最高裁判所の判決がこれらのことを明らかにしたことは、もとより、正当であり、当然である。それはたんに原審の伊達判決の誤りを正したばかりでなく、憲法の真の意味を明白にし、確定したという意味で、いっそう重要なものである」（「戦争放棄の限界―砂川判決を中心として―」横田喜三郎『外交時報』一九六〇年三月号）

一九六〇年一〇月二五日、横田喜三郎は最高裁長官に就任しました。マッカーサー大使が田中耕太郎の最高裁長官退官に際して、

「貴殿の勇気と信念は今日の世界が直面する基本的問題に立ち向かう自由な国民の精神の源泉になってきた」

と、讃辞の電報を打ったのに対して、田中は一一月四日、

「後任の横田喜三郎にも、私が最高裁にいた時と同様の援助をあたえてくれるように」

と、返電しました。大使館を経由しての最高裁とアメリカ政府の関係は、田中退任後も続いたことを示しているようです。

日本に駐留する米軍は何をしているか

最高裁によって日本駐留を合憲とされたアメリカ軍は、現実には何をやっているでしょうか。そのことを鋭く指摘したのが、砂川事件の一審東京地裁判決、いわゆる伊達判決でした。伊達判決は、「日本を守る」というふれこみで駐留する米軍が、極東でやっていることを、憲法違反の重要な論拠として指摘しました。その部分の要旨を紹介しましょう。

米軍は、日本が武力攻撃されたときにだけ出動するのではなく、極東の事態が武力攻撃に発展すると判断した場合も、アメリカの戦略上から、日本の国外に出動し、そのときは日本の基地も使われるから、日本は戦争に巻きこまれ、戦争の惨禍が日本におよぶ危険がある。これは「政府の行為によって、再び戦争の惨禍が起きないように」と定めた憲法の精神に反する疑いがある。

最高裁砂川判決には、伊達判決のこの核心部分を否定する理由は書かれていません。

伊達判決が問題にしたのは、極東条項と呼ばれる条項、旧安保条約にも今の安保条約にもあります。旧安保条約には、日本に駐留する米軍は、日本の安全のためだけでなく、「極東における国際の平和と安全の維持に寄与（略）するために使用することができる」（第一条）

と書かれていました。

この条項がいかに重大か、当時、アメリカと条約交渉にあたっていた西村熊雄条約局長はよくわかっていました。

「もっとも重要なのは、いわゆる『極東条項』の挿入である。その結果、それまでの案文では在日アメリカ軍隊は外部からの攻撃に対して日本の安全に寄与するためにあるとされていて、在日アメリカ軍隊による日本防衛に疑問はなかった。ところが『極東における国際の平和と安全の維持』という一句が新たに加わり、しかも、末尾の文言が『寄与するために使用することができる』となったために、在日アメリカ軍隊による日本防衛の確実性が条約文面から消えてしまった。」（西村熊雄『日本外交史27サンフランシスコ平和条約』鹿島研究所出版会　一九七一年）

一九五八年一〇月から始まった安保改定交渉でも、岸内閣は極東条項を受け入れました。

■マッカーサーから国務長官へ、一九五九年六月二〇日午後七時、公電、秘密

「〔安保条約〕第六条に関して、岸と藤山は「日本国の安全に寄与し、並びに極東における国際の平和及び安全の維持に寄与するため」で始まる条項を入れるというわが方の最終案を受け入れ

ると言った」

マッカーサー大使にとって、安保条約の改定は、一九六〇年の日米両国が対等の関係になったと強調するとともに、米軍が日本の国外での戦争や紛争に出撃する権利を確保し、さらに強固なものにすることが課題でした。しかし、多くの日本国民が「戦争に巻きこまれる」ことを恐れ、安保条約に反対している中で、日本の国土を米軍の出撃基地として強化するのでは、いっそう反発が広がるのは必至です。そこで考え出されたのが、「事前協議」でした。

事前協議は、一九六〇年一月一九日にワシントンで岸首相とハーター国務長官が、今の日米安保条約や地位協定とともに調印した交換公文に書かれています。いわゆる「岸・ハーター交換公文」です。

アメリカ政府の文書では「事前協議」とは言わずに、「協議の定式」(consultant formula) と言っています。事前に協議するのではない、相談するだけだ、という意味です。しかし、日本政府は、核兵器の核持ちこみも、米軍の国外への出動も事前協議で「ノー」というから、心配はないと大宣伝しました。

さきに岸とマッカーサーが安保改定交渉を秘密にすると約束し合ったことを示す岸とマッカーサーのやり取りを紹介しましたが、事前協議はいっそう厳重に秘密にされました。

■一九五八年一〇月二二日午後七時、マッカーサー駐日大使からダレス国務長官へ、公電、極秘

「いまの見通しでは、協議の定式それ自身は、最終的にどのようなかたちになっても、おそらく合意議事録としてか、あるいは交換公文で公表されるだろう。とはいえ、協議の定式が意味することは双方が公に説明する基礎にはなるだろうけれども、合意された解釈はおそらく秘密のままにされるだろう」

岸・ハーター交換公文で事前協議の対象にするとしたのは、核兵器持ちこみ、日本防衛ではない戦闘作戦行動への出動の二つです。しかし、核持ちこみでも、戦闘作戦行動への出動でも、事前協議がおこなわれたことは一度もありません。いずれも事前協議をしなくてもよいという、〝合意された秘密の解釈〟、つまり密約が、日米政府間で交わされていたからです。

核持ちこみについては、不破哲三日本共産党委員長（当時）が二〇〇〇年三—四月の党首討論において、藤山外相とマッカーサーの署名のある一九六〇年一月六日の「討論記録」のなかで「合衆国艦船の日本領海や港湾への立ち入り（エントリー）に関する現行の手続きに影響をあたえるものと解されない」

とのべられていることを明らかにして、事前協議の対象にしない密約がかわされていると追及しました。

それでは、米軍が国外で戦闘作戦行動をするために日本の基地から出撃する密約はどうでしょうか。

私が公文書館で入手した文書では、戦闘作戦行動への出動に関する密約が書かれた部分は、三〇年をへて秘密指定が解除されても、削除され、あるいは黒く塗りつぶされ、さらに「閲覧制限」として文書そのものが引き抜かれていました。アメリカ政府は、情報自由法による政府文書の公開という、世界に約束した民主主義のルールに背いてもなお徹底して隠し続けているわけです。

いったいなぜこれほどまでに隠さなければならないのでしょうか。それは、憲法でもう二度と戦争しないと決意した日本国民の意思にそむいて、日本の国土を世界中で戦争する米軍の出撃拠点にすることが、あまりにも重大だからでしょう。

それでも、安保改定交渉の記録を詳しく調べると、日本政府は米軍が外国での戦争に出撃するのを「移動」として認める密約をアメリカ政府と結んでいました。

「討論記録」では、戦闘作戦行動への出動は事前協議の対象だという一方で、軍隊の移動ならば事前協議は要らないというのですが、軍事作戦への出動も「移動」と言い換え、事前協議の対象外とする密約が日米政府間で交わされていたのです。

マッカーサー大使は、ダレス国務長官にあて一九五八年一一月二八日の極秘公電で、藤山外相が内輪の、秘密の、私的な会談でアメリカ軍の海外への出撃を「引き揚げ」と呼んで認めたことを報告しました。

そして、「引き揚げ」はその後、「移動」と言い換えられ、アメリカ軍が日本の基地から、ベトナム戦争、イラク戦争、アフガニスタン戦争など、どこに出撃しても、政府は「移動だから、事前協議は必要ない」と言い続けています。

実際、米軍は日本の基地から、旧安保条約下で台湾海峡にも南シナ海にも出動していました。さらに、安保改定後はベトナム戦争への出撃が激化しました。いずれも事前協議はいっさいありません。

アメリカ国務省は日本の最高裁の歴史的役割を称賛

このように日米政府が密約を結んで米軍が、日本防衛とは関係のない戦争に出て行くのは、日米安保条約第六条の極東条項があるからです。

我妻栄《わがつまさかえ》（民法）や高野雄一（国際法）など、日本でそれぞれの分野でもっとも権威ある法学者は、ここにこそ安保条約が憲法違反である根拠があると指摘しています。

アメリカ軍は最近も湾岸戦争やイラク戦争、アフガニスタン戦争などに出撃しました。「極東」の範囲は無限定であり、どんどん広がっているのです。安保改定当時から、その範囲は意図的にあいまいにされてきたのです。

■マッカーサーから国務長官へ、一九六〇年二月一二日午後八時、公電、秘密

「以下は、『極東地域』について、国務省が必要な場合に記者の質問に答える原稿である。『極東』という語句はもちろん安保条約交渉で議論された。それは漠然とした地域をあらわすために長い間、国際関係で使われてきた。たとえば、それは、ＥＣＡＦＥ（アジア極東経済委員会）に関係する国連文書や一九五一年九月八日に調印された日米安保条約の中に見出される。この語句には国際的に合意された定義はないので、地理的用語として明確にできない」

いまでは、アメリカ軍が日本から地球の裏側まで出動し、日米両国政府が軍事協力の範囲をアジア太平洋地域とさらにこれを超える地域に広げると文書で約束し合うまでになっています。二〇一三年一〇月三日、東京で開かれた、日米政府の外交・防衛閣僚による日米安全保障協議委員会、いわゆる2プラス2の共同発表は次のようにのべています。

「より力強い同盟とより大きな責任の共有のための両国の戦略的な構想は、一九九七年の日米防衛協力のための指針の見直し、アジア太平洋地域及びこれを超えた地域における安全保障及び防衛協力の拡大、並びに在日米軍の再編を支える新たな措置の承認を基礎としていく」（外務省仮訳）

そのための軍事訓練は、日本国民の平穏な日々の暮らしも安全も無視して、ますますひどくなっています。横須賀基地の米空母艦載機や横田基地の米軍機のパイロット離着陸訓練など基地周辺住民を苦しめている爆音に加えて、多くの機種の米軍機が所かまわず低空飛行訓練をおこない、その被害は全国に広がっています。

しかし、この点ではもう司法には期待あまりできなくなっています。「せめて早朝と夜間の短時間だけでも米軍機の飛行をやめさせてほしい」という住民の訴えを、最高裁は一九九三年二月二五日、政府が管理運営をしていない米軍機の活動を制限することはできないと、砂川判決と同じ論法で退けたからです。

憲法もそれにもとづく法律も、さらには安保条約の条文さえも逸脱して、米軍の作戦もそれに連動する日米軍事協力も、日本の国土の利用も、どんどん広げられています。その根本に、田中耕太郎最高裁長官とマッカーサー大使の密談が生みだした法治国家崩壊の現実があることは否定できません。

新安保条約の自然承認をへて田中耕太郎長官の退任が近づいたころ、アメリカ国務省の高官は、田中の功績を次のように国務長官に報告しました。

■パースンズ国務次官補（極東担当）からディロン国務長官代理へ、一九六〇年八月一七日、部外秘

主題：田中耕太郎最高裁長官の〔国務〕長官代理訪問

「日本の最高裁は、田中耕太郎が占領終了と日本の主権回復から今日までの期間にわたり長官として職務していたあいだ、日本の戦後政治の流れを引き継ぎ固定化する判決を下すことを求められてきた。その多くは、一九五九年一二月の砂川判決のように、政府が自衛隊をつくりアメリカの軍事基地を設ける権利を支持するなど、日米関係に影響するきわめて重要な効果をもたらした。田中最高裁長官――体質的保守である――は、一国の最高の裁判官としてのその職歴を通じて、国の外交、防衛、福祉に関係する諸事件で、憲法では明確に与えられていない権限を政府から奪いたいと望む人々に反対して、法的手続きにより介入する政府の権利を支持する傾向があった」

アメリカの国務省は、このように日本の最高裁が果たしてきた歴史的役割を称賛したのでした。田中耕太郎はこの二日後、ワシントンの国務省を訪問し、ディロンに挨拶した後、パースンズを訪ね、「自分の長年の裁判官としての経験を役立てたい」と国際司法裁判所判事への立候補を表明しました。パースンズは「田中の立候補にあらゆる考慮を払う」と応じました。

一九六〇年一一月一六日、田中は国際司法裁判所判事に当選し、翌年から一九七〇年まで、その職にありました。

Part 3

検証・法治国家崩壊

吉田敏浩

「司法の独立どこへ」、真実を知った砂川事件元被告の怒り

二〇〇八年四月一〇日に新原昭治がアメリカ国立公文書館で、マッカーサー大使の砂川裁判干渉に関する一連の文書を発見したのち、その事実は日本の新聞各紙で報じられました。たとえば同年四月三〇日の「毎日新聞」には、「米大使、最高裁長官と密談」、「『司法の独立、どこへ』元被告、怒りあらわ」の見出しで記事がのり、砂川事件の元被告で、一九五七年の事件当時、明治大学の学生で抗議デモに参加していた土屋源太郎氏が、「司法の独立はどうなるのか。外国の大使に長官がなぜ審理見通しを語らなければならないのか。けしからん話だ」とコメントをよせています。

1 14版 2008年(平成20年)4月30日(水)

1959年 砂川裁判

米大使 最高裁長官と密談

1審「日米安保違憲」 破棄判決前に

米軍立川基地(当時)の拡張に反対する住民らが基地内に侵入した砂川事件で、基地の存在を違憲とし無罪とした1審判決を破棄し、合憲判断を出した1959年の最高裁大法廷判決前に、当時の駐日米大使と最高裁長官が事件をめぐり密談していたことを示す文書が、米国立公文書館で見つかった。当時は基地存在の根拠となる日米安保条約の改定を目前に控え、米側と司法当局との接触が初めて明らかになった。
(社会面に関連記事)

米で公文書発見

国際問題研究者の新原昭治さん(76)が、別の事件に関する日本と米国の交渉記録などを公文書館で調査していて発見した。大使は、連合国軍総司令官のマッカーサー元帥のおいであるダグラス・マッカーサー2世。最高裁長官は、上告審担当裁判長の田中耕太郎氏だ。

文書は、59年4月24日に大使から国務長官にあてた電報。「内密

マッカーサー 元駐日米大使

田中耕太郎 元最高裁長官

批判されるべきだ

安保改定へ日米連携

マッカーサー大使と田中最高裁長官の密談に関するアメリカ政府解禁秘密文書の発見を報じる、2008年4月30日の「毎日新聞」朝刊。

その土屋氏（七九歳、静岡市在住）に後日、筆者も話を聞きました。一九五九年三月三〇日、東京地裁での「伊達判決」の日、土屋氏は「おそらく有罪判決が出るのだろう」と思っていたところ、「被告人は無罪」という予想外の判決が言いわたされ、うれしいというより以前に大変驚いたといいます。そして「米軍駐留は違憲」という判断が下されたことを知り、「自分たちの主張そのものじゃないか」と、思わず胸が熱くなるのを覚えたそうです。傍聴席で一瞬ざわめきが起こったあと、法廷は静まりかえり、判決文を淡々と読みあげる伊達秋雄裁判長の顔を、誰もが食い入るように見つめていたと、土屋氏は記憶しています。

しかし、検察が東京高裁への控訴という通常の手続きではなく、いきなり最高裁に跳躍上告したことは予想外だったと同時に、直観的に「何かおかしい。何か裏があるのではないか」と思ったそうです。

砂川事件の元被告で「伊達判決を生かす会」の土屋源太郎氏。（写真：共同通信社）

最高裁では、弁護人の人数が制限されそうになったり、異例のスピード審理がおこなわれたりしたので、「跳躍上告をして、やっぱり安保改定のために『伊達判決』を一日も早く、くつがえそうとしているのだろう」という印象を抱いたといいます。だから、五九年一二月一六日の最高裁判決の日は、「不当判決が出るだろう」と予想していたそうです。案の定、判決文を事務的に読みあげる田中耕太郎長官の口からは、「原判決を破棄する」、「米軍駐留は合憲」の逆転判決が言いわたされたのでした。

土屋氏は、アメリカの国立公文書館で砂川裁判干渉に関する文書が発見された、という事実を「毎日新聞」の記者から知らされ、コメントを求められたとき、「やっぱりアメリカからの裏工作があったのか」と合点がいくと同時に、「しかし、これほどまで露骨な干渉をしていたのか」と驚いたそうです。そして、「憲法が保障する三権分立が侵害されたことになる」と怒りがわきあがるとともに、「このままにしてはおけない。真相を徹底的に明らかにしなければならない」と心に決めたといいます。

情報公開を求めて立ちあがった砂川事件の元被告たち

それから土屋氏がとった行動は、一九五九年当時の砂川裁判をめぐるマッカーサー大使と藤山愛一郎外務大臣の密談の記録、マッカーサー大使と田中最高裁長官の密談の記録など関連文書の情報開示を、外務省、法務省、内閣府、最高裁に対して求めることでした。「アメリカ国立公文書館で公開された文書に対応する、日本側の公文書が存在するはずだ。それによって密談の事実が裏付けられるはずだ」と考えたからです。

問題の文書を発見した新原に話を聞き、その文書の写しも提供してもらい、情報公開制度に詳しい中村順英、三宅弘両弁護士に相談しながら、二〇〇九年三月五日、外務省と法務省と内閣府に対し情報公開法にもとづいて開示請求をしました。最高裁に対しては同じ日に、「最高裁判所の保有する司法行政文書の開示等に関する事務の取扱要綱」にもとづいて、開示申出をしました。最高裁は行政機関ではないため、情報公開法が適用されないからです。

しかし、それから二カ月あまりの間に次々と、「文書が不存在」を理由にした「不開示回答」が届きました。

「アメリカ側に文書が残っているのに、日本側に残っていないはずはない。おかしい。こんな対応は許せない」と、土屋氏は憤ります。

このような日本政府の対応は、「核持ち込み密約」や「沖縄返還時の米軍基地の原状回復保障費の肩代わり密約」など、日米密約に関するアメリカ政府解禁秘密文書がアメリカの国立公文書館で公開されても、「日本側には文書が存在しない。密約も存在しない」と偽りを言い張ってきた歴代自民党政権のやり方を踏襲したもので、情報隠蔽の常套手段だといえます。

最高裁も行政機関ではないとはいえ、長官は内閣の指名にもとづいて天皇が任命し、裁判官たちは内閣が任命するという制度などからも、歴代自民党政権の影響を受けてきたのが実態です。ましてや第二代最高裁長官の「不祥事」ともいえる問題に関する文書。「不存在」を理由にした

「不開示回答」は、さもありなんです。

土屋氏はこうした情報公開を求める動きと並行して、砂川事件の元被告で、事件当時、日本鋼管川崎製鉄所の労働者だった坂田茂氏、東京農工大学の学生だった武藤軍一郎氏らとも連絡を取り合いました。そして、この砂川裁判への裏工作の真相を解明し、事の重大性と「伊達判決」の意義を社会に訴えていくため、かつて「砂川闘争」に参加した経験のある旧友ら支援者も集まり、市民団体として「伊達判決を生かす会」が二〇〇九年六月六日に発足することになりました。

二〇〇九年八月の総選挙で自民党から民主党への政権交代が起き、「情報公開の推進」をかかげた民主党政権になったのを受けて、「伊達判決を生かす会」は土屋氏と坂田氏を中心に有志四〇名（代理人、吉永満夫弁護士）で、同年一〇月二六日、外務省、法務省、内閣府、最高裁に対し、あらためて関連文書の公開を求める開示請求と開示申出をおこないました。

法務省、内閣府、最高裁の回答は、またも「文書は存在しない」でしたが、外務省からは「対象文書の含まれている可能性のあるファイルが著しく大量である」、「処理すべき開示請求案件や、他の事務が繁忙である」という理由で、可能な部分については二〇〇九年一二月二五日までに開示決定などをし、残りについては翌年三月三一日までに開示決定をするという回答がありました。当時の民主党政権、岡田克也外務大臣が「核持ち込み密約」など日米密約の調査を、外務省に指示していたこともあり、自民党政権とは異なる対応になったと見られます。

「密約問題への世論の関心が高まり、外務省としても真剣に考えざるをえなかったのだろう」と、土屋氏は語ります。

外務省が「不存在」としていた文書が開示される

こうして、外務省が「不存在」としていた関連文書が、一転、秘密指定解除をされて、二〇一〇年三月三一日付けで開示されることになったのです。同年四月二日、「伊達判決を生かす会」は「四月一日藤山大臣在京米大使会談録（極秘）」（一九五九年四月一日）という文書を外務省から受け取りました。それは、帝国ホテルでの藤山外相とマッカーサー大使による安保改定秘密交渉の会談録で、三四ページあり、その約七分の一が砂川事件に関する内容でした。

その文書には、PART1（30ページ）で引用したように、一九五九年四月一日、マッカーサー大使に対して藤山外相が、「最高裁への跳躍上告を検討中であること、最高裁は本事件に優先権をあたえるだろうとの見通し、判決まで三、四カ月かかるだろうとの推測」を述べた事実が記されていました。

「伊達判決を生かす会」は同年四月八日に記者会見を開き、この文書を公表しました。その席で土屋氏は、次のように話しています。

「日米における密談があったことが、明らかに裏付けられた。開示されたことは大きな前進だが、〔記録が〕これだけというのはあり得ない。内容的に公開しやすい部分を公開しただけではないか」（「読売新聞」二〇一〇年四月九日朝刊）。

確かに、一九五九年四月一日の前日、三月三一日早朝にマッカーサー大使が藤山外相に会って、跳躍上告をうながしたことを示すアメリカ政府の「極秘」公電に対応する、三月三一日の藤山外相とマッカーサー大使の会談録などがないのは不自然です。

二〇一〇年四月一三日、鳩山由紀夫内閣（当時）は、新党大地の鈴木宗男衆議院外務委員長（当時）が提出していた、この問題に関する政府の対応をただす質問主意書に対し、「関連文書が不存在と回答してきたことは遺憾である」とする答弁書を閣議決定しました。

しかし答弁書では、一九五九年四月一日の藤山外相とマッカーサー大使のやり取りは、「上告の見通しや地裁判決の反響などについての一般的な内容」であるとしています。質問主意書の「マッカーサー大使から藤山大臣に対し、外交的圧力がかけられたと言われている」との指摘に対しても、「お尋ねのような事実についてのものではないと認識している」と否定しています。

同じ日に岡田外相も記者会見で、マッカーサー大使が跳躍上告をするよう日本側に圧力をかけていたとの疑惑について、「資料の中身はそういう趣旨のものではなかった。それ以外の資料はない」と否定し、問題の幕引きをはかる見解を表明しました（「毎日新聞」二〇一〇年四月一四日朝刊)。

外交的圧力はなかった、資料＝文書はもうそれ以上ないと否定して、真相追及の手をのがれようとする外務省官僚機構の意を受けたような、答弁書であり、見解表明といえます。こうした日本政府の見解は、それ以後も変わっていません。

外務省は二〇一〇年七月七日、日米安保条約改定交渉に関する膨大な外交文書を秘密指定解除のうえ一般公開しました。民主党政権による日米密約調査を受けての情報公開でした。それらのなかに、前出の「四月一日藤山大臣在京米大使会談録（極秘）」も含まれています。また、砂川裁判にごく短く言及した文書が三点含まれているのを、「伊達判決を生かす会」が外務省外交史料館で調べて確認しました。しかし、砂川裁判関連のアメリカ政府解禁秘密文書に対応する内容のものは、ほかにはありませんでした。

「アメリカの公文書では事実が明らかになっているのだから、日本側の関連文書もきっともっとあるはずなんです。引き続き真相解明のための情報公開を求めていきます」と、土屋氏は力説します。

問われる最高裁の姿勢

「伊達判決を生かす会」はその後、二〇一三年一月三〇日にあらためて最高裁に、田中長官とマッカーサー大使の密談に関連する文書の開示申出をおこないました。情報公開の手続きに詳しい吉永満夫弁護士とともに開示申出事項を検討したうえで、同弁護士を代理人としました。開示を求めた主な項目は次のとおりです。

①米政府の解禁秘密文書に出てくる一九五九年四月二四日と一一月五日前後の田中長官とマッカーサー大使の会談に関する記録。
②司法行政をおこなう最高裁裁判官会議の開催状況に関する記録。
③一九五九年当時の最高裁裁判官会議の議事録。
④田中長官が一九五九年当時、裁判所外での面談・視察などの業務をおこなったときの言動や動向の記録（「業務日誌」）。
⑤田中長官の一九五九年当時の公用車の動向の記録（「運転日報」）。
⑥当時、田中長官が日米安保条約・米軍基地反対闘争・「伊達判決」などについて発言した内容の記録。

このように「伊達判決を生かす会」は具体的な項目をあげ、「相当古い資料・記録であっても保存保管してある（あるべき）記録・資料を、しっかりと調査して開示するよう」強く求めたのです。

その開示申出にあたって「伊達判決を生かす会」は声明文を発表し、「〔関連文書は〕不存在」とくりかえす最高裁の姿勢を、次のようにただしました。

「三権分立のなかの司法権のトップである最高裁で、田中耕太郎氏は第二代長官として一〇年間その任に当たり、その終わりの時期に砂川事件裁判を担当し、今日にまで影響する重要な判例となる最高裁判決を出した」

「しかし、田中長官がこの判決を出すに当たって、マッカーサー大使と密会し、審理状況などを報告していた事実、審理に入る前から判決にいたるまで一貫して憲法や法にもとづかない政治的予見で審理に当たっていた事実が、アメリカ国立公文書館から発見された文書で明らかになった。今日、最高裁自身が、第二代長官田中氏の司法のトップとしての砂川事件裁判に関する、不法・不当な言動や公判への対応を記録する行政文書・記録を明らかにし、田中氏の遺した司法の政治への従属姿勢を払拭するか、払拭しようとしている姿勢を国民に示すことが、民主主義制度下の開かれた最高裁の存在のために、必要ではないであろうか」

しかし、最高裁事務総局からはまたもや、ことごとく「不存在」の回答が届きました。かたくななまでに情報公開に後ろ向きな、この最高裁の姿勢は、くさいものにふたをしようとしているとしか見えません。

砂川裁判の再審請求へ

二〇一四年二月、「伊達判決を生かす会」は砂川裁判最高裁判決を失効させるため、差し戻し後の東京地裁の有罪判決（139ページ）は誤判〔誤審〕だったとして、東京地裁に免訴を求めて再審請求することを決めました。免訴とは、刑事訴訟において裁判所が有罪か無罪かを判断することなく裁判を打ち切る形式の判決のことです。

再審請求をするのは、砂川事件元被告の土屋源太郎氏、武藤軍一郎氏、椎野徳蔵氏（事件当時は国鉄〔現ＪＲ〕労働者）、元被告で昨年亡くなった坂田茂氏の長女の坂田和子氏の四人です。「伊達判決を生かす会」による情報開示請求・申出の代理人で、この再審請求にも取り組む吉永満夫弁護士は、こう説明します。

「アメリカ国立公文書館で発見された文書を通じて、田中最高裁長官がマッカーサー大使らと密談し、合議の経過と裁判の見通しを伝えていた事実が発覚しました。つまり、砂川裁判の最高裁大法廷は憲法第三七条が保障する公平な裁判所ではなかったこと、憲法規範に違反する汚染された裁判所だったことが明らかになったのです」

吉永弁護士によると、裁判所法第四条では、「上級審の裁判所の裁判における判断は、その事件について下級審を拘束する」と定めているため、差し戻し後の東京地裁は最高裁判決に拘束されたうえで審理し、有罪判決を言い渡しました。このように最高裁大法廷の判断の影響下にあった東京地裁も、公平な裁判所の状態にあったとはいえず、同じように「汚染された裁判所」だったといいます。

そこで、事件の差し戻しを受けた東京地裁としては、審理を続けると最高裁に拘束されて自ら「汚染された裁判所」になってしまうので、本来であれば裁判を打ち切って免訴判決を言い渡すべきだったのです。つまり、憲法が保障する公平な裁判所だったとはいえない東京地裁での審理は、許されるべきではなかったのです。ところが、東京地裁は有罪判決を言い渡してしまいました。この誤判を正す手続きが今回の再審請求なのです。

「つまり、憲法第三七条が保障する公平な裁判を受ける権利が侵害されていたのです。この観点から問題を訴えていきたい」と吉永弁護士は強調します。

土屋氏は、「正当性を持たない判決を失効させて、司法のあり方を問いただしたい」と決意をのべます。再審請求は同年六月一七日に実行されました。

「伊達判決を生かす会」は砂川裁判をめぐる問題の真相解明について、「決して昔の話」ではないとして、その意義をこう訴えています。

『伊達判決』をくつがえした最高裁判決にいたる過程で、日米両政府の間でどのような交渉がおこなわれたのかは、決して五〇年前の『昔の話』ではなく、普天間基地問題をはじめ沖縄や全国の米軍基地の存在の根幹に関わる現在の問題だと私たちは考えています。

私たちは、司法の最高機関である最高裁が、日米安保条約の法的根拠に関する公正な判断を下し、その権威と公正さを取りもどすために、ひいては日米関係を、伊達判決破棄や核兵器持ち込みや沖縄返還に関して、今日明らかになっている両国政府間の『密約』や『密談』によってではなく、国民に開かれた議論のうえで再構築するために、関連省庁・司法機関にすべての関係情報・資料の開示を要求します」

米軍機による深刻な騒音公害と裁判

この訴えにある「沖縄や全国の米軍基地の存在の根幹に関わる現在の問題」とは、PART1（138〜141ページ）でものべたように、砂川裁判の最高裁判決が「安保法体系」を「憲法体系」よりも優越させたことと関係があります。

その結果、米軍のフリーハンドの特権が認められ、米軍の軍事活動が事実上の治外法権の状態におかれ、基地周辺をはじめ住民の人権を侵害している現実が、長年にわたって放置され、いまも続いているのです。

たとえば、沖縄県宜野湾市の真ん中にあり、市面積の四分の一を占める米海兵隊普天間基地の場合を見てみましょう。住民はヘリコプターや垂直離着陸輸送機オスプレイやＦＡ－18戦闘攻撃機など米軍機の爆音に悩まされつづけています。果てしないその音の暴力は心身をすり減らさずにはおきません。

「爆音が絶え間ない日は、イライラして気が変になりそうです。飛んでいるときだけではなく、飛行場でのエンジン調整の音もうるさいし、耳の奥にしつこく残って、気になって寝つけません。大変なストレスです。そのせいで基地周辺の住民は不眠、頭痛、肩こり、高血圧、耳鳴り、難聴、動悸などに悩まされつづけています。爆音で会話や電話が中断されるし、テレビの音も聞きとれません」

爆音すなわち騒音による深刻な被害を語るのは、「普天間米軍基地爆音訴訟」の第二次訴訟団事務局次長、仲村渠永昭《なかんだかりえいしょう》さん（五八歳）です。二〇一二年三月三〇日、仲村渠さんら普天間基地周辺に住む原告三一二九人は、国（日本政府）を相手取って、米軍機の騒音差し止めと健康被害や精神的苦痛への損害賠償（総額約五一億円）を求め、那覇地裁沖縄支部に提訴しました。現在、裁判所での審理が続いています。

米軍、アメリカ政府ではなく国を相手取っているのには理由があります。日本政府も裁判所も、

「外国はわが国の裁判権に服さない」と解釈する「主権免除（裁判権免除）の原則」という法律論に立っているからです。

だから、国を相手取らざるをえないのです。航空機騒音など米軍の活動による損害の賠償を求める民事訴訟では、駐留軍受け入れ国である日本政府が当事者となり、賠償金の支払いに当たっているのが現状です。

二〇〇二年に提訴した第一次訴訟（原告数四〇四人）では、〇八年六月二六日の那覇地裁沖縄支部の判決も、一〇年七月二九日の福岡高裁那覇支部の判決も、米軍機の騒音による睡眠妨害、会話妨害、生活妨害、ストレスなどから生じる精神的苦痛への損害賠償の請求を認めました。

つまり、精神的苦痛などの騒音被害をもたらす、米軍機の爆音の違法性を認定したのです。裁判で原告らが爆音のひどさを陳述した数々の言葉、「耳を破るような、心臓が切られるような音」「脳を突き刺すよう」「音が頭の中で渦巻いている感じ」「空が壊れるよう」「家が震える」「建物や人も根こそぎ、なぎ倒される感じ」「生きた心地がしない」「爆音で通常の日常会話が妨げられ、一家団欒もままならない。家族中がストレスを感じる」などから、深刻さが伝わってきます。

そして、たとえば那覇地裁沖縄支部の判決は、「違法な騒音を発生させている普天間基地飛行場を、日本政府が米軍に提供して使わせていることは、原告の住民に対して違法な権利侵害〔人権侵害〕をもたらしており、日本政府には普天間飛行場の設置または管理において法律上の瑕疵〔欠陥〕がある」という主旨の判断を下して、住民の損害賠償の請求を認めたのでした。

米軍基地と米軍の活動に日本の主権がおよばない

「たしかに爆音は違法な騒音公害だと裁判で認められたわけです。ところが、米軍機は相変わらず爆音をまきちらしています。私たちはこのひどい爆音そのものを無くしてほしいのです。だから、米軍機の午後七時～午前七時の夜間飛行差し止め請求もしたのですが、棄却されてしまいました」と、仲村渠さんは無念さを表します。

「差し止め」とは、やめさせる、禁止するという意味で、「差し止め請求」とは公害などによる権利侵害がある場合、被害者が加害者に対して、その侵害を停止するよう、または予防するよう求めて裁判に訴えることです。

この場合は原告である住民側が、被告である国側すなわち日本政府に対して、米軍機の夜間飛行をやめさせる措置をとるよう求め、裁判所にその是非をあおいだわけです。せめて夜だけでも「静かな空を返してほしい」という住民の切実な願いが、そこにはこめられています。

しかし、その訴えは、那覇地裁沖縄支部でも、福岡高裁那覇支部でも棄却されました。棄却の理由を、たとえば福岡高裁那覇支部の判決では次のように説明しています。要するに、日本政府には米軍機の飛行を制限する権限がないので、差し止め請求をすること自体が不適当だというのです。

「普天間飛行場に関わる被告〔国〕と米軍との法律関係は条約にもとづくものであるから、被告は、条約ないしこれにもとづく国内法令に特別の定めがない限り、米軍の普天間飛行場の管理運営の権限を制約し、その活動を制限することはできないところ、関係条約および国内法令に特別の定めはない。原告らが米軍機の離着陸などの差し止めを請求するのは、被告に対してその支配のおよばない第三者の行為の差し止めを請求するものであるから、本件差し止め請求は、主張自体失当として棄却をまぬがれない」

つまり、「日米安保条約・地位協定と、それにもとづく国内法令（安保特別法・特例法）に、米軍基地の管理運営と米軍の活動を制限する規定がないので、国（日本政府）は米軍の普天間飛行場の管理運営と活動を制限できない。だから、日本政府はその支配のおよばない第三者すなわち米軍の行為である飛行の差し止めをできない。そのような立場の政府に対し、米軍機の飛行差し止めを求めること自体が不適当である」というわけです。いわゆる「第三者行為論」という法律論をあてはめています。原告側は最高裁に上告しましたが、二〇一一年一〇月にやはり棄却されてしまいました。

福岡高裁那覇支部の判決は、国に対して「抜本的な騒音対策を講じて違法状態を解消していない」と批判しています。そして、「抜本的な騒音対策」とはまさに、騒音を解消させるための飛行差し止めにほかなりません。

ところが、裁判所は飛行差し止めの請求を棄却しました。裁判所こそ「抜本的な騒音対策」を政府にとらしめるような、司法的判断を下すべきなのにもかかわらずです。

同判決は、「原告らは、現行法制度上、普天間飛行場の航空機騒音について、差し止め請求という法形式による司法的救済を求めることはできない」と、人権侵害を救済すべき司法の役割も責任も投げ出したとしかいえない判断を下しています。

「つまり、米軍基地と米軍の活動には日本政府の権限も、司法権もおよばないということですよね。基地は日本の領土にあるのに、主権のおよばない治外法権のもとに置かれている。おかしいと思いませんか」

仲村渠さんは憤りをこめて訴えます。それは基地周辺住民の共通した思いではないでしょうか。

米軍機騒音公害訴訟への砂川裁判最高裁判決の影響

仲村渠さんらの「普天間米軍基地爆音訴訟」だけでなく、アメリカ空軍横田基地（東京）、アメリカ海軍厚木基地（神奈川）、アメリカ空軍嘉手納基地（沖縄）など、各地の基地周辺住民が米軍機の騒音公害を訴えた裁判でも、同様の理由で夜間飛行差し止め請求を却下されたり、棄却されたりしつづけています。なお、「却下」とは訴訟の申し立てそのものを不適法として門前払いすること、「棄却」とは審理のうえ理由がないとしてしりぞけることです。

そして、「日米安保条約・地位協定と、それにもとづく国内法令（安保特別法・特例法）に、米軍基地の管理運営と米軍の活動を制限する規定がないので、国（日本政府）は米軍の普天間飛行場の管理運営と活動を制限できない。だから、日本政府はその支配のおよばない第三者すなわち米軍の行為である飛行の差し止めをできない」という主旨の法的判断は、すでに最高裁の判例として確立されています。

それは、一九九三年二月二五日の、「第一・二次横田基地騒音公害訴訟」と「第一次厚木基地騒音公害訴訟」の最高裁判決です。軍用飛行場の騒音公害を住民が訴えた裁判での、初の最高裁判決でした。両方とも騒音被害への損害賠償は認められましたが、米軍機の夜間飛行差し止め請求は棄却されました。棄却の理由は前出（244ページ）の福岡高裁那覇支部の判決と同じ内容です。

その後、この二つの最高裁判例が元になって、各基地の周辺住民による米軍機の夜間飛行差し止め請求が、次々としりぞけられているのです。

ここで思い起こされるのは、一九五九年一二月一六日の砂川裁判最高裁判決です。田中耕太郎長官を裁判長として一五人の裁判官が、全員一致で出した「米軍駐留は合憲」の判決では、次のような主旨の法的判断が下されていました。

「米軍は外国軍隊であって、日本の戦力ではなく、日本政府には米軍に対する指揮権・管理権もない」

つまり、米軍には日本政府の指揮権・管理権がおよばないというわけです。指揮権・管理権がおよばないとは、支配がおよばないということです。

この砂川裁判最高裁判決の論理が、横田、厚木、普天間、嘉手納など各基地の周辺住民による米軍機の夜間飛行差し止めの訴えを、「日本政府はその支配のおよばない第三者すなわち米軍の行為である飛行の差し止めをできない」という理由で次々としりぞけてきた各判決の背後にあり、大きな影響をおよぼしているのです。「せめて夜だけでも静かな空を返してほしい」という人びとの切実な願いをしりぞけ、米軍機による人権侵害を野放しにする要因として立ちはだかっているのです。

「安保法体系」を「憲法体系」よりも優越させた砂川裁判最高裁判決は、まさに「米軍基地と米軍の活動には日本政府の権限も、司法権もおよばない。基地は日本の領土にあるのに、主権のおよばない治外法権のもとに置かれている」という、戦後日本の現実を固定化することに結びついています。

政府の「統治行為論」に呼応する裁判所

また、一九八一年七月一三日の東京地裁八王子支部での「第一・二次横田基地騒音公害訴訟」の判決では、砂川裁判最高裁判決でも使われていた「統治行為論」が実質的に応用され、夜間飛行差し止め請求が却下されました。つまり、日米安保条約がからむ問題は高度な政治性をおびているので、裁判所の司法審査権の範囲外だというのです。なお、「統治行為論」とは、国家の統治にかかわるような高度な政治性をおびる問題については、裁判所が合憲か違憲かを審査するのは不適当だとする「法理論」です。棄却の理由は次のとおりです。判決のその部分をわかりやすく、かみくだいた書き方にしてみます。

「日米安保条約にもとづく米軍への基地提供には、日本の安全などを維持するという高度な政治目的がある。そのため、日本政府が米軍基地の管理・運営や米軍の軍事活動に対し制約や制限を加えるかどうかは、それが安保条約の目的遂行にどんな影響をもたらすのかを考慮したうえで決定すべき問題である。すなわち、日本をめぐる国際情勢、国内の政治・経済・社会事情を総合的に考え合わせて、決定すべき高度な政治問題なのである。つまり、政府の統治権の発動というべき性質の事柄である。したがって、それが正当か不当かを裁判所が判断するのは、問題の性質になじまないので不適切である」

「統治行為論」という言葉は使っていませんが、実質的にはその法理論にもとづいています。この裁判で国側は、「この条約〔日米安保条約〕は国の存立の基礎にきわめて重大な関係をもつ高度の政治性を有するものであるから、その内容の違憲性、違法性の判断は、政府・国会などの政治部門の判断にゆだねられており、裁判所の審査権の対象外というべきである」という主張をしていました。つまり「統治行為論」を持ち出していたわけですが、裁判所はこの国側の主張を取り入れたかたちで判決を下したのです。

そして、この国側の主張は、砂川裁判で検察が主張していた「統治行為論」そのものであり、砂川裁判最高裁判決の「日米安保条約はわが国の存立の基礎にきわめて重大な関係をもつ高度の政治性を有するものだ。だから、その内容が違憲か合憲かの法的判断は、その条約を締結した政府と、それを承認した国会の高度の政治的・自由裁量的判断にゆだねられているので、裁判所の審査にはなじまない。一見きわめて明白に違憲無効と認められないかぎりは、裁判所の司法審査権の範囲外のものである」という主旨と同じなのです。

「統治行為論」を主張した国側と、それに応じた判決を下した裁判所に対し、「横田基地騒音公害訴訟」の原告団と弁護団はどのように異議をとなえているのかが、『東京・横田基地』（「東京・横田基地」編集委員会編　連合出版　一九八六年）のなかに書かれています。たとえば、次のような鋭い指摘があります。

「〔この訴訟が〕横田基地を撤去しろというのなら、それは安保条約が違憲だから、違憲の安保条約に基づく基地の提供は無効だ、という論理だ。この場合にはまさしく安保条約の違憲性が問われる事件となり、それこそ統治行為の問題だろう。〔しかし〕この訴訟は安保条約が違憲だなんて一言も言っていない」

「ことは住民の健康や生活の破壊という緊急を要する事態だ。裁判所がそんなに簡単に統治行為論に逃げこんでは、住民の被害は誰が救済してくれるというんだ」

「国民は憲法三二条で裁判を受ける権利が保障されている。全ての権利侵害に対し救済の道が開かれている。その頼みの裁判所が、すぐに統治行為論に逃げこむようでは、国民の裁判を受ける権利すら危ういよ。だから、仮に統治行為論が認められるとしても、それはごく限られた最小限に止めるべきだというのが憲法学者の一致するところだ」

「統治行為論」を振りかざす政府と、それに迎合するかのような裁判所に対して、米軍機の騒音公害に長年苦しめられ、人権を侵害されてきた立場から発する真っ当な批判ではないでしょうか。

砂川裁判最高裁判決が権威ある判例となり、「統治行為論」が応用されて、住民の人権侵害を救済するという司法の役割と責任から裁判所が目をそらすのに使われています。

沖縄での米軍用地の強制使用にも砂川裁判最高裁判決の影響が

「統治行為論」にもとづいて「日米安保条約は裁判所の司法審査権の範囲外」とした砂川裁判最高裁判決の影響は、米軍機の騒音公害訴訟にとどまらず、米軍基地の用地問題に関する訴訟にもおよんでいます。

たとえば、沖縄県那覇市が国に対して起こした「米軍用地訴訟」のケースを見てみましょう。「朝日新聞」と「毎日新聞」（いずれも一九九〇年五月二九日夕刊）の記事を参照、引用しながら説明します。記事の見出しは、「那覇の米軍用地訴訟判決、市側が全面敗訴、強制使用は合法」などです。

米軍に基地用地を提供するため、日本政府が米軍用地特措法（駐留軍用地特措法）にもとづき市有地（那覇軍港と普天間飛行場の基地内にあり、第二次大戦末期に米軍に接収されていた）を強制使用してきたのは憲法に違反するなどとして、那覇市が総理大臣を相手取り、使用認定処分の取り消しを求めていた行政訴訟の判決が、一九九〇年五月二九日に那覇地裁で言いわたされました。

裁判では、日米安保条約・地位協定・米軍用地特措法と憲法九条の関係などが争点となりました。まさに「安保法体系」と「憲法体系」の矛盾・対立的関係が争点となったのです。

毎日新聞 (夕刊) 1990年(平成2年)5月29日(火曜日) (日刊)
那覇市米軍用地訴訟
市有地強制使用は合法
米軍提供を認める
市の請求を棄却
「安保」、憲法判断せず
井上繁規裁判長
名簿調査 内閣官
戦前の朝鮮人強制連行
政府が
毎日新聞
夕刊

日本政府による米軍基地のための市有地の強制使用を認めた「那覇市米軍用地訴訟」の判決を報じる、1990年５月29日の「毎日新聞」夕刊。

判決は、「日米安保条約が一見きわめて明白に違憲無効であると認められないかぎりは、司法審査権の外にある」という「統治行為論」を採用し、憲法判断を避けました。そのうえで、米軍用地特措法の適用については、「適正かつ合理的」などの要件で「(被告の)裁量権の逸脱ないしは乱用があったということはできない」として、国側の主張を全面的に採用しました。そして、原告側の請求をすべて棄却したのです。

判決は、安保条約を「統治行為論」にもとづいて司法審査権の対象外とした、砂川裁判最高裁判決の判例を踏襲したものです。

那覇地裁の井上繁規裁判長は、安

保条約に関する憲法判断について「高度の政治性があり、司法審査にはなじまない」と「統治行為論」を展開したうえで、「憲法は自衛権を否定していない。米軍駐留は、わが国の防衛力の不足を補うものだ。米軍に対してわが国が指揮権・管理権を行使しえない以上、憲法でいう戦力にはあたらない」と判断し、米軍用地特措法についても「十分な公共性があり、違憲性はない」と判断しました。

まさに砂川裁判で検察が展開していた国側の主張と同じ内容であり、砂川裁判最高裁判決が「統治行為論」を展開したうえで、「憲法は自衛権を否定しおらず、駐留米軍はわが国の戦力にはあたらない」として、「米軍駐留は合憲。刑特法も違憲ではない」と判断を下したのとまったく同じ論理構成です。

裁判では憲法問題に関して、原告側の那覇市は、「日米安保条約・地位協定・米軍用地特措法は、憲法前文、憲法九条の戦争放棄、戦力の不保持などに違反する」と主張していました。それに対して国側は、「高度な政治問題は司法審査になじまない」という「統治行為論」を持ち出して反論したのでした。

砂川裁判最高裁判決の厚い壁

また、米軍用地特措法の第三条は、「適正かつ合理的な」用地の使用、収用を義務づけています。この点について那覇市側は、「対象地域は市民福祉のために使う義務があり、基地にするのは『適正』ではなく、返還こそ公共の利益に沿う」、「問題の土地が戦後の米軍占領期以降、強制的に使用されつづけてきた経緯や、広大な基地に市勢発展をはばまれている現状を考えれば、米軍用地特措法にいう使用認定の要件である『必要性』や『適正かつ合理的』な理由はなく、強制使用の処分は違法だ」と主張していました。

一方、国側は、「米軍への基地提供は安保条約上の責務で極めて公益性が高く、地理的にも優れた沖縄の基地提供は合理的で、提供によって失われる利益に勝る」などと主張したのでした。

このように裁判では、「住民福祉」を重視する自治体の視点と「国防」を重視する政府の視点が対立していたのです。

判決では、「米軍用地特措法の適用について、収用、使用の認定処分をする国側の裁量権を認めた」うえで、那覇軍港も普天間飛行場も「駐留軍の用に供するための高度の客観的必要性」があり、「提供により得られる利益は、これにより失われる利益に勝っている」として、国側の「適正かつ合理的」などの主張が認められました。いわば国家の視点、国策の論理を優先させたのです。

「朝日新聞」の同記事は、「自治体が国の防衛政策を問う、きわめて異例の裁判。判決結果は、今後の沖縄の基地返還闘争を含めた全国の基地訴訟など各方面に大きな影響をあたえそうだ」と解説しています。

結局、那覇市は同年六月六日、控訴を断念しました。「最高裁の姿勢から、司法に安保条約違憲論を採用させることは困難」などの理由からです。

つまり、「統治行為論」にもとづいて「日米安保条約は裁判所の司法審査権の範囲外」とした砂川裁判最高裁判決、「安保法体系」を「憲法体系」よりも優越させた判例が、「最高裁の姿勢」として固まり、地裁や高裁など下級審に対する重い縛りとなっていることが、那覇市に控訴を断念させたのです。

米軍機の騒音公害の問題といい、米軍用地の強制使用の問題といい、一九五九年のマッカーサー大使の政治的工作と、それに呼応した岸信介政権や田中最高裁長官らによる「共謀」の成果、砂川裁判最高裁判決が半世紀以上にわたって厚い壁となり、住民や自治体の前に立ちはだかっています。

軍事優先の基地の「排他的管理権」

米軍基地の管理運営と米軍の軍事活動には日本の行政権も司法権もおよばず、事実上の治外法権のもとに置かれているという現実の根本には、米軍優位の不平等な日米地位協定があります。砂川裁判最高裁判決をはじめ、米軍基地がらみの各裁判の判決は、そうした現実を追認し、司法のお墨付きをあたえているのです。

日米地位協定の第三条では、「合衆国は、施設及び区域内において、それらの設定、運営、警護及び管理のため必要なすべての措置を執ることができる」と定め、それは「排他的管理権」と呼ばれる特権となっています。

米軍が基地を自由に使い、米軍機が基地周辺をはじめ日本全国の空で耐えがたい爆音をまきちらしているのに、それを規制できないのも、危険な低空飛行を続ける米軍機の飛行を制限できないのも、基地内の環境汚染に際し自治体が自由に立ち入って厳密な調査をおこなえないのも、基地の外の住宅地に流れ弾が飛んできて負傷者が出ても米軍の実弾射撃訓練を止められないのも、流れ弾事件などで警察が基地に自由に立ち入って現場検証できないのも、安全性に重大な懸念のあるオスプレイが強行配備されるのも、根本にはこの「排他的管理権」の存在があるのです。

「普天間米軍基地爆音訴訟」の原告、仲村渠さんは「日本政府はアメリカの言いなりです。裁判所もそれを追認している。やはり不平等な地位協定を改定して、基地の排他的管理権を見直すべきなんです」と強調します。米軍優位、軍事優先の日米安保条約・地位協定の厚い壁が、爆音などに苦しむ住民の前に立ちはだかっているのです。

米軍の「排他的管理権」は、一九六〇年の安保改定にともなって日米地位協定と改称される以前、日米行政協定と呼ばれていたころから続いています。米軍は基地や演習場を望みどおりに使用し、管理し、さらにそこへの出入りも自由にできるというもので、軍事活動のフリーハンドが保障されています。日米行政協定のころはその第三条一項で、次のように規定されていました。

「合衆国は、施設及び区域〔基地や演習場〕内において、それらの設定、使用、運営、防衛又は管理のため必要な又は適当な権利、権力及び権能を有する。合衆国は、また、前記の施設及び区域に隣接する土地、領水及び空間又は前期の施設及び区域の近傍において、それらの支持、防衛及び管理のため前記の施設及び区域への出入の便を図るのに必要な権利、権力及び権能を有する。本条で許与される権利、権力及び権能を施設及び区域外で行使するに当たっては、必要に応じ、合同委員会を通じて両政府間で協議しなければならない。」

このように、「権利、権力及び権能」という絶大な特権的地位を表す言葉が用いられていました。「合同委員会を通じて両政府間で協議」とありますが、この合同委員会とは日米合同委員会のことです。

それは外務省や防衛省などの高級官僚と在日米軍・米大使館高官らによる、地位協定の具体的な運用に関する協議機関です。議事録は公開されず、日米間の合意事項も秘密とされて全文は公開されません。ごく一部、アメリカ側の同意が得られた場合にのみ、その要旨を公開したりするだけで、秘密のベールにおおわれた協議機関なのです。そこでは、アメリカ側の要求がほぼ通ってきたのが実態で、そのことは、アメリカ政府解禁秘密文書などを通じてうかがえます。

ＰＡＲＴ１で説明したように、一九五二年の日本の独立回復後も、米軍は占領時代と同じような特権を維持していました。占領時代の米軍の特権を引き継ぎ、事実上の治外法権を認める、行政協定条文中の「権利、権力及び権能」のひどい実態を表す、一九五七年の米政府の極秘報告書「在日米軍基地に関する報告」を思い出してください（59ページ）。

マッカーサー大使が、一九五八年から六〇年にかけての安保改定交渉を通じて、確保しようとしていたのも、こうした特権でした。米軍も在日米軍基地の自由使用、自由な軍事活動など特権の継続を、安保改定で確保すべき最優先課題としていました。

基地権の密約

ただ、一九五〇年代には、米軍基地拡大の動きが住民の反発を呼び、各地で反対運動が広がってゆきました。さらに、米軍機墜落事故や米兵犯罪など基地被害も相次ぎ、米軍優位の不平等な日米安保・行政協定に対する不満、反発が高まっていました（69ページ）。

そのため、安保改定に際して当時の岸信介政権は、「日本が独立国にふさわしいような自主性を持ち、日米安保条約を対等なものにするための改定だ」と主張しなければならなかったのです。

アメリカ側も日本における反米感情がより高まって、基地の自由使用と自由な軍事行動に支障をきたすような事態を避けるためには、譲歩的な姿勢を示す必要があると考えていました。と同時に、基地の自由使用、自由な軍事行動など特権の継続を最優先課題ともしていました。

そこで、帝国ホテルを舞台にした日米間の安保改定秘密交渉において、マッカーサー大使らアメリカ側と藤山外相ら日本側は、表向きは日本の自主性が強まり、日米安保が対等なものに近づいたかのように見せかけ、実際は米軍の特権が維持できるよう「核持ち込み密約」（40ページ）などの日米密約を結ぶことになったのです。もちろん岸首相も承知していました。

そのひとつが、「基地権の密約」です。それは、安保改定で新しい日米安保条約と地位協定（旧行政協定）が結ばれても、以前と変わらない基地の自由使用の特権を米軍に認める、というものです。新原昭治がアメリカ国立公文書館で発見したアメリカ政府解禁秘密文書から、その存在が明らかになりました。

砂川裁判の最高裁判決の日（一九五九年一二月一六日）が近づくとともに、安保改定秘密交渉も大づめを迎えていた、一九五九年一二月四日の日付けで、アメリカ大使館から国務長官に送られた「秘」公電に、「基地権の密約」に関する記述が出てきます。文中、「イニシャル署名」とあるのは、文書の最後に責任者の頭文字だけを署名することです。

「日本政府は〔日米地位協定〕第三条一項の新しい文言のもとで、施設及び区域内のアメリカの権利を変更しないままにすることを文書で確認する用意ができているが、この趣旨の公表覚書への同意をしぶっている。

日本政府は、秘密了解にして新しい日米安保条約と行政協定〔現地位協定〕の調印以前に藤山と私が頭文字署名をおこない、その後新しい日米安保条約と行政協定が発効する際、合同委員会の記録に入れることに同意している。

日本政府が合同委員会文書に対して指示している『部外秘』扱いは、彼らの目的にとって十分な秘密区分である。したがって藤山と私は昨日、在日米軍が事前に同意した以下のテキストに合意した。藤山と私がこれに一月一九日以前の時期にイニシャル署名をして、その後新しい合同委員会の第一回会議の記録に入れることになる。」（新原訳）→資料⑫

DECLASSIFIED
Authority NND959026
By NARA Date 9-17-08

RG84 JAPAN, TOKYO EMBASSY
CLASSIFIED GENERAL RECORDS
1952-1963
BOX 65

TELEGRAM — Foreign Service of the United States of America

OUTGOING

Charge: CONFIDENTIAL (Classification) Control: 115

VERBATIM TEXT

Date: December 4, 1959

SECSTATE 1767

RPTD INFO: CINCPAC 248
COMUSJAPAN 169

POL/FEAREY
AMB-2
DCM-2
POL/KIDD
PALMER
HELLYER
CHRON

Deptel 929, para 2A.

GOJ is prepared to confirm in writing that US rights within facilities and areas remain unaltered under new language of Article III, paragraph 1, but is reluctant agree to public minute to this effect. GOJ has agreed to confidential understanding which would be initialed by Fujiyama and me prior to signature of new Security Treaty and Administrative Agreement and which would subsequently be incorporated in record of Joint Committee when new Treaty and Administrative Agreement enter into effect. Limited Official Use handling which GOJ gives Joint Committee documents is sufficient classification for their purposes. Fujiyama and I accordingly agreed yesterday on following text, previously concurred in by USFJ, which he and I would initial some time before January 19 and which would later be included in record of first meeting of new Joint Committee:

BEGIN VERBATIM TEXT. The following was mutually understood in the course of the negotiations on the revision of the Administrative Agreement signed at Tokyo on February 28, 1952, and is hereby recorded for the guidance of the Joint Committee:

CONFIDENTIAL
Classification

REPRODUCTION FROM THIS COPY IS
PROHIBITED UNLESS "UNCLASSIFIED"

"Single-address messages to the Department can be directed to proper distribution by the classification of the approved without retyping. Type "By Pouch" under the address, most the serial number, and pouch in envelope marked "For DC/R"."

OFFICIAL FILE COPY

資料⑫　「基地権の密約」に関する記述のある、1959年12月４日の駐日アメリカ大使館からハーター国務長官への「秘」公電。

米軍の特権を密かに引き継ぐ

この報告を書いたのは、電文中に「私」とあるマッカーサー大使です。「藤山」とはむろん藤山外相のことです。「第三条一項の新しい文言」とは、それまで在日米軍の特権など法的地位を定めていた日米行政協定を、新安保条約にともなって一部改定し、名称も変えた日米地位協定の第三条一項の規定を指します。それは以下のとおりです。

「合衆国は、施設及び区域内において、それらの設定、運営、警護及び管理のため必要なすべての措置を執ることができる。日本国政府は、施設及び区域の支持、警護及び管理のための合衆国軍隊の施設及び区域への出入の便を図るため、合衆国軍隊の要請があったときは、合同委員会を通ずる両政府間の協議の上で、それらの施設及び区域に隣接し又はそれらの近傍の土地、領水及び空間において、関係法令の範囲内で必要な措置を執るものとする。合衆国も、また、合同委員会を通ずる両政府間の協議の上で前記の目的のため必要な措置を執ることができる」

在日米軍基地の「排他的管理権」を認めるものとして知られる規定です。

そして、前出の公電中の「新しい文言のもとで、施設及び区域内のアメリカの権利を変更しないままにすること」とは、日米行政協定の第三条一項で定めていたアメリカ側の権利を変更せずに、新しい日米地位協定の第三条一項において引き継ぐことを意味します。日米行政協定の第三条一項は、前にのべたとおりです（257ページ）。

新しい日米地位協定の第三条一項では、古い日米行政協定の第三条一項に三度も出てくる、「権利、権力及び権能を有する」というアメリカ側の絶大な特権を表す言葉を削り、「必要なすべての措置を執ることができる」と改められていますが、実際は従来と同じ特権を引き継ぐということが、「秘密了解」とされたのです。

前出の公電にある「在日米軍が事前に同意した」うえで、マッカーサー大使と藤山外相が一九五九年一二月三日に合意した、「以下のテキスト」には次のような記述がありました。

「日本国における合衆国軍隊の使用のため、日本国政府によって許与された施設及び区域内での合衆国の権利は、一九六〇年一月一九日にワシントンで調印された協定第三条一項の改定された文言のもとで、一九五二年二月二八日に東京で調印された協定のもとでと変わることなく続く。『関係法令の範囲内で』という文言に関して、現に効力のある法令が不適当であることが分かった場合、日本におけるアメリカ軍隊の防衛責任が満足できるかたちで果たせるようにするため、日本の法令の改正を求めることの望ましさ、または必要性について合同委員会は論議する」（新原訳）→資料⑬

[redacted]

CONFIDENTIAL
(Official Use Only after Treaty Signed)

The following was mutually understood concerning Article III and Article XVIII, paragraph 4, in the course of the negotiations on the revision of the Administrative Agreement signed at Tokyo on February 28, 1952, and is hereby recorded for the guidance of the Joint Committee:

Article III:

The phrasing of Article III of the Agreement under Article VI of the Treaty of Mutual Cooperation and Security between the United States of America and Japan, Regarding Facilities and Areas and the Status of United States Armed Forces in Japan, signed at Washington on January 19, 1960, has been revised to bring the wording into closer consonance with established practices under Article III of the Administrative Agreement signed at Tokyo on February 28, 1952, including the understandings in the official minutes of the 10th Joint Meeting for the negotiation of the Administrative Agreement held on February 26, 1952. United States rights within facilities and areas granted by the Government of Japan for the use of United States armed forces in Japan remain the same under the revised wording of Article III, paragraph 1, of the Agreement signed at Washington on January 19, 1960, as they were under the Agreement signed at Tokyo on February 28, 1952.

With regard to the phrase "within the scope of applicable laws and regulations", the Joint Committee will discuss the desirability or necessity of seeking amendments to Japanese laws and regulations currently in effect should such laws and regulations prove insufficient to ensure that the defense responsibilities of the United States armed forces in Japan can be satisfactorily fulfilled.

Article XVIII, Paragraph 4:

The Agreed View contained in paragraph 5 of the Jurisdiction Subcommittee recommendation approved by the Joint Committee at its 13th meeting on July 30, 1952 shall continue to be applicable to any claims arising under Article XVIII, paragraphs 1 and 2 of the Administrative Agreement under Article III of the Security Treaty between the United States of America and Japan, but shall not be applicable to Article XVIII, paragraph 4, of the new agreement signed on January 19, 1960. The inapplicability of the Agreed View to Article XVIII, paragraph 4 shall in no way prejudice the position of either Government regarding private claims advanced by or on behalf of individuals described in paragraph 4.

CONFIDENTIAL
(Official Use Only after Treaty Signed)

資料⑬　1959年12月３日にマッカーサー大使と藤山外務大臣が「基地権の密約」として合意した「テキスト」の秘密文書。

これが「秘密了解」すなわち「基地権の密約」です。そして、一九六〇年一月六日に藤山外相とマッカーサー大使がその「テキスト」にイニシャル署名（頭文字署名）をすることになったのです。

つまり、一九六〇年一月一九日調印の日米地位協定第三条一項の文言、「合衆国は、施設及び区域内において、それらの設定、運営、警護及び管理のため必要なすべての措置を執ることができる」という規定の背後で、一九五二年二月二八日調印の日米行政協定第三条一項の文言、「合衆国は、施設及び区域内において、それらの設定、使用、運営、防衛又は管理のため必要な又は適当な権利、権力及び権能を有する」というアメリカの特権的地位は、変わることなく続くことを、この密約は保障したのです。

国民の目の届かない密室で

アメリカ政府解禁秘密文書に書かれているように、日本政府はこうした取り決めを文書で確認することに同意していました。しかし、「公表覚書」とすることには同意しなかったので、「秘密了解」すなわち密約になったのです。つまり情報隠蔽を日本政府は望んだわけです。事実を知られ、国民の間から批判の声があがるのを恐れていたからでしょう。

なぜなら、安保改定に際し、当時の岸政権は、「日本が独立国にふさわしいような自主性を持ち、日米安保条約を対等なものにするための改定だ」と主張していたからです。

その「対等なものにするための改定」のひとつが、日米行政協定第三条一項の「権利、権力及び権能を有する」という文言を削り、日米地位協定第三条一項の「必要なすべての措置を執ることができる」と改めることでした。

しかし実際は、「権利、権力及び権能」という特権を裏で認めつづける密約が交わされていたのです。密約文書を発見した新原は、問題の本質をこう指摘します。

「戦後の全面占領下で米軍が手にした特権を、まるごと持ちこんだのが一九五二年の旧安保条約に基づく日米行政協定でした。そして六〇年の安保改定で日米地位協定と改称されても、基地権の密約によって占領時代の特権が引き継がれて、国民の平和的生存権を侵しつづけているのが実態なのです」

この「排他的管理権」に関して、日本政府は国会答弁などで、「(基地)は治外法権的な、日本の領土外的な性質を持っているのではない。米軍の権限は決して無制限かつ無条件的なものではない」と説明してきました。たとえば次のような答弁です。

「施設・区域〔基地や演習場〕は、治外法権的な、日本の領土外的な性質を持っているものではなくて、当然日本の統治権、主権のもとにある地域で、当然日本の法令が原則として適用になる。ただ、米軍が施設・区域を使用している間は、これを使用するにあたり、必要などういう措置を米国がとることができるかは協定に定め、その協定に従って、米側は措置をとることができる。しかし原則として、当然、日本の主権、統治権下にあり、日本の法令が適用になる」（一九六〇年五月一一日　衆議院日米安保条約等特別委員会　高橋通敏外務省条約局長）

しかし、「無制限かつ無条件的な」特権を認めているのが実態です。たとえば現に、普天間基地や嘉手納基地、厚木基地、横田基地などの米軍機の違法な騒音を日本政府は規制できずにいます。そうした米軍の特権を裏で保障しているのが「基地権の密約」なのです。

帝国ホテルでの安保改定秘密交渉に参加していた高橋通敏外務省条約局長も、国会の場ではこう答弁しています。

「前の〔行政〕協定では、第三条におきまして、施設について『設定、使用、運営、防衛又は管理のため必要な又は適当な権利、権力及び権能を有する』という規定がありましたが、この規定は、あたかも米国側が非常な特権的な地位を持っているという誤解を与えるものだったので、今度の新〔地位〕協定ではこれを改めて、表現上『設定、運営、警護及び管理のため必要なすべての措置を執ることができる』と改めた次第です」（六〇年三月二五日、衆院日米安保条約等特別

委員会）

このように、安保改定で日米対等の安保条約になる、アメリカ側の特権的な地位を改めるなどと国会で説明しています。しかし実際には、協定文の表現を変えただけで、従来の「権利、権力及び権能」という「アメリカ側の非常な特権的地位」に何の変わりもなかったのです。それが、国会の目も国民の目も届かない密室で取り決められていました。

外務省「極秘」文書

この「基地権の密約」の存在を日本政府は認めていません。「核持ち込み密約」などさまざまな日米密約の文書がアメリカ国立公文書館で発見されても、「密約は存在しない」と言い張り、情報隠蔽をしてきた従来の対応と同じです。「核持ち込み密約」や「沖縄返還時の米軍基地の原状回復補償費肩代わり密約」など、問題がマスコミで大きく取り上げられ、国会でもきびしく追及されたものは、政権交代で民主党政権になってようやく関連文書の存在を認めましたが、「基地権の密約」はまだそれほど知られていないので、知らぬふりを決めこんでいるのでしょう。

しかし、民主党の鳩山由紀夫政権のもと、外務省が「核持ち込み密約」など四つの日米密約を調査して、二〇一〇年三月に秘密指定解除のうえ公表した安保改定や沖縄返還交渉に関する内部文書三三一点の中に、「基地権の密約」の存在を示唆するものが含まれていました。

それは「日米相互協力及び安全保障条約交渉経緯」という文書で、一九六〇年（昭和三五年）六月に作成されたものです。執筆者は外務省アメリカ局安全保障課長。当時その職に在ったのは、帝国ホテルでの安保改定秘密交渉で藤山外相の通訳も務めた東郷文彦課長でした。文書の表紙には「極秘」の印が押されています。

安保改定秘密交渉の過程をまとめたその全七四ページの文書中、マッカーサー大使らアメリカ大使館側と藤山外相ら外務省側との交渉の「三四年五月中旬より六月下旬に至る経緯」とある章に、次のような記述が見られます。「三四年」とは昭和三四年、一九五九年のことです。

「〔日米行政協定〕第三条に関する問題は、（1）『権利権力権能』を『権利』とすること、（2）施設区域外は米軍の権利とせず日本側の協力義務とすること、（中略）などの諸点であるが、たとえば『権利権力権能』を『権利』と代えるについても、右は同義語なりとの了解を残す要ありと主張するなど、本条に関する米側の主張は極めて頑強であって、結局施設外の問題は合意議事録で手当てし、一時的措置の条項に代わる電波障害除去の規定は米側の固執する表現に歩み寄りをおこなうのほかなかった」（同文書）

アメリカ側が、『権利権力権能』を『権利』と代えるについても、右は同義語なりとの了解を残す要ありと主張」したとあるように、マッカーサー大使に代表されるアメリカ側が、日米行政協定で保障されていた「権利権力権能」という米軍の特権を維持することに強くこだわっていたのがわかります。

そして、次の「三四年七月より新条約署名に至る経緯」の章で、この問題の決着が着いたことが記されています。

「従来、行政協定に関して極めて頑なであった米側も、右わが方申し入れにはできるだけ歩み寄りに努むべき態度を示し、前記（1）については十月二十一日の回訓において、『権利権力権能』は米軍の権利の実質に変更なき了解のもとに、『必要な措置を執ることができる』と改めるとともに『必要に応じ』を削ることを応諾してきた。その後さらに折衝を重ねて、施設区域外に関しては原則としてわが方が所要の措置をとる趣旨にするなど改善を図り、また右了解事項は新合同委員会の議事録で処理することとして、文案は三十五年一月六日、大臣米大使においてイニシアルした［イニシャルでの署名をおこなった］」（同前）→資料⑭

この昭和三五年（一九六〇年）一月六日に藤山外務大臣とマッカーサー大使がイニシアル署名した「文案」こそ、前述のアメリカ政府解禁秘密文書の公電（一九五九年一二月四日付け、アメリカ大使館発、国務長官宛て）に出てくる、「テキスト」のことなのです。その公電にはこう書かれていました。

「藤山と私は昨日、在日米軍が事前に同意した以下のテキストに合意した。藤山と私がこれにイニシャル署名をして、その後新しい合同委員会の第一回会議の記録に入れることになる」

そして、一九六〇年一月六日に藤山外務大臣とマッカーサー大使がイニシャル署名したのが、「基地権の密約」文書だったのです（原資料は263ページ参照）

まさに、外務省アメリカ局安全保障課の東郷課長がのべているように、「『権利権力権能』は米軍の権利の実質に変更なき了解のもとに、『必要な措置を執ることができる』」と、うわべの文言だけ変えたに過ぎなかったわけです。

ただ、外務省が二〇一〇年三月に秘密指定解除のうえ公表した内部文書三三一点の中には、一九六〇年一月六日に藤山外務大臣とマッカーサー大使がイニシャル署名した「文案」、すなわち「基地権の密約」文書は含まれていません。おそらくその存在を隠したい外務省が公表しなかったのでしょう。

米軍優位の不平等な構造を背後で絶対化しているのが、占領時代の米軍の特権を「権利権力権能」の文言によって引き継いだ日米行政協定と、それを秘密裏に引き継いだ日米地位協定の「基

極秘

昭和三十五年六月

日米相互協力及び安全保障条約交渉経緯

アメリカ局安全保障課長

資料⑭　「基地権の密約」に関する記述のある外務省「極秘」文書、「日米相互協力及び安全保障条約交渉経緯」（昭和35年６月）の表紙と関連ページ（左）。

入には出来る丈歩み寄りに努むべき態度を示し、前記(1)に就ては十月二十一日の回訓において「権利権力権能」は米軍の権利の実質に変更なき了解の下に「必要な措置を執ることが出来る」と改めると共に「必要に応じ」を削ることを応諾して来た。その後更に折衝を重ねて施設区域外に関しては原則としてわが方が所要の措置を執る趣旨にする等改善を図り、又右了解事項は新合同委員会の議事録で処理することとして文案は三十五年一月六日大臣米大使においてイニシアルした。

(ハ)　通関関係に関する十月二十一日の米側案は、人に就てはナト協定並みの譲歩を示していたが、物に関しては、現行第十一条地権の密約」なのです。
このように安保改定の核心には、秘められた密約交渉がありました。そして、アメリカ政府解禁秘密文書と外務省極秘文書に書かれているように、一九五九年五月から一二月にかけて「基地権の密約」をめぐる秘密交渉がおこなわれました。砂川裁判をめぐるアメリカ側の秘密工作と、それに歩調を合わせた岸政権・田中最高裁長官らの動きと時期が重なり、まさに同時並行していたのです。

円滑な基地使用や軍事活動を保障する

「基地権の密約」でさらに注目しなければならないのは、問題の密約文書の後半に書かれている内容です。それは、米軍の日本における円滑な基地使用や軍事活動を保障するために、その障害となるような日本の法令の改定を、日米両政府間で論議するという秘密合意なのです。その部分の文章は次のとおりです。

「『関係法令の範囲内で』という文言に関して、現に効力のある法令が不適当であることがわかった場合、日本におけるアメリカ軍隊の防衛責任が満足できるかたちで果たせるようにするため

の日本の法令の改正を求めることの望ましさ、または必要性について合同委員会は論議する」（新原訳）

「関係法令の範囲内で」とは、前出の日米地位協定第三条一項に出てくる言葉です。米軍の飛行機、ヘリコプター、戦車、装甲車、トラック、兵員、軍艦などが基地や演習場に出入りしたり、米軍部隊が基地や演習場を管理・警護したりする際、それらの軍事活動が円滑にできるよう便宜をはかるため、日本政府は基地と演習場の周辺で「関係法令の範囲内で必要な措置」をとると、この第三条一項（262ページ）で定めているのです。

「合同委員会」とは日米合同委員会のことで、前述したように、多くの秘密合意がなされ、協議ではアメリカ側の要求が優先される場合が多いことが、アメリカ政府解禁秘密文書などからわかっています。

そして、米軍の日本における円滑な基地使用や軍事活動を保障するために、その障害となるような日本の法令が改定された例が過去にあります。

戦車輸送を止めた道路法・車両制限令

一九七二年（昭和四七年）、当時、米軍はベトナム戦争で使っていた戦車を、神奈川県相模原市の米陸軍相模補給廠で修理していました。修理後、当時の南ベトナムに船で送り返すため、同年八月五日、米軍は戦車を大型トレーラーに積んで、横浜ノース・ピア（横浜港内の米軍基地で専用埠頭がある）に輸送しようとしました。

しかし、横浜市（当時の市長は飛鳥田一雄、後の社会党委員長）が、「道路法にもとづく車両制限令の基準に照らして重量オーバーだ。市道が損壊される」との理由で、横浜ノース・ピア付近の市道にかかる村雨橋の通行を許可しなかったため、米軍は戦車を輸送できませんでした。村雨橋近くの道路には、ベトナム戦争反対と戦車輸送阻止を訴える労働組合員、市民、学生らデモ隊が座り込みをしていました。米軍の輸送部隊はそこで立ち往生したあげく、翌日、相模補給廠に引き返しました。米軍は「安保特別法・特例法」（91ページ）で日本の国内法令の適用除外が認められている場合を除いて、国内法令を守らなければならないからです。

アメリカ政府はこうした事態を受けて、ただちに巻き返しに出ました。日本政府に対して、米軍施設および区域（基地や演習場）に米軍車両など部隊が自由に出入りし、日本国内を自由に移動できる権利を保障するよう強く求めたのです。むろん水面下で政治的圧力をかけたのです。

その結果、わずか二カ月あまりのちに、日本政府は米軍車両を車両制限令の適用除外とする改定をおこないました。つまり米軍の都合に合わせて法令を変えてしまったのです。なんと米軍による法律違反を「合法化」するという驚くべき対応をしたわけです。そしてアメリカ政府は、日本の国内法の枠にとらわれない米軍基地の使用と軍事活動のよりいっそうの自由を、日本政府に認めさせてゆきます。

ベトナム行き米軍戦車を載せた大型輸送車の通行を阻止し、その前で集会を開いたデモ参加者。集会にはベトナム代表団も参加した。1972年8月、横浜市の村雨橋付近で。（写真：神奈川県平和委員会提供）

一連の経過は、末浪靖司がアメリカ国立公文書館で発見したアメリカ政府解禁秘密文書をもとに解明し、自著『対米従属の正体』に記しています。それを参照、引用しながら、隠された事実とその重大性を時間を追って明らかにしてゆきましょう。

まず、米軍戦車を積んだ大型トレーラーが立ち往生した一九七二年八月五日、当時のインガソル駐日アメリカ大使からロジャーズ国務長官に宛てた、緊急の「秘」公電です。「米軍には日本国内の法令を守る義務がある」という外務省の主張に対し、米軍は「地位協定が国内法に優先する」と考えている、と報告しています。

「外務省によれば、デモ隊は米陸軍が日本の道路法規を守っていないと主張してその行動を正当化しているので、日本の警察はデモ隊を取り締まっていない。とくに社会党はアメリカの戦車輸送車が横浜市の許可を受けずに市内の道路、橋梁を使用していると非難している。改正された法規〔一九七二年四月に届け出制から許可制に改正された〕によれば、二〇トンを超える車両はすべて許可を必要としている。

外務省は、地位協定合意議事録第五条四項、地位協定第一六条により、米軍には法令遵守義務があるとしている。

他方、在日米陸軍は米軍の戦車を含む車両が港湾に移動するための公道使用を、地位協定第五条が保障しており、米軍の移動を制限しない限りで日本の国内法を遵守するが、米軍は地位協定第五条が国内法に優先すると考えている」（末浪訳）

電文中の「地位協定合意議事録」とは、安保改定にともない一九六〇年一月一九日、日米両政府が地位協定とともに調印した合意議事録（地位協定の細部について両国が了解した事項を記載）のことです。

その「第五条四項」とは、米軍の日本の港や飛行場への出入り、日本国内での移動や基地・演習場への出入りなどについて規定した、地位協定第五条の運用に関する合意議事録の了解事項をさします。

それによると、地位協定第五条に定めてある入港料・着陸料・道路使用料の免除などを除いて、米軍の行動には「日本国の法令が適用される」のです。また地位協定第一六条は、米軍人・軍属・それらの家族が日本国の法令を尊重することを義務づけています。だから、「米軍には法令遵守義務がある」というわけです。

「朝日新聞」（一九七二年八月七日朝刊）の記事によると、道路法は同年四月に届け出制から許可制に改正され、外務省はそのことをアメリカ側に日米合同委員会の場で説明したうえで、国内法を守ってほしいと申し入れていました。しかし、米軍はそれを無視したまま、横浜市に道路通行の許可も申請せず、戦車を輸送しようとしたのでした。

国会でも、戦車輸送が阻止された直後の八月八日、当時の大平正芳外相が「国内法上の制約を心得てやっていただかなければならない。それを米軍側に十分ご理解いただき、適正に事を運んでいただかなければならない」と答弁し、増原恵吉防衛庁長官も「〔米軍の行動の自由も〕もとより国内法を遵守するという前提のうえでおこなうべきである」と答弁しました。

この外相と防衛庁長官の答弁をインガソル大使は早速、同日付けの「秘」公電で国務長官に報告しています。

「日本政府の最高レベルに伝えよ」との圧力

「地位協定第五条が国内法に優先する」と考えるアメリカ側は、日本政府に圧力をかけてゆきました。その動きが、一九七二年八月七日、ロジャーズ国務長官から駐日アメリカ大使館宛て「極秘」公電（国務・国防両省共同メッセージ）に示されています。次のような要求を日本側に突きつけよというのです。


「日本政府の最高レベルに次のことを伝えよ。

〔横浜〕ノース・ピア地域での紛争拡大を回避し、アメリカ政府の基本的立場が変わったと受け取られてはならない。

日本政府は、地位協定のもとで米軍用車両（装甲部隊を含む）が日本国内の米軍施設および区域に出入りし移動できるように、保障しなければならない。我々は当然、合理的安全手続きによりこれらの権利を引き続き行使する。

合意議事録第五条第四項により法令を適用する可能性は認めるとしても、地位協定第五条のもとで与えられている港湾施設への出入りを妨げる制限は許されない」（末浪訳）→資料⑮

46

POL 23-8 JAPAN
XR DEF 15 JAPAN-US

FORM DS 322(OCR)　　-7 AUG 72 22 39　　142966

|142966 | 072239Z AUG 72 | ROGERS

CONFIDENTIAL

EA/J:JWSHINN:SMK
EXT. 23152 - 8/7/72
EA/J:HLEVIN

JCS - LT. GEN. SEITH
L/EA - LVERVILLE

DOD/ISA - ADM. TRAIN

IMMEDIATE　　TOKYO

Defense Dept, Joint Chiefs of Staff

JOINT STATE-DEFENSE MESSAGE

FE**REF: (A) TOKYO 8347, (B) TOKYO 8351

SUBJECT: DEMONSTRATION AT NORTH PIER, YOKOHAMA

1. WE CONCUR IN COURSE OF ACTION TAKEN BY EMBASSY AND USFJ INAT***IN ATTEMPTING RESOLVE IMPASSE AT YOKOHAMA NORTH PIER AND AGREE WITH THE DECISION TO WITHDRAW VEHICLES IN ORDER AVOID WORSENING SECURITY SITUATION WHICH COULD HAVE LONG-TERM ADVERSE IMPACT ON US FORCES INTERESTS IN JAPAN. UNDERSTAND TECHNICAL DISCUSSIONS ALSO BEING HELD BETWEEN USFJ AND GOJ CONCERNING SAFE LOAD LIMITS FOR BRIDGES ETC.

2. YOU SHOULD INFORM GOJ AT HIGHEST APPROPRIATE LEVEL, HOWEVER, THAT DECISION TO RETURN EQUIPMENT WAS MADE BECAUSE OF NECESSITY OF AVOIDING FURTHER PUBLIC DISTURBANCES IN NORTH PIER AREA AND IN NO WAY IMPLIES CHANGE IN BASIC USG POSITION, WHICH IS THAT GOJ, UNDER SOFA, MUST INSURE THAT US MILITARY VEHICLES (INCLUDING ARMOR) ARE ACCORDED ACCESS TO AND MOVEMENT BETWEEN US FACILITIES AND PORTS IN JAPAN. WE WILL CONTINUE, OF COURSE, TO EXERCISE THESE RIGHTS IN ACCORDANCE WITH ALL REASONABLE SAFETY PROCEDURES.

3. WHILE WE RECOGNIZE APPLICABILITY OF LOCAL LAW IN ACCORDANCE WITH PARA 4, ARTICLE V OF AGREED MINUTE, WE

CONFIDENTIAL

資料⑮　1972年8月7日、ロジャーズ国務長官から駐日アメリカ大使館への「極秘」公電。日本政府に対して、米軍戦車輸送の権利を強く主張し、圧力をかけるよう指令する内容。

「日本政府の最高レベルに伝えよ」という強硬な指令にもとづく圧力の効果は、すぐに表れました。八月一〇日、大平外相がインガソル大使に、戦車輸送をめぐって問題が起きたことを内密に謝罪したのです。インガソルは同日付けの「秘」公電で、「大平は次のように述べた」とロジャーズ国務長官に報告しています。

「地位協定のもとでアメリカの軍用車両が日本国内のアメリカの施設から港に出入りし、施設の間を移動できるようにする責任を日本政府が負っている」(末浪訳)

ところが、大平外相は表向きには従来の見解をくりかえしていました。八月二三日になっても国会で、「米軍の基地施設間の移動についても国内法を順守していく、国内法上の手続きに従っていくということでないといけない。こういう問題が出てきたからといって、国内法令の改正というようなことに手を染めるべきでないと考えている」と答弁していたのです。その裏でアメリカ側の圧力に大平外相が迎合しようとしていたことなど、日本国民は知るよしもありませんでした。

砂川裁判干渉と同じ構図

末浪はアメリカ側の狙いをこう説明します。

「アメリカ政府がこの問題で日本政府に求めたのは、ベトナムの戦場へ戦車を輸送できるように戦車輸送車両を通せということだけではありませんでした。アメリカ政府は日本の法令・規則がどうであれ、米軍の『自由出入り《フリー・アクセス》』『自由移動《フリー・ムーブメント》』の権利を保障せよと要求したのです」

それは、一九七二年八月二五日付け、ラッシュ国防副長官からアーウィン国務次官補宛て「極秘」書簡に示された、「アメリカは、地位協定のもとで日本政府がその責任を果たすよう求めかつ迫るあらゆる権利を有する」というアメリカ国防総省の断固たる姿勢に表れています。新原昭治と末浪靖司がアメリカ国立公文書館で発見したその文書を見てみましょう。

「われわれは自由なアクセスの原則を守ることが戦車の移動以上にいっそうきわめて重要だとみなしており、このため日本政府が戦車の通過を許可できる自治体との間で実行可能な解決にこぎつけるまで、相模〔補給廠《ほきゅうしょう》〕に戦車を置いている。

私の意見は、根源にあるあまりにも重要な自由なアクセス問題については、日本政府に対して最も強く最も速やかに意思表明をおこない、実現可能な最も早いスピードで、自治体との間に自由なアクセスを確保できる内部取り決めをつくらせ、こうした行動をとらせるようにしなければならない。
アメリカは、地位協定のもとで日本政府がその責任を果たすよう求めかつ迫るあらゆる権利を有するものである」（新原訳）

ここまで読んで、これは何かに似ているとお気づきではないでしょうか。そうです、あの砂川裁判の「伊達判決」に衝撃を受けたアメリカ政府が、これは絶対に容認できないと、マッカーサー大使を通じて「伊達判決」をくつがえすべく、日本政府の中枢にまで手をのばし、政治的工作・干渉をしていった構図とそっくりなのです。

今回の場合は、横浜市が道路法・車両制限令違反を理由に戦車輸送に待ったをかけ、外務省もアメリカ側に「国内法を守ってほしい」と申し入れ、外相と防衛庁長官も「米軍は国内法の制約を理解し、国内法を遵守すべき」という国会答弁をしたことに、アメリカ政府が衝撃を受け、やはり断固として容認できないと、インガソル大使を通じて日本政府の中枢に政治的圧力をかける手段に出たわけです。

いずれも、米軍の日本における基地使用と軍事活動のフリーハンドの特権を保持するためのものです。「伊達判決」に対しては「米軍駐留は違憲」の判決をくつがえして「米軍駐留は合憲」の最高裁判決を勝ち取り、米軍の特権の基盤を揺るぎないものとするのが目的でした。今回の場合は、日本の国内法令にさまたげられることなく米軍が自由に動き回れるよう、地位協定によってすでに得ている事実上の治外法権を、より確実なものとするのが目的です。むろんどちらも秘密裏に事は進められました。

日米首脳会談と政治的圧力

アメリカ側の圧力、内政干渉はさらに強まります。その舞台は文字どおりトップレベルの場に移るのです。一九七二年八月三一日と九月一日、ハワイのホノルルで開かれた、当時の田中角栄首相とニクソン大統領の日米首脳会談がそれです。田中首相には大平外相ら外務省高官が随行しました。そしてニクソン大統領のそばには、懐刀であるキッシンジャー大統領補佐官（国家安全保障担当）がひかえ

朝日新聞　昭和47年（1972年）9月1日　金曜日　31146号　（日刊）

日米対話の新時代画す

田中首相 ハワイで声明

けさ第一回首脳会談

米側 丁重な出迎え

田中首相とニクソン大統領のハワイでの日米首脳会談について報じる、1972年９月１日の「朝日新聞」朝刊。

ていました。アメリカ側がこの機会をどのように捉えていたか、末浪は次のように分析します。

「ニクソン政権はこの首脳会談を、日本の法令にとらわれない米軍の権利を認めさせる重要な機会と位置づけていました。それは、キッシンジャー大統領補佐官が同年六月の日本訪問を踏まえ、首脳会談に備えて作成した大量の文書からわかります。その主眼は、アジア・太平洋における米軍の軍事作戦とそのための基地と行動の自由を確保することにありました。首脳会談直前のトップ・シークレットの機密覚書では、日本が核の傘に依存する以上は米軍の行動を保障すべきだと書いています」

一九七二年八月二九日付け、キッシンジャー大統領補佐官からニクソン大統領への「機密」覚書、主題「ホノルルにおける八月三一日、九月一日の田中首相との会談」です。

「ホノルル会談の目的のひとつは日米同盟を再確認することである。田中が同意する一般的目的としてだけではなく、双方の持続可能な具体的貢献が必要な関係として。我々が核の保護を与える一方で、日本は我々が日本の基地を使えるようにしなければならない」（末浪訳）→資料⑯

つまりキッシンジャーは、日米同盟の関係を持続するには、日本側も単なる一般論ではなく、

MEMORANDUM

THE WHITE HOUSE THE PRESIDENT HAS SEEN....

WASHINGTON

August 29, 1972

TOP SECRET/SENSITIVE

MEMORANDUM FOR: THE PRESIDENT

FROM: HENRY A. KISSINGER

SUBJECT: Your Meeting with Japanese Prime Minister Tanaka in Honolulu on August 31 and September 1

I. PURPOSE

We have four principal objectives at the Honolulu meeting:

-- To reaffirm the US-Japan alliance, not only as a general proposition -- which Tanaka accepts -- but also as a relationship which requires concrete contributions by both sides to keep it going. E.g., while we furnish nuclear protection, the Japanese must make it possible for us to use Japanese bases. This reaffirmation will be especially important coming just before Tanaka's Peking visit and Japan's opening of peace treaty negotiations with the Soviet Union.

-- To assure that Japan's moves to normalize relations with Peking will not inhibit our use of our Japanese bases in fulfillment of our defense commitments to Taiwan and South Korea. (We also want to encourage Japan to preserve its economic and cultural ties with Taiwan.)

-- To agree on a Japanese commitment to reduce our bilateral trade deficit to less than $3 billion by the end of this Japanese Fiscal Year (March 31, 1973), and receive from Japan specific measures by which Japan will bring about this reduction.

-- To establish via your personal contacts with the new Japanese leaders an atmosphere of "lift" in US-Japanese relations which will carry us into a mature and close relationship over the long term.

TOP SECRET/SENSITIVE

資料⑯　日米首脳会談に備えてキッシンジャー大統領補佐官がニクソン大統領のために作成した、1972年８月29日付けの「機密」覚書。

目に見える具体的な貢献をすることが必要だとしたうえで、これからも日本がアメリカの核の傘に守られたいのなら、米軍基地の自由使用、米軍の活動の自由を保障せよ、それこそが具体的な貢献だと、言外に威嚇をにおわせてでも要求するよう、ニクソン大統領に進言しているのです。

実に国際政治の生なましい内幕がかいまみえる機密文書ではないでしょうか。

首脳会談直前の「朝日新聞」（一九七二年八月三〇日朝刊）記事には、「この日米首脳会談では、間近に迫った田中首相の訪中〔同年九月二五日〕など日中関係の急展開をふまえ、日中国交回復と関連して日米安保体制のあり方について突っ込んだ議論がかわされることは間違いない」と書かれています。

ホノルルでの首脳会談は、アメリカの先を越して中国との国交回復を急ぐ田中政権を快く思わないニクソン政権が、日本側を強く牽制するという場でもありました。

ホノルル、クイリマ・ホテルでの首脳会談では、戦車輸送阻止事件が引き起こした問題について、日本における米軍の活動の自由をいかに保障するかという観点から取り上げられました。アメリカ側は大統領と国務長官の強い意向を強調しながら、「問題の解決」を迫りました。

一九七二年八月三一日付け、国務省の「秘」扱いの会話覚書、ハワイ・クイリマホテル、主題「日本の道路システムに関する米軍重装備の移動」を見てみましょう。

「出席者：アメリカ側はジョンソン国務次官、インガソル駐日大使。日本側は大平外相、鶴見外務次官、牛場駐米大使、大河原駐米公使。

ジョンソンは、大統領と国務長官がこの問題の解決を強く望んでいることをお知らせしたい、そして、私はあなた方が精力的に取り組んでいること、この問題の解決が在日米軍の今後にとって極めて重要なので、問題をすぐに解決できるよう望むと述べた」（末浪訳）→資料⑰

そして、大平外相は首脳会談後の記者会見で、「安保条約の運用については、在日米軍基地の機能が円滑に保障される状態でなければならない」と表明しました。

一方、レアード国防長官も一九七二年九月一二日、日米首脳会談を受けて、ロジャーズ国務長官に「極秘」書簡を送り、「米軍車両が基地と港湾の間を自由に移動する権利を確保することが必要だ」としたうえで、こう強調しています。

「日本が安保条約の利益を共有したいのであれば、相模補給廠に対するデモ隊の妨害行動をやめさせなければならない。そうしてこそ、ホノルル首脳会談で確認したように、ニクソンと田中は良好な関係が維持できる」（末浪訳）

7214256

Approved in J
9/6/72

ETE DISTRIBUTION
IN S/S-I.
9-6-72
ial DFC

CONFIDENTIAL

MEMORANDUM OF CONVERSATION

DATE: August 31, 1972
PLACE: Kuilima Hotel, Hawaii

SUBJECT: Movement of Heavy U.S. Military Equipment Over Japanese Road System

PARTICIPANTS: Foreign Minister Ohira, Japan
Deputy Vice Minister Tsurumi, Japan
Ambassador Ushiba, Japan
Minister Okawara, Japan

Under Secretary Johnson, Department of State
Ambassador Ingersoll, AmEmbassy TOKYO

COPIES:	S,	PM
	J	DOD
	S/S	DOD/ISA
	EA	TOKYO

DEF 15 JAPAN-US   xc DEF 12 US

Secretary Johnson said that he just wanted to bring up the matter of M-48 tank and APC movement from U.S. bases in Japan to shipping ports in Japan. "I know that you are familiar with this as Ambassador Ingersoll raised this subject with you but I wanted you to know that both the President and the Secretary are very anxious that this problem be solved and I know that you are working on it diligently. I hope that you are able to resolve the problem in the very near future as it is highly important to the future of American military force in Japan." The Foreign Minister nodded but made no reply.

Clearance:
J - Under Secretary Johnson

CONFIDENTIAL

資料⑰　日米首脳会談における日米両政府高官の米軍戦車輸送問題に関する会話を記録した、1972年８月31日付けの「秘」覚書。

アメリカ側の圧力に屈して車両制限令を改定

その後、ジョンソン国務次官は一〇月三日のレアード国防長官への返書で、インガソル大使が日本政府の「最高レベル」に対して、地方当局の妨害を許さないよう要求したと報告し、「日本政府が手をゆるめるなら、さらに重大な措置をとることをためらわない」と約束しました。

「ただ、この一九七二年当時、実はアメリカ国務省の法律顧問も、地位協定第五条は、米軍が日本の法令を無視して自由に基地への出入りや移動をすることまでは保障していないと、明瞭に認識していたのです」と、末浪が示すのは次の文書です。

一九七二年一〇月五日、トーマス・ジョンソン国務省東アジア局法律顧問から同局日本部ジェームズ・シン宛て「部外秘」覚書、主題「日本における米装甲車両移動の限界」。

「地位協定の条項に反する日本の法令に従う義務はないということには、一般的命題として同意できない。協定は日本に一定の義務を課しており、これに反する法律の制定や執行は協定違反になるかもしれないが、特に協定に明記しない限り、米軍は協定のもとであらゆる日本の法令に従う義務がある」（末浪訳）

しかし、こうしたアメリカ国務省の法律顧問の認識にもかかわらず、アメリカ政府は日本政府に圧力をかけつづけました。そして、ついに田中内閣は圧力に屈し、一九七二年一〇月一七日、米軍車両を車両制限令の適用除外とする改定を閣議決定しました。改定の主な内容は次のとおりです。

「〔車両〕制限令の適用除外を、現行の緊急車両のほか、たとえば自衛隊の教育訓練、警察部隊活動の訓練または消防訓練に使用される車両など、公共の利害に重大な関係がある車両および米軍車両におよぼす」

適用除外の対象として、自衛隊・警察・消防の訓練用の車両などに付け加えるように米軍車両も並べています。米軍の都合を優先させる改定ではないと見せかけたかったのでしょう。しかし、実際は米軍のための改定にほかならないことは、閣議決定にともなう二階堂進官房長官の談話の以下の部分から明らかです。

「わが国は〔安保〕条約上、米軍に対し国内における移動の権利を認めており、他方、車両制限令の他の特例との比較においても米軍車両を適用除外とすることは、当然である」

その後、米軍の戦車や装甲車は次々と横浜ノース・ピアに輸送され、南ベトナムの戦場に送り返されてゆきました。

対米誓約を忠実に守る日本政府

車両制限令を変える閣議決定がされた翌日、訪米中の大平外相は、駐米公使から異動したばかりの大河原良雄外務省アメリカ局長らとともに、ニクソン大統領やロジャーズ国務長官と会談していました。大平外相は会談の場で、先の日米首脳会談のときに表明した対米誓約（「安保条約の運用については、在日米軍基地の機能が円滑に保障される状態でなければならない」を意味する）を忠実に守ることを保証したのでした。それは次の公電からわかります。

一九七二年一〇月二一日、ロジャーズ国務長官からエリクソン国務省東アジア局日本部長宛て「秘」公電。

「大平は一〇月一八日、ニクソン大統領と会談後に、大河原アメリカ局長らとともに国務省を訪れた。（中略）大平は、国内で野党〔当時は主に社会党、共産党をさす〕が安保条約反対の行動を強めていることに言及したが、日本政府と自民党は責任あるやり方で対処し、条約の実行に関してアメリカに心配をかけないと保証した。大平は、（中略）日本政府は責任ある方法で対米誓約を忠実に守り、野党勢力との主な対立の要因にならないようにしなければならないと述べた」（末浪訳）

車両制限令の改定は、「責任ある方法で対米誓約を忠実に守る」ことの一環だったのです。戦車輸送が阻止されてから二カ月あまり。アメリカ政府による「最高レベル」での対日圧力が、日本の法令を変えさせて、米軍の特権を保障させることに成功しました。砂川裁判への政治的工作・干渉によって、「伊達判決」をくつがえし、米軍の特権の基盤を固める「米軍駐留は合憲」の最高裁判決・司法のお墨付きを得たのと、よく似た展開ではないでしょうか。

こうして見ると、同じようなことは日米間でもっと何度もくりかえされてきたのではないかと考えたくなります。

たとえば、一九九七年に日本政府が駐留軍用地特別措置法（安保特別法・特例法のひとつ）を改定し、米軍基地内の私有地の賃貸借契約を拒否する沖縄の「反戦地主」の土地を、暫定使用の名目で強制使用の継続ができるようにしたり、九九年に「反戦地主」の土地の強制使用のための土地調書・物件調書の代理署名や公告・縦覧の手続きを、市町村長や知事に代わって、総理大臣自らがおこなえるようにしたりした背後にも、アメリカ側の政治的工作や圧力の手がのびていたのかもしれません。軍用地の強制使用の安定的な継続は、米軍基地の永続的な維持のためには欠かせないものです。

もちろん、証拠となるようなアメリカ政府の文書などが発見されているわけではありません。しかし将来、何か関連する文書が秘密指定解除されて公開される日が来ないともかぎらないのです。

さて、一九七二年一〇月、アメリカから帰国した大平外相は、訪日したガイラー太平洋軍司令官と会談し、在日米軍基地の「効果的な使用の維持」の重要性で認識を一致させました。そしてガイラー司令官は、日本政府が「米軍基地の効果的な機能」のために「確固たる措置をとっていること」に感謝の意を表しました（七二年一〇月二六日、インガソル大使からロジャーズ国務長官宛て「秘」公電）。その「確固たる措置」には、米軍戦車輸送のための車両制限令改定も含まれていたはずです。

さらにガイラー司令官は同じ日、増原防衛庁長官を訪問しました。増原長官もまた「米軍基地の効果的使用を確保するために、日本政府は最大のことをする」（末浪訳）と確認したことが、一九七二年一〇月二八日の、インガソル大使からロジャーズ国務長官宛て「秘」公電に記されています。

米軍に対する国内法令の歯止めをなくしていく国会答弁

このように、米軍が日本の国内法令に制約されずに基地を使用し、軍事活動をおこなえるよう、日本政府が迎合して対処していったあげく、米軍に対する国内法令の歯止めは失われてゆくことになりました。

それを如実に示すのが、ハワイでの日米首脳会談から一年近くのち、一九七三年七月一一日の大河原良雄アメリカ局長（当時）による「地位協定に明文の規定がない場合は、〔米軍に対して〕国内法令の適用はない」という国会答弁です。

「一般国際法上は、外国の軍隊が駐留する場合に、地位協定あるいはそれに類する協定に明文の規定がある場合を除いては、接受国〔外国軍の駐留を受け入れている国〕の国内法令の適用はない。したがって、地位協定の規定に明文がある場合には、その規定にもとづいて国内法が適用になるけれども、そうでない場合には接受国の国内法令の適用はない。だが一方、一般国際法上も外国の軍隊は接受国の国内法令を尊重する義務を負っている。地位協定にもその尊重義務の規定がある」（衆議院内閣委員会）

まず、この大河原答弁で問題なのは、一九六〇年の安保改定をめぐる国会審議で、同じ外務省の高橋通敏条約局長（当時）の、「〔米軍基地には〕原則として日本の法令が適用になる」という答弁と大きく食い違っている点です。その高橋答弁は次のとおりです。

「施設・区域〔基地や演習場〕は、もちろん日本の施政のもとにあるわけでございまして、原則として日本の法令が適用になる。ただ〔米〕軍の必要な限り、〔地位〕協定にもとづいて個々の法令の適用を除外している」（六〇年三月二五日、衆議院日米安保条約等特別委員会）

「施設・区域は、治外法権的な、日本の領土外的な性質を持っているものではなくて、当然日本の統治権、主権のもとにある地域で、当然日本の法令が原則として適用になる。ただ、米国が施設・区域を使用している間は、これを使用するにあたり、必要などういう措置を米国がとることができるかは協定に定め、その協定に従って、米側は措置をとることができる。しかし原則として、当然、日本の主権、統治権下にあり、日本の法令が適用になる」（同年五月一一日、同前）

つまり、「原則として日本の法令が適用になる」からこそ、米軍の必要なケースに限って地位協定にもとづき、「地位協定の実施に伴う航空法特例法」や「地位協定の実施に伴う道路運送法等特例法」など、いわゆる「安保特例法」（91ページ）を一九五二年の安保条約発効にともなって例外的に制定し、米軍に対する個々の国内法令の適用除外の規定を設けているのです。

大河原答弁の「地位協定の規定に明文がある場合は、その規定にもとづいて国内法が適用になる」のは当然としても、「そうでない場合には接受国の国内法令の適用はない」という部分は間違っています。「そうでない場合」でも、高橋答弁にあるように「原則として日本の法令が適用になる」からこそ、わざわざ例外的に「安保特例法」によって、米軍に対する国内法令の適用除外を定めているのです。「安保特例法」によって適用除外を定めていない大多数のケースに関しては、当然、国内法令が適用されるわけです。

なお、「地位協定の規定に明文がある場合」に国内法令が適用される例としては、地位協定第五条に関する合意議事録第五条四項（278ページ）により適用になるとされる道路法、道路交通法、港則法、河川法、海上衝突予防法などがあります。

したがって、大河原答弁のように、「地位協定に明文の規定がない場合は国内法令の適用はない」のなら、そもそも例外的に「安保特例法」を制定した意味がなくなります。つまり大河原答弁は、地位協定と日本の国内法令の関係において、原則と例外を逆転させているのです。従来の政府見解にはなかった新しい解釈なのです。

もっとも「安保特例法」自体が、憲法九条に代表される平和主義を体現した「憲法体系」に反して、主権と人権を侵す軍事優先・米軍優位の「安保法体系」の産物です。「航空法特例法」に見られるように、最低安全高度を無視した米軍の危険な低空飛行などを可能にさせており、非常に問題のある法律です。

ただ、それらは地位協定にもとづく例外的な法的措置として制定されてはいるのです。大河原答弁のように原則と例外を逆転させたのでは、米軍に対する国内法令の歯止めはほぼなくなってしまいます。

「対米誓約」を忠実に守らせようとするアメリカ

また大河原答弁では、「一般国際法上は、外国の軍隊が駐留する場合に、地位協定あるいはそれに類する協定に明文の規定がある場合を除いては、接受国の国内法令の適用はない」と主張していますが、はたしてそうなのでしょうか。そうとは言えないからこそ、高橋条約局長は「原則として日本の法令が適用になる」と答弁していたのではないでしょうか。

大河原答弁のような解釈が国際的に確立されているわけではありません。『検証［地位協定］日米不平等の源流』（琉球新報社・地位協定取材班著　高文研　二〇〇四年）のなかで、地位協定研究の専門家、本間浩法政大学教授（当時）がこの問題について鋭い指摘をしています。

本間教授によると、駐留外国軍隊に接受国の国内法令が適用されないとする「一般国際法上の原則」とは、あくまでも「軍隊の内部規律」（軍人への懲戒権限など）に関する原則です。ドイツのボン協定（ドイツ駐留の米軍の法的地位を定めた地位協定）やイタリアの地位協定（イタリア駐留の米軍に関する）でも、駐留外国軍隊に国内法令は適用され、それは国際法学者の間では「教科書にもある」基本原則だといいます（前掲書）。

「外務省は一般的な国際法上のルールを適用しているかのように説明し、一見、上手にごまかしているが、実はあまり上手ではない。自らの論理的破たんを隠ぺいしていると言わざるを得ない」と、本間教授は外務省の見解〔大河原答弁〕の矛盾をつき、批判しています（同前）。

さらに、国際法にもとづく条約と国民の関係という観点から、駐留外国軍隊と接受国の国内法令の関係を整理してみましょう。

『基地と人権』（横浜弁護士会編　日本評論社　一九八九年）によると、安保条約・地位協定にもとづく基地の提供や米軍の行動に関する保障は、あくまでも日本国政府のアメリカ政府に対する義務であって、国民や自治体の義務ではありません。安保条約や地位協定が直接、国民や自治体に何かの義務を課すわけではないのです。それが条約と国民の関係に関する国際法の原則です。

したがって、日本政府が安保条約・地位協定上の義務を履行するために、国民や地方自治体の権利を制限する必要がある場合は、新たに国内法令の制定が必要になります。だから「安保特例法」や「安保特別法」が制定されたわけです。

たとえば、政府が米軍に基地や演習場を提供するという義務を遂行するために、私有地や公有地を強制収用・使用する場合、当然、国民や自治体の権利が制限（実態は侵害）されます。そこで、その制限を法的に正当化・合法化するために「安保特別法」のひとつとして「駐留軍用地特措法」を制定する必要があったのです。

ですから、「安保特例法」や「安保特別法」による規定がないケースでは、国民や自治体の権利が制限されることはないのです。このように、駐留外国軍隊に対して地位協定と特例法・特別法による適用の除外や、特別の措置を定めていないケースでは、接受国の国内法令が適用される。それが国際法の原則です。

ここで、一九七二年の戦車輸送阻止事件をめぐって、「米軍は日本の国内法令に従う義務があるかどうか」という問題に対するアメリカ国務省の法律顧問のコメント（291ページ）を思い出してください。そのコメントには、「特に協定に明記しない限り、米軍は協定のもとであらゆる日本の法令に従う義務がある」とありました。

アメリカ側も安保条約・地位協定の法的解釈では、それ以外あり得ないことはわかっていたのです。しかし、わかっていても、日本における米軍の軍事活動のフリーハンドを保持し、さらにチャンスをとらえて拡大もしたいので、トップレベルの政治的圧力をかけ、米軍にとって都合の悪い日本の法令（車両制限令）を変えさせたわけです。日本側もそれに迎合して屈しました。

戦車輸送阻止事件では、道路法・車両制限令という国内法令が、横浜市という一自治体に戦車の輸送を止めさせる権限・法的根拠を与えていました。そのため米軍は「自由な出入り、自由な移動」をさまたげられ、ベトナムの戦場に戦車を送り返せず、作戦の遂行に支障をきたしました。こんな問題がたびたび生じては困るというのが、アメリカ側の本音でしょう。

だから、何か問題が起きるたびに、日本政府に解決を求め、圧力をかけたりしなくてもすむように、米軍の基地の自由使用と自由な軍事活動の保障を強く求めていたわけです。日本政府に「安保条約の運用については、在日米軍基地の機能が円滑に保障される状態でなければならない」

（大平外相）、「米軍基地の効果的使用を確保するために、日本政府は最大のことをする」（増原防衛庁長官）という「対米誓約」を忠実に守らせようとしたのです。

アメリカの政治的圧力と外交戦略の成果

末浪と新原が発見したアメリカ政府解禁秘密文書をもとに、歴史の闇に埋もれていた事実を明らかにした結果、浮かびあがってきたものがあります。

あくまでも推測ですが、戦車輸送阻止事件から車両制限令改定にいたる、アメリカ政府の政治的圧力と巧みな外交戦略が、その後、米軍に対する日本の法令の歯止めを事実上取りはらい、米軍の特権をより強化する大河原答弁につながっていったのではないでしょうか。もしも一連のアメリカ政府解禁秘密文書の内容に対応する日本側（外務省など）の文書が存在して、それが公開されれば、双方照らし合わせて、解明が進むはずです。

「歴代内閣はほぼ大河原答弁を政府見解として踏襲しています。この答弁を境に、日本政府は米軍が日本の法令・規則を無視して行動できるとする治外法権是認の立場を、基本的にとるようになったのです」と、末浪は批判します。

大河原答弁では、「一般国際法上も外国の軍隊は接受国の国内法令を尊重する義務を負っている。地位協定にもその尊重義務の規定がある」としています。しかし、「地位協定の規定に明文がない場合には国内法令の適用はない」と解釈する以上、あくまでも「尊重義務」にすぎない位置づけです。国内法令を守り、それに従わなければならない義務とは解釈されていないのです。

実際、一九八一年四月七日に、味村治内閣法制局第一部長（当時）が国会で、「一般国際法上は、外国の軍隊はその国の法令を尊重する義務があるといわれている。その国の公共の安全、国民の利益に悪影響をおよぼさないように法令を尊重する義務がある」としたうえで、「これは〔その国の法令の〕適用があるとか、従わなければならないということではない」と言いくるめるような答弁をしています。

だから、「尊重義務」といっても建前にすぎないのが実態です。裁判で騒音公害として違法判決が出ているのに、相変わらず米軍機が爆音を放って飛びまわり、墜落事故などの危険にみちた訓練飛行をやめない米軍の事実上の治外法権ぶりを見るだけでも、それは明らかです。単なる「尊重義務」では、「公共の安全、国民の利益に悪影響をおよぼさない」ように米軍の活動を規制することはできないのです。

米軍基地をめぐる裁判にも影響をおよぼす大河原答弁

大河原答弁の影響は米軍基地をめぐる裁判にもおよんでいます。前述した横田、厚木、普天間、嘉手納などの米軍機騒音公害訴訟の、各地裁・高裁・最高裁での判決（246ページ）で、「国〔日本政府〕は、条約ないしこれにもとづく国内法令に特別の定めがないかぎり、米軍基地の飛行場の管理運営の権限を制約し、その活動を制限できないところ、関係条約および国内法令に特別の定めはない」という理由をもとに、米軍機の夜間飛行差し止め請求が却下あるいは棄却されています。

判決には大河原答弁の「地位協定の規定に明文がない場合には国内法令の適用はない」という政府見解・国側の主張が取り入れられています。そして、「米軍基地の管理運営に適用される国内法令はない。したがって日本政府には米軍飛行場の管理運営の権限を制約し、その活動を制限できない。だから、日本政府はその支配のおよばない第三者すなわち米軍の行為である飛行の差し止めをできない。そのような立場の政府に差し止めを求めるのは不適当だ」という論理構成になって、原告の訴えがしりぞけられているのです。

前出の本間教授は自著『在日米軍地位協定』（日本評論社　一九九六年）のなかで、横田基地や厚木基地の騒音公害訴訟で、裁判所が大河原答弁の見解を認めている点を、次のように批判しています。

「裁判所も、この外務省アメリカ局長の見解とは異なる考え方の可能性を全く検討することも無しに、またはその可能性を軽視して、同見解を認めて、それに従っているように思われる。（中略）それだけに、問題は重大である」

砂川裁判最高裁判決の「米軍は外国軍隊であって、日本の戦力ではなく、日本政府には米軍に対する指揮権・管理権もない」という法的判断が、米軍機騒音公害訴訟の各判決にも影響をおよぼし、「日本政府はその支配のおよばない第三者すなわち米軍の行為である飛行の差し止めをできない」という判決の背後にあることは前にのべました。その砂川裁判最高裁判決と大河原答弁が結合されて、米軍機騒音公害訴訟での国側の主張となり、それを裁判所が追認している、という見方もできます。

砂川裁判最高裁判決の背後には、アメリカ側の政治的工作・干渉がありました。そして大河原答弁の背後には、戦車輸送阻止事件以来のアメリカ側の政治的圧力と外交戦略があったと推測できます。砂川裁判最高裁判決はアメリカの干渉の手の影におおわれていました。その影はまた、米軍機騒音公害訴訟の判決にも投げかけられているのではないでしょうか。

外務省機密文書「日米地位協定の考え方」

「大河原答弁は外務省を中心に政府部内で周到に準備されたものだった」

そう末浪は見ています。それを示唆するのが、外務省の機密文書「日米地位協定の考え方」です。同文書は地位協定の具体的な運用のために、協定の条文や関係法令などの解釈、政府見解、国会答弁、運用上の問題点などを解説した非公開の内部資料です。外務官僚たちが国会答弁の作成や政治家への説明などに用いる、いわば裏マニュアルです。沖縄返還の翌年の一九七三年四月、外務省条約局条約課とアメリカ局（現北米局）安全保障課により作成されました（八三年一二月に増補版も作成）。表紙には「秘　無期限」と記されています。長くその存在が指摘され、情報公開の開示請求もされてきましたが、外務省は文書の存在そのものを否定しつづけてきました（『検証「地位協定」日米不平等の源流』）。

しかし、琉球新報社が独自に入手して、二〇〇四年にスクープ報道をしたことで、その驚くべき内容が知られました。住宅地上空での米軍機の低空飛行訓練や騒音被害の容認、米軍ヘリ墜落現場を封鎖した米軍による主権侵害の正当化、米軍基地からの油流出やPCBなど有害物質汚染の実態の封印、米軍が負担すべき施設整備費用の日本側負担など、米軍の基地使用と軍事活動のフリーハンドの特権、事実上の治外法権を認めるために、外務省が地位協定をアメリカ側に有利に拡大解釈したり、ゆがめて解釈している実態が明らかになりました（前掲書）。

「日米地位協定の考え方」（以下、「考え方」）が作成されたのは、一九七三年四月です。そして同年七月一一日、国会で問題の大河原答弁がなされました。

「考え方」には地位協定と国内法令の関係について、「一般国際法上は、外国の軍隊には、地位協定に明文の規定がある場合を除いては、接受国の国内法令の適用はない」という大河原答弁と、同じ解釈の解説が七三年四月の時点ですでに書かれてありました。それは以下のとおりです。

「一般国際法上、外国軍隊には接受国の法令の適用がない。これは、軍隊が国家機関であり、接受国の主権の下に服さないことの当然の帰結である。従って、わが国に駐留する米軍（集合体としての軍隊及び公務遂行中の軍隊の個々の軍人等）に対しては、施設・区域の内外を問わず、原則としてわが国の法令の適用はない。右で原則としてというのは、地位協定上、特定の事項に関する法令の適用が日米間で合意されている場合があることを指している」（「秘　無期限　日米地位協定の考え方」外務省条約局・アメリカ局　一九七三年）

たしかに大河原答弁と似ています。この事実、そして「考え方」が作成された直後に大河原答弁が国会でなされた点を考え合わせると、やはり「大河原答弁は外務省を中心に周到に準備されたものだった」（末浪）と見ていいでしょう。

官僚たちによる解釈操作のからくり

「考え方」の解説にある「原則として我が国の法令の適用はない」は、一九六〇年の高橋答弁にある「原則として日本の法令が適用になる」と、地位協定と国内法令の関係について解釈が逆転しています。一八〇度の転換です。その点も大河原答弁と同じです。

高橋答弁では〝原則としてすべての国内法令を適用する。例外として一部の法令で適用除外を設ける〟です。一方、「考え方」と大河原答弁では〝原則としてすべての国内法令を適用しない。例外として一部の法令を適用する〟です。当然、前者は適用する法令が多く、適用しない法令が少ない。後者は適用する法令が少なく、適用しない法令が多い。つまり、大きな違いが生じるわけで、米軍に対する国内法令の歯止めの幅広さと重みがまったく異なるのです。

では、なぜ逆転したのか。その背後に一九七二年八月の戦車輸送阻止事件後の、アメリカ政府による圧力、米軍に対する日本の法令の歯止めを事実上取りはらうための動き、それに応じた日本政府の動き、すなわち秘密のプロセスがあったという推測が成り立つのではないでしょうか。

「考え方」では、この「原則として我が国の法令の適用はない」という解釈の先例として、安保改定の審議をしていた一九六〇年六月一二日の、林修三内閣法制局長官（当時）の国会答弁をあげています。その概要は次のとおりです。

「一般的に、〔米〕軍隊も日本にある間は、日本の法令を尊重すべきものであることは当然である。しかし、軍隊というものの特性から、その軍隊の行動に必要な範囲のことは、日本の法令の適用が排除される。国際法的に見てもそう考えられる。（中略）軍隊の特性上、その軍隊の特性に反するような法令の適用はないと考えざるを得ない」（参議院日米安保条約等特別委員会）

しかし、この答弁は決して「考え方」の解説や大河原答弁と同じ解釈をしているわけではありません。「軍隊の行動に必要な範囲のこと」は「日本の法令の適用が排除される」と言っており、それはつまり高橋答弁（六〇年三月二五日）にある「〔米〕軍の必要な限り、〔地位〕協定にもとづいて個々の法律の適用を除外している」という解釈と同じことなのです。「原則として我が国の法令の適用はない」などとはひと言も言ってません。

したがって、「軍隊の行動に必要な範囲のこと」は「日本の法令の適用が排除される」からこそ、米軍に対する法令の適用除外を規定した「安保特例法」が制定されたわけです。「軍隊の特性に反するような法令の適用」をしないために、「軍隊の行動に必要な範囲」で「安保特例法」の適用除外規定が設けられているのです。

ですから、この林答弁は決して大河原答弁のように、「地位協定の規定に明文がない場合には国内法令の適用はない」と、地位協定と国内法令の関係について原則と例外を逆転させてはいません。「原則として我が国の法令の適用はない」という解釈の先例にはならないのです。

そこで、おそらく「考え方」の解説も、大河原答弁も、林答弁の「軍隊の特性に反するような法令の適用はない」、「日本の法令の適用が排除される」という部分を拡大解釈して、「〔米軍には〕原則として我が国の法令の適用はない」、「地位協定に明文の規定がある場合〔の適用〕を除いては、接受国の国内法令の適用はない」といった、原則と例外を逆転させる解釈の操作をおこなったのでしょう。そこに官僚たちによるからくりがあるのです。

国内法令の「適用排除」がもたらす基地被害

このような解釈操作の結果、「考え方」では、米軍の活動に国内法令を適用しない理由を軍隊の特性・機能と結びつけて説明したうえで、「適用は排除される」とする法令を列挙しています。

「〔日本の〕法令の執行のために施設・区域〔基地や演習場〕内の米軍の活動が結果的に諸種の規制を受けることとなったのでは、軍隊としての機能を維持できず、任務を有効に遂行しえないこととなるので、その限りにおいては協定上明文の規定がある場合を除き、わが国の法令の適用は、排除されることとなると考えられる」（「日米地位協定の考え方」）

つまり、「軍隊の機能維持、任務の有効な遂行」を優先し、それを規制するような「わが国の法令の適用は排除」するということです。軍事優先・米軍優位の発想にもとづいた解釈にほかなりません。そして、こうつづきます。

「従って、例えば、施設・区域内における軍隊としての活動には騒音規制法の適用はなく、また、米軍の行なう弾薬庫の設置、建築、埋め立て等にはそれぞれ火薬類取締法、建築基準法、公有水面埋立て法等の適用はないものと解せられている」（同前）

列挙されているこれらの法律には、航空法や道路運送法のように米軍への適用除外を定めた「安保特例法」はありません。そこで、このように解釈操作による「適用排除」をしているわけです。

つまり「適用排除」は、特例法という立法手続きを経た法令の規定ではありません。また地位協定に明文の規定があるわけでもありません。「考え方」に書かれているように、「適用はないものと解せられている」という外務省の単なる解釈に依拠しているだけなのです。しかし、こんな恣意的な解釈が許されるでしょうか。

これらの法律は国民の生活環境、生命、健康、安全に大きく関わるものです。前出の本間教授は、こうした外務省の解釈・説明のもとで「基地騒音、環境汚染問題、〔米軍の〕運用に伴う住民の迷惑、負担問題が起こっていても、根本的には問題が解決できないという状況がつくり出されている」と批判しています（『検証［地位協定］日米不平等の源流』）。

たとえば、軍隊だから火薬を取り扱うのは当然ですが、弾薬庫での保管や輸送時の安全管理などはきちんとされているのかを確認したくても、火薬類取締法が「適用排除」されていては、立ち入り検査などを含めて安全をチェックできません。

また、消防法も外務省や消防庁の官僚による国会答弁で「米軍に対しては適用がない」とされています。しかし、消防法が「適用排除」されていると、米軍の貯油施設のタンクなどの安全性もチェックできません。現に一九八一年一〇月一三日、横浜市にあった米軍小柴貯油施設（二〇〇五年に日本側に返還）で大型地下タンクが爆発、ジェット燃料が炎上した事件では、爆発したタンクは旧日本海軍が戦争中につくった古いものを、米軍がそのまま使用しており、危険物の規制に関する政令の地下タンク貯蔵所の安全基準に達していないことがわかりました。しかし、横浜市消防局は基地内に立ち入って、この危険なタンクを調査したことはありませんでした（『基地と人権』）。

本来なら、米軍に対して「原則として日本の法令が適用になる」ところを、「原則として我が国の法令の適用はない」と解釈を逆転させた、外務省の「考え方」や大河原答弁によって、火薬類取締法や消防法は米軍に対して「適用排除」という政府見解ができあがってしまいました。

そのために、米軍の弾薬庫や貯油施設などの安全性を外部からチェックできず、住民の安全がおびやかされる現実がもたらされているのです。八一年の米軍小柴貯油施設の爆発火災では、爆風や飛散物で市民三名が負傷、三四九棟の建物で六〇六件、計五四六世帯におよぶ被害が出ています（前掲書）。

事実上の治外法権強化のエスカレート

地位協定と国内法令の関係について、米軍に都合のいいように拡大解釈やねじ曲げた解釈をして、米軍の特権強化を推し進めた外務省。その姿勢はさらにエスカレートしていきました。「日本は安保条約によって米軍に基地、演習場、訓練場を提供し、訓練空域、射爆場などを指定しています。だから本来は、それ以外の場所では軍事訓練などしてはならないのです。それは、一九六〇年の安保国会での政府答弁でもはっきりしています」と言って、末浪が例にあげるのは、PART2でもふれた（176～177ページ）次の答弁です。

「米軍は上空に対しても、その区域内で演習する。こういう取り決めとなっている」（六〇年五月一一日、赤城宗徳防衛庁長官）

「空軍の演習の場合には、演習区域というものを指定している。したがって、その演習は、その上空においてのみ行われることになる」（六〇年五月一一日、丸山佶調達庁長官）

「ところが、米軍はそれ以外の場所でも訓練をしています。北海道から沖縄まで全国各地の上空を飛び回る低空飛行訓練がそれです。多くの住民に騒音被害や墜落・部品落下など事故の危険をもたらしています。多くの自治体と地方議会が訓練中止を要求しています。しかし、こうした安保条約にも地位協定にも根拠のない低空飛行訓練を、日本政府は認めているのです」

そう批判を強める末浪は、米軍の低空飛行訓練を正当化するために外務省が考えだした解釈が、「日米地位協定の考え方」の増補版（一九八三年）に書かれ、それが政府の国会答弁にも使われていると指摘します。

「空対地射爆撃等を伴わない単なる飛行訓練は、本来施設・区域内に限定して行なうことが予想されている活動ではなく、地位協定上、我が国領空においては施設・区域上空でしか行い得ない活動ではない」（『日米地位協定の考え方・増補版』琉球新報社編　高文研　二〇〇四年）

「［低空飛行訓練のように］地位協定に特段の規定がなくても、軍隊の通常の活動に属すると思われる行動については、米軍が駐留を認められている結果として当然認められるべきものである」（一九八八年二月二三日、斉藤邦彦外務省条約局長の答弁）

これもまたひとつの解釈操作といえます。赤城長官らの答弁にあるように、米軍の訓練のためにわざわざ訓練空域を設定して提供しているのです。それを「地位協定に特段の規定がなくても」、どこでもできるとしたら、訓練空域などを設定する意味はなくなります。米軍の特権、事実上の治外法権を強化するための拡大解釈・解釈操作は、エスカレートし、とどまることを知りません。

「法治国家崩壊」の軌跡

しかし考えてみれば、非常におかしなことばかりなのです。

国内法令の道路法・車両制限令によって戦車輸送が止められると、それは米軍に都合が悪いからと、アメリカ政府は日本政府に裏でトップレベルの圧力をかける。迎合して屈した日本政府が米軍の都合に合わせて車両制限令を改定する。違法だった行為を「合法化」する。

さらに、日本の国内法令にしばられずに、フリーハンドの基地使用と軍事活動の特権を維持・強化したいアメリカ側に対し、防衛庁長官が「米軍基地の効果的使用を確保するために、日本政府は最大のことをする」（末浪訳）と約束するなど、日本側が迎合してゆく。

そして、地位協定と国内法令の関係、地位協定の運用などについて、外務官僚たちが米軍に都合のいいように拡大解釈・解釈操作を重ね、秘密文書（「日米地位協定の考え方」）を作成する。もちろんそのような解釈が立法手続きをへた規定になっているわけではない。

そのうえで、地位協定と日本の国内法令の関係について原則と例外を逆転させる国会答弁（大河原答弁）があり、従来の政府見解を一八〇度転換させる。それを歴代内閣が踏襲する。その結果、米軍の事実上の治外法権はよりいっそう強化される。

主権と人権が侵害され、人びとの生活環境・生命・安全に関わる重大な問題が、国会と国民の目の届かない、しかもアメリカの手の影におおわれた密室で決められていた。

こうして一九七二年八月の戦車輸送阻止事件から、七三年七月の大河原答弁にいたる一連の経過をたどってみると、やはり戦後日本の対米従属のレールを強化した重大事件だったことが浮き彫りになります。これもまた、アメリカ政府による砂川裁判への政治的工作・干渉や日米密約交渉のケースと同じように、「法治国家崩壊」としか呼びようがありません。

たしかに日本では、法律を犯して犯罪を起こせば逮捕され、裁判にかけられ、処罰されます。しかし、「法治国家」とはもっと幅広く、意味の深い概念です。手もとの『大辞林』（三省堂）で「法治国家」をひいてみると、「法により国家権力が行使される国家。国民の意志によって制定された法にもとづいて国政の一切がおこなわれ、国民の基本的人権の保障を原則とする」という意味です。また『広辞苑』（岩波書店）によると、「法治国家」では「権力分立がおこなわれ、司法権の独立が認められ、行政が法律によっておこなわれ、法が統治する」とあります。

それでは、この「法治国家」の意味と、これまでアメリカ政府解禁秘密文書などをもとに検証してきたことを照らし合わせて、考えてみましょう。

一部の官僚たちが秘密裏に、地位協定と国内法令の関係について解釈の操作をし、本来は米軍に対しても適用される国内法令を適用されないようにしました。つまり米軍に対して法の網の目をきわめて粗くして、事実上の治外法権を強化させてやったのです。しかもなんの立法手続きをとることもなく。

また、車両制限令改定のように、日本政府はアメリカ政府からの圧力に迎合して屈し、米軍に有利になるよう、違法だった行為を「合法化」しました。

安保改定で取り決められた「事前協議」制度を骨抜きにする「核持ち込み密約」や、地位協定の条文に明記されない米軍の基地使用の特権を認める「基地権の密約」などを結び、情報隠蔽しつづけた日本政府。

安保条約・地位協定に関する日米密約の数々が、いわば「密約体系」をなして、軍事優先・米軍優位の「安保法体系」を裏で支えています。法律ではない密約が、米軍の特権を支え、基地周辺をはじめ住民の人権を侵害しています。

「米軍駐留は違憲」の「伊達判決」直後、その判決に不満があるから、それをくつがえすべく日本政府に「跳躍上告」をうながした駐日米大使の内政干渉と、それに応じた政府の態度も驚くべきものです。

国の最高法規である憲法。その「憲法の番人」といわれる最高裁判所の長官が、砂川裁判の一方の当事者といえる駐日アメリカ大使に、裁判所法に違反して「評議の秘密」をもらしました。砂川裁判の最高裁の法廷では、最高検察庁の検事がアメリカ政府の指示どおりに虚偽の弁論をしました。

そのような砂川裁判最高裁判決の、「日本政府には米軍に対する指揮権・管理権がない」という判断が、米軍機騒音公害訴訟に影響をおよぼし、「米軍基地と米軍の活動には日本政府の権限も、司法権もおよばない」という主旨で、米軍機の夜間飛行差し止めがしりぞけられてきました。米軍機騒音の違法状態を止められず、住民の人権侵害救済がはばまれています。

つまり安保条約・地位協定が憲法に優越し、日本の領土内なのに主権がおよばない「治外法権」の状態がつくりだされてしまっているのです。

砂川裁判最高裁判決は、安保条約は高度の政治性を有していることを理由に、それが違憲か合憲かの判断は司法審査権の範囲外だとしました。そのため、安保条約に関することは「統治行為」として、もっぱら政府の行政権の自由裁量的判断にゆだねられることになったのです。

その結果、安保条約・地位協定の運用に関わる一部の外務官僚らが、地位協定などを解釈して運用する権限をほぼ独占するかたちになりました。かれらは日米合同委員会などでの秘密協議を通じて、日米の秘密合意（密約）を交わし、米軍に有利な地位協定の拡大解釈・解釈操作をしています。官僚機構が日米安保体制のインナーサークルとして、あたかも「法治」の枠の外側にいるかのような状況です。

とにかく、このようなことでは、「国民の意志によって制定された法にもとづいて国政の一切がおこなわれ」る「法治国家」とはいえません。一部の官僚や政治家により、国民の目も意志も届かない密室で、正当に法にもとづいているとはいえない国政がおこなわれているのです。

最高裁での砂川裁判では、「法治国家」の条件である「司法権の独立」が失墜しました。米軍に事実上の治外法権を許すことで、米軍機騒音の違法状態も放置され、「国民の基本的人権の保障」がおびやかされている現実が長年続いています。こうした実態は独立した主権国家とはいえず、「法治国家崩壊」にほかならないでしょう。

歴史の闇に浮かびあがってきたもの

いまこの国では、「法治国家崩壊」がとめどなく進もうとしているように見えます。安倍政権による集団的自衛権の行使に向けた、強引な解釈改憲の動きです。憲法上、集団的自衛権の行使は認められないと国会答弁を積み重ねて定着した従来の政府見解を、一挙にくつがえそうとしているのです。地位協定の解釈を操作して政府見解を一八〇度転換させた、あの大河原答弁の構図と似たものを感じさせます。

「憲法解釈の最高責任者は私だ」と大見得をきって、解釈改憲の閣議決定に走る安倍晋三首相の背後には、憲法により国家権力にしばりをかける立憲主義の枠組みを、行政の自由裁量権の拡大解釈によって取り払おうとする意図が見えます。憲法第九九条による「憲法尊重擁護義務」を負っている首相自身が、それにそむいて憲法をないがしろにしているのです。

そこには、安保条約が高度の政治性を有していることを理由に、司法の違憲審査権の範囲外だとして、安保条約に関することは「統治行為」として、もっぱら政府の行政権の自由裁量的判断にゆだねた砂川裁判最高裁判決の影も重なって見えます。

集団的自衛権の行使を認めることは、憲法九条を実質的に廃棄することにほかなりません。一種の「解釈改憲クーデター」であり、立憲主義・法治主義を侵し、さらなる「法治国家崩壊」へとみちびくものです。憲法改定の手続きも経ずに、「憲法体系」にとどめをさすことになります。

その安倍政権のもとで、憲法が保障する言論の自由・「知る権利」を侵す特定秘密保護法も強行制定され、国家の秘密主義と情報隠蔽体制は強まっています。それでなくても、日米密約や日米合同委員会の秘密合意事項、「日米地位協定の考え方」などの秘密文書の存在が隠されてきました。それら日米安保・地位協定に関する情報が、特定秘密に指定され、ますます秘密の闇に閉ざされてしまう懸念が高まっています。

国民には、法律は守らねばならないという側面を強調する法治を押しつけ、自分たち権力層は立憲主義にもとづく法治の枠組みにとらわれない自由裁量権を拡大しようとする思惑が透けて見えます。

法治の反対は人治です。ひとにぎりの権力者とその側近政治家、官僚機構が法令の解釈を独占し、都合のいいように運用する。特定秘密保護法がまさにその一例ではないでしょうか。集団的自衛権の行使に向けた解釈改憲のごり押しもまさにそうです。こうした前例はすでに安保条約・地位協定をめぐる官僚機構の解釈権の独占、恣意的運用という実態に見られます。

憲法九条のもと「必要最小限度の自衛力、個別的自衛権は合憲。しかし集団的自衛権の行使は憲法上認められない」という幾たびもの国会答弁、内閣法制局の解釈を通じて、歴代の政権が積み上げてきたのが、従来の政府見解です。それをくつがえして、集団的自衛権の行使を強引に「合憲化」しようとする解釈改憲。いま安倍政権がやろうとしていることは、実はアメリカ政府が求めつづけてきたものです。

しかも、安倍首相や高村正彦自民党副総裁らは集団的自衛権の行使容認を正当化する根拠に、よりによって砂川裁判最高裁判決を持ち出しています。かれらの主張は、同判決は個別的、集団的を区別しないで、日本国に固有の自衛権があることを認めているというものです。

しかし、同判決の主旨は「駐留米軍は日本の戦力ではない」という点にあり、固有の自衛権の内容を定義したり、集団的自衛権を認めたりしているわけではありません。

何よりも、本書で検証したように、同判決の背後にはアメリカ政府の秘密工作・内政干渉があり、田中最高裁長官の「評議の秘密」漏洩など、司法の独立性が侵害されたあげくのはての判決でした。そんな黒い霧におおわれた判決には、なんら正当性はありません。

アメリカ政府が求める集団的自衛権の行使容認の根拠に、アメリカ政府の干渉の産物である砂川裁判最高裁判決を持ち出すのは、対米従属もここにきわまれりとしか言いようがない状態です。

安倍首相は集団的自衛権行使によって、日米安保の双務性が高まる、日米対等になるかのように主張しています。しかし、実態は対米従属のレールからはのがれられず、アメリカの要求に応じて、イラク戦争やアフガン戦争のようなケースで、米軍主導の多国籍軍に加わるかたちで参戦することになるのは目に見えています。

それはつまり、日本がふたたび海外派兵をし、戦争をする国になることを意味します。在日米軍基地、自衛隊基地がその出撃拠点・訓練拠点となるでしょう。

これまでアメリカ政府解禁秘密文書などをもとにした検証の結果、「憲法体系」が「安保法体系」と「密約体系」と「地位協定の拡大解釈・解釈操作」などによって侵食されてきた、「法治国家崩壊」という日本の戦後史の「転落」の軌跡が歴史の闇のなかに浮かびあがってきました。

憲法九条を守る「平和国家」から憲法九条を捨て去る「戦争国家」への転落のはてに、日本の戦後史はいつのまにか新たな戦前史へと変質しながら時を刻みはじめてはいないでしょうか。

それを押しとどめるためにも、「憲法体系」を「安保法体系」よりも優先させた、あの五五年前の「伊達判決」の意味を、いまあらためてかえりみる時が来ているように思えます。

付録

核密約と有識者委員会

新原昭治

1960年の安保改定の裏側で結ばれた核密約により、米軍は核兵器を搭載した艦船や航空機の日本への寄港・飛来（事実上の核持ち込み）の特権を確保しました。日本政府はその密約の存在を隠蔽してきましたが、2009年の政権交代で民主党政権になり、外務省は密約文書の調査を余儀なくされ、関連文書が公開されました。

しかし、外務省がお膳立てした一部の外交史研究者らによる有識者委員会は、核密約を密約と認定しない曖昧な結論を出し、問題はうやむやに処理されたままです。密約も廃棄されていません。その背景には、日本の根深い対米従属の構造があります。アメリカ政府解禁秘密文書の調査を通じて核密約の存在を明らかにしてきた新原昭治が、有識者委員会の欺瞞をあばき、問題の隠蔽をはかる日本政府の姿勢を追及します。

1.「核密約」とは何か

核密約とはいったい何でしょうか。

日米安保条約は、一九六〇年に改定されましたが、その条約改定を飾り立てる「事前協議」制という新しい仕組み、ただし虚構そのもののからくりのために、国民に隠れ秘密裏に日米両政府が交わしたのが、核密約でした。

わが国への米軍による核兵器持ち込みに関しては、〝日本政府と前もって協議する〟と当時、大宣伝されて、それが「事前協議」制のうたい文句になりました。しかし実際には核密約によって、日本に寄港したり飛来する艦船や航空機によるアメリカの核持ち込みを、一括してひそかに認めていたのです。

密約は、改定安保条約のワシントンでの調印（一九六〇年一月十九日）に先立ち、約二週間前の一月六日、藤山愛一郎外相とダグラス・マッカーサー二世駐日大使が東京でイニシャル署名していました。（イニシャル署名とは氏名の頭文字による署名）

当時の岸信介内閣は、新安保条約で独立国らしくなったと大宣伝しました。その目玉が「事前協議」制で、米軍の「装備における重要な変更」や「戦闘作戦行動」のための基地使用は、日本政府と前もって協議するとされました。核兵器の持ち込みはすべて「事前協議」の対象だと公表されたのです。

しかし、実際には日米両政府は密約によって、核兵器を搭載した米艦船や航空機の「立ち寄り」は、「事前協議」の対象としないことで合意していました。つまり、米軍の核持ち込みは「自由」と取り決めたのです。陸上基地への核兵器配備・貯蔵については、別の核密約の存在が確認されています。

核密約をひた隠しにして「事前協議」の虚構を国民に信じ込ませるため、政府が当時、どのような宣伝をおこなったかを、外務省作成の当時の広報資料『新しい日米間の相互協力・安全保障条約』（外務省情報文化局・一九六〇年七月）で見ておきましょう。

「一定の事項を日本政府との事前の協議の主題とすることとした趣旨は、米国のそのような措置ないし行動が日本側の意向に沿わないようなことがないようにするためである。したがってわが国の意に反して米側がそれらの行為をすることは、この事前協議制度の趣旨からいってありえないことである。」

「米軍の装備における重要な変更　これは核兵器というものに対する日本国民の強い反対にかんがみて、日本側が知らないうちに核兵器が持ち込まれたりするようなことのないようにするために設けられた規定である。米国政府も核兵器の問題についての日本国民の感情をよく知っているので、日本に核兵器を持ち込もうなどとは考えていないはずであるが、かりにそのような希望をもって協議してきたとしても、政府としてこれに応ずる意向のないことはいうまでもない。」

さらに、一九七二年沖縄返還では、「核抜き」の宣伝をよそに核の再持ち込みを米軍に許す佐藤・ニクソン密約が、一九六九年十一月に佐藤栄作首相とニクソン大統領のあいだで結ばれました。同密約については、秘密交渉に直接関わりそのお膳立てをした若泉敬氏が、一九九四年に出版した『他策ナカリシヲ信ゼムト欲ス』（文藝春秋）で、密約締結の経過や内容をくわしく明らかにしましたが、二〇〇九年末、佐藤栄作元首相の親族宅からその実物がみつかりました。

一九六〇年の核密約の本質は、旧安保条約のもとで米軍が自由勝手におこなってきた核持ち込みを、改定後も事実上これまでと同じように続けられるようにした点にあります。一九七二年沖縄返還「核密約」も、それとよく似た狙いにもとづいて密かにかわされていました。

「使用」想定の核持ち込み

では、核持ち込みはそもそも何を狙うものでしょうか。

その狙いは、海外で核兵器を使うための予備行動という点にあります。攻撃想定目標の近くに置くことで、核兵器を使いやすくするのが目的です。

米ジョージタウン大学のジャン・ノラン教授は国務省勤務の経験も持っている核兵器問題専門家ですが、アメリカ政府部内で核兵器戦略が実際にどのようにつくられてきたかを現場の担当者らから聞き取りをおこない、そのありのままをくわしく調査しました。その結論として、核戦略は三つの柱によって構築されていること、それは、①核兵器の取得（調達）戦略、②配備戦略、③使用戦略であると指摘するとともに、核戦略のこうしたほんとうの生々しい実像が公表されることはないと述べました。つまり、アメリカ政府によって一般に公表される核兵器政策（〝宣言政策〟とも呼ばれる）は、現実の核戦略の実態からは乖離しているというのです。

ノラン氏の指摘から確認できることは、核戦略の中心に位置するのは核兵器使用戦略であり、核兵器の配備戦略や調達戦略がそれを支えているという構造です。基本的に同じ指摘は、アメリカの核兵器問題専門家として広く知られるロバート・ノリスとウィリアム・アーキンの両氏によってもなされています。

この分析は、アメリカ政府の重要な解禁秘密文書によって私たちが知ることのできるアメリカ政府の核兵器問題の基本方針とも完全に一致しています。たとえば、一九五七年末にアイゼンハワー大統領の指示にもとづき作成された海外米軍基地に関する秘密報告書「ナッシュ報告」は、他国へのアメリカの核兵器持ち込みに関し、アメリカ政府は、米軍が駐留する国においては、①核兵器の持ち込みを自由にできなければならない、②戦時の核兵器使用に関していかなる禁止措置もとらせてはならない――と指示していました。

アメリカの事実上の軍事的支配下におかれてきたわが国にも、この核戦略が適用されたのです。

日本では「核持ち込み」と言えば、米軍の核兵器そのものが日本に入ってくるか否かが関心の中心になっていますが、アメリカの核兵器戦略は、核持ち込みという行為を、世界各地で核兵器を使用する発射基地の確保の問題として位置づけているのです。

日本では、米軍の全面占領下におかれた沖縄で一九五〇年代はじめ以来、核兵器貯蔵が始まりました。当時、沖縄では、西ドイツと並んで世界最大の巨大な核基地の構築が、沖縄県民に対する野蛮きわまる米軍の弾圧態勢下で強行されました。アメリカが沖縄につくった核攻撃基地群の一例をあげると、一九六〇年代初め沖縄本島の四カ所に発射基地が設置された地対地核ミサイルの「メースB」がありますが、射程が二千キロメートル以上に達し、優に中国の首都北京以遠までを核攻撃の射程内に収めました。

日本本土では一九五三年十月から翌五四年春にかけて、横須賀、神戸、佐世保に核兵器を積んで寄港した空母オリスカニが、最初の核積載空母となりました。それ以降、日本にやってくる事実上すべての空母が常時、少なくとも数十個の核兵器を積載しながら、西太平洋だけでなくオホーツク海、日本海、東シナ海、南シナ海（ベトナム沖）などアジア大陸の文字通り沿岸海域で四六時中、きわめて挑発的な核攻撃態勢をとりつづけました。

その一例として、一九七三年秋に横須賀がアメリカの空母の母港になった直後の時期のアメリカ政府解禁秘密文書から分かった重大なデータを紹介しましょう。それは、横須賀が米空母の海外初の母港になって約一カ月のちの同年十一月三十日付米国務省機密文書です。私がアメリカの国立公文書館でコピーしたものですが、これにソ連周辺に配置された当時のアメリカの核攻撃態勢とその核攻撃効果のデータが記されていました。

それには、日本海に入った米空母のA7コルセア艦載機が、シベリアに対して核攻撃を加えた場合、人口十万以上のいくつの都市を破壊できるかというデータが書かれていました。艦載攻撃機の飛び方で核爆撃の効果も異なり、最も空気抵抗等が少なくスムーズな攻撃態勢がとれる「高空―高空―高空」（ハイ・ハイ・ハイ）の飛び方なら、航続距離一千四百四十海里と想定して、人口十万以上のソ連のシベリアの十三都市を破壊できる。他方、空気抵抗等が多い「低空―低空―低空」（ロー・ロー・ロー）という飛行パターンなら、航続距離七百六十海里として人口十万以上の八都市を破壊できると書かれていました。

機密文書には都市の名前までは入っていませんが、当時のシベリアの十万以上の都市といえば、ハバロフスクやウラジオストクをはじめ、ヤクーツクやチタ、イルクーツクなど、陸海交通の要衝やシベリアの重要な拠点都市が含まれていました。さらに西のノボシビルスクも核攻撃が想定された都市に入っていた可能性があります。

この時点で、日本海に入る米空母の艦載機と言えば、なによりも横須賀を母港とする空母のものです。機密文書は、日本常駐の米空母の艦載機によるシベリアの諸都市への核攻撃がもくろまれていた事実を裏書きしています。

「ノー・モア・ヒロシマ、ナガサキ」の国民の世論

日本に対する核持ち込みが始まったまさにその時期、わが国では第五福竜丸など漁船をはじめ一千隻にのぼる船舶が、十五メガトンもの米国の巨大なビキニ水爆実験によって被曝しました（一九五四年三月一日）。それを機に原水爆禁止の運動と世論が、たちまちのうちに全国に燃え広がりました。

当時の駐日アメリカ大使館発の極秘電報には、日本全土への核兵器配備計画（陸上基地への核兵器の固定的配備の新たな計画を指す）について「政治的障害あり」「状況さらに険悪」の文字が走っています。東京のアメリカ大使館とワシントンのあいだを行き交った一連の秘密外交電報には、日本政府にうかつに「核使用の権利」の話を出すのは危険、という注意書きも目を惹きます。

核兵器使用の予備行為として強引に推進されつつあった核持ち込みが、「ヒロシマ、ナガサキをくり返すな」の怒濤のような国民の世論と運動のひろがりにより、アメリカ政府当局にとって扱いの難しい問題へと発展していったのは、当然の成り行きでした。

核持ち込み問題で、日本国民にひた隠しにして極秘裏に処理することを唯一無二の選択肢とする〝狭い道〟に、日米両政府が追い込まれて行った経過が浮かび上がります。

ビキニ水爆実験から三年後の一九五七年二月、岸信介内閣が成立。同内閣は「核持ち込みを認めない」と初めて国会で述べました。しかし、その裏では日米両政府の新たな画策が始まっていました。

同年四月、アメリカ国務省は核兵器問題の日本の世論を中心に、「核兵器・核戦争への日本のかかわり」と題した秘密報告書を作成しました。この中で、日本の核兵器反対世論の大きな広がりと岸内閣の態度の関係について、次のように分析しました。

「一連のできごとは、日本の大衆世論が、核兵器についての日本の国家政策を形成するうえでの支配的要素であることを、明確に示している。岸政権はこの問題全体にかんし、日本の大衆世論の指導者であるよりはその追随者だといった方が、正確な特徴づけといえよう。」

日本国民の「ヒロシマ、ナガサキを繰り返すな」「原水爆をただちに廃絶せよ」という叫び声の国民的ひろがりを直視しながら、その国民世論によって追い詰められた岸自民党内閣の矛盾を目ざとく分析した報告書でした。報告に接したアメリカ政府関係者が、核兵器反対の世論が圧倒する日本を相手にする関係で、やがておこなわれようとしている日米安保条約改定交渉の成り行きに懸念を抱いたのは、いうまでもありません。

岸首相訪米（一九五七年六月）を経て、一九五八年十月から東京でいよいよ日米安保条約改定交渉が開始されました。その対日交渉開始の二カ月前、アメリカ海軍首脳が核持ち込み問題で日本政府との密約を提案しました。提案者はアメリカ海軍の制服組トップのアーリー・バーク海軍作戦部長。海軍では彼の上にはシビリアンの海軍長官ひとりしかいないという有力な地位のために、強力な発言権を持った人物でした。そのバーク海軍作戦部長がトワイニング統合参謀本部議長に宛てた覚書で、次のように対日核密約を提案したのです。「政治的目的のために、つぎの条件がかなえられれば核兵器を持ち込まないという口頭の共同保証を〔日本政府とのあいだで〕おこなってよいだろう。**その条件とは、アイゼンハワー大統領と岸首相が秘密議定書によって、日本防衛にどうしても核兵器が必要だと米国がみなす場合に核兵器のひそかな持ち込みを承認するというもの**である。」（一九五八年八月六日付、覚書「日米安保条約改定問題」。新原昭治編訳『米政府安保外交秘密文書―資料・解説』〔新日本出版社〕所収）

つまり、日米両首脳間で「有事」に日本に核持ち込みをおこなうとの密約さえ結んでおけば、日米両政府が共同で「日本には核兵器を持ち込まない」という発表を公然とおこなってもよいではないかという奇抜な提案です。

そこにぎらつくのは虚と実の完全な転倒であり、核兵器反対を叫ぶ日本国民への蔑視です。それが今日に至るまで、核密約のすべての過程を貫くことになったのです。

一九五八年十月四日、東京で正式に開始された日米安保条約改定交渉では、第一日にマッカーサー大使が本国政府の訓令にそって、核兵器を積載している米軍艦の日本の領海と港湾への立ち入りが従来通り続けられ、事前協議方式の対象にはならないと、日本側の岸首相らに〝通告〟しました。

一方、安保条約改定の日米交渉に関し、日本側は交渉前に事前協議についての日本側独自案として、「合衆国は、日本国政府の事前の同意なくして、核兵器を日本国内に持ち込まない」とする案を用意していたと日本外務省文書が記録しています（「米軍の配備及び使用に関する日本側書簡案」一九五八年七月二日、八月二十三日）。しかし、民主党政権下で核密約調査に関わった有識者委員会がいくら探しても、それをアメリカ側に説明した「形跡」は見つからなかったようです（不破哲三『日米核密約―歴史と真実』新日本出版社）。

結局、交渉第一日のマッカーサー大使の説明通りの内容が、日米核密約（＝事前協議密約）の公式の文言とされ、その核密約は長らく国民の前から隠されてきたのです。

2．有識者委員会[*1]と、いまなお生き続ける核密約

二〇〇九年の政権交代で成立した民主党の鳩山政権は、内閣組閣の直後から一九六〇年核密約など四つの密約問題の調査に着手しました。「核密約は存在しない」と言い続けた自公政権時代、あるいはその前からの自民党政治のもとでは考えられなかったことです。

核密約問題を、アメリカ政府解禁秘密文書調査をもとにこの問題を徹底追及してきた日本共産党をはじめ多くの国民の間から、核密約の徹底解明および対米通告による核密約の破棄を求める動きと世論が高まりました。

それから半年後の二〇一〇年三月九日、岡田克也外相が委嘱した有識者委員会調査結果の報告書を発表しましたが、その内容は国民の期待に反するものでした。

有識者委員会と政府の見解

有識者委員会は、日米間でひそかに結ばれた秘密の「討論記録」という名の文書が存在すること自体は認

＊1　有識者委員会　二〇〇九年一一月設置。翌年三月に、①核兵器持ち込み、②朝鮮半島有事の際の自由出撃、③沖縄への核兵器再配備、④沖縄返還時の原状回復補償費の肩代わり――の四分野の「密約」に関する報告書を公表。北岡伸一東京大学教授を座長とし、六人の大学教授で構成。報告書全文は外務省のホームページで閲覧可能。

めました。その点だけは、自民党政権が一貫して否認してきたのとは違う対応でした。しかし、有識者委員会報告書は、「日米両国間には、核搭載艦の寄港が事前協議の対象か否かにつき明確な合意はない」と主張し、秘密の「討論記録」が核兵器持ち込みの密約そのものであることをかたくなに否定しました。

要するに、「討論記録」という名の秘密合意により、核兵器を積んだ米艦船が「事前協議」なしに自由に日本の港に出入りできるとしたアメリカ政府解禁秘密文書の記述は、アメリカの一方的解釈に過ぎず、交渉当時にその解釈を日本側に明らかにした形跡も見あたらない、また日本側交渉当事者がその解釈をアメリカ側と共有した証拠もないという、特異な説明をもって、調査の最終結論にしたのです。

政府もまた、有識者会議の報告を受けて、一九六〇年の安保条約改定交渉当時、「核密約」が成立した証拠はないとの立場をとりました。そして、「事前協議」なしの核兵器積載艦船寄港が許されるとする理解は、日本側と「共有」されておらず、「アメリカ側の一方的解釈」にすぎないとくりかえしました。モノはあったが、密約はなかったというわけです。

これは、たとえば二〇〇〇年に当時の日本共産党委員長・不破哲三氏が国会の党首討論でくりかえし首相を相手に核密約の問題を追及したさいに取り上げた一連のアメリカ政府解禁秘密文書の内容とも大きく矛盾するものでした。また改定安保条約の調印に先立ち、一九六〇年一月六日に藤山外相とマッカーサー大使がひそかに「事前協議」問題の秘密合意文書（「討論記録」）にイニシャル署名によって調印しなければならなかった必然性を、政府のこの説明は何一つ明らかにし得ませんでした。

有識者委員会の〝言い分〟の崩壊

その後、有識者委員会と政府の言い分に客観的証明力がなかったことを裏づける一連の新証拠があいついで出ました。

たとえば、核兵器積載艦船が「事前協議」の対象外であるとの立場を、アメリカ側は交渉当時、日本側に伝えた証拠はないと有識者委員会が一方的に主張したのに対し、不破哲三氏は新たに日米安保条約改定交渉第一日（一九五八年十月四日）の会談内容を報告したマッカーサー駐日大使の電報（マニラのボーレン大使あて＝同年十月二十二日発信）の存在を指摘しました。電報は、会談の席上、マッカーサー大使が「核兵器を積載している米軍艦の日本領海と港湾への立ち入りの問題は従来通り続けられ、〔事前〕協議の対象にはならない」とのワシントンの本省訓令通り、岸首相ら日本側に説明したと明記していたのです。

一方、一九六三年三月十五日に東京・アメリカ大使館リッチー書記官が国務省フィアリー日本担当官に送った書簡には、核兵器積載艦船・航空機の日本立ち寄りを事前協議の「対象外」だとする立場が、改定交渉当時に岸首相、藤山外相によって「明確に理解されていた」とアメリカ側が受け止めていた事実が記されていました。

さらに、安保条約改定交渉当時の日本の外務官僚トップの人物が、これらアメリカ側文書と本質的に同じ流れの重要証言を残していたことも明らかになりました。それは、安保条約改定の秘密交渉に、岸首相や藤山外相と終始行動をともにして日米密談を深く知る立場にあった外務官僚トップの山田久就《ひさなり》外務次官（一九五八年春から六〇年末まで次官在職）が、退職後注目すべき回想をおこなっていたものです。同氏から聴き取りをした国際政治学者・原彬久《よしひさ》氏の研究業績から分かりました。

それによると、安保条約改定直後の一九六〇年の「安保国会」で一連の閣僚が「米軍艦船の〝通過・寄港〟は事前協議の対象になる」と答弁したことについて、「あれは野党の追及を怖れるとりつくろいにすぎなかった」と山田氏が証言したのです（原彬久著『戦後日本と国際政治――安保改定の政治力学』中央公論社、一九八八年）。

つまり、実際には核積載艦の寄港が事前協議の対象にならないことを山田氏ら外務省首脳が知悉《ちしつ》しながら、野党の批判を恐れて政府首脳が国会で意識的にウソをついたというものです。外務省のこれら関係者は当時、政府の国会答弁の「擬問擬答」作成に直接関わったのです。

しかもこの証言内容は、作業開始直後の有識者委員会に原氏自身から提供されていたにもかかわらず、有識者委員会の報告書はこれを理由もなく無視しました。

一連の証拠から浮き彫りになるのは、有識者委員会が内外のあれこれの証拠のもみ消しにも似た行動を重ねて、核持ち込みを「事前協議」の対象外とした核密約への岸首相らの加担の真相を、闇に葬ろうとしたという事実です。

姑息な断定と日米核軍事同盟のにおい

密約問題調査の有識者委員会では、こうした文書調査や関連した聴き取りなどとあわせて、一連の日米密約の意味を不当に軽視する意図にそった「理論」作業も行われました。受け持ったのは、かつて小泉内閣時代に外務省の私的諮問機関の座長として「非核二・五原則[*2]」提唱の中心にすわった北岡伸一有識者委員会座長。密約調査では今度は密約調査の総仕上げのため「密約とは何か」の理論構成を担当しました。

北岡氏の狙いは、第二次世界大戦後のアメリカ中心の軍事的覇権主義を基軸とした世界的軍事基地態勢下につくられた密約群を、あたかも軽い意味しかもたないものとする特異な政治的意図を込めた視点を密約調査の結論に注入することにありました。

北岡氏は、密約かどうかを仕分ける基準として、「狭義の密約」と「広義の密約」の範疇を設定。これこそが本当の密約だという「狭義の密約」の典型を、「古典的帝国主義外交の時代」（北岡氏）の二〇世紀前半

＊2　非核二・五原則　「持たず、つくらず、持ち込ませず」の非核三原則のうち、「持ち込ませず」について陸上への貯蔵・配備に限定し、核兵器積載艦船・航空機の領空通過や寄港・飛来は認めるというもの。

の大国間密約によって代表させました。たとえば、第二次世界大戦開始直前の一九三九年八月の独ソ不可侵条約に付属した秘密議定書や、同大戦末期の一九四五年二月のヤルタで開催されたルーズベルト、チャーチル、スターリンの三巨頭会談における千島列島のソ連への引き渡し秘密協定のようなものが、「狭義の密約」だというのです。

それは、第二次世界大戦後のアメリカによる「冷戦」戦略下に編み出された一連の今日的な対米密約を、はじめから徹底究明するつもりのないことの事実上の宣言に等しいものでした。

こうして、有識者委員会は一九六〇年核密約を「狭義の密約」とはみなさず、事実上ほんものの密約ではないと断定しました。一九六九年の沖縄施政権返還にからむ佐藤・ニクソン核密約には、「(佐藤・ニクソン)共同声明の内容を大きく超える負担を約束したものとはいえず」、「必ずしも密約とは言えない」と姑息な断定を与えました。この結論は、歴史の批判にとうてい耐え得ない、政治的に歪められた不正な立論としか言えないものです。

有識者委員会の作業とそれを導いた岡田外相の政策指揮には、安保条約＝日米軍事同盟の影が終始重くのしかかり、密約解明をおこなうべき作業そのものを大きく歪めさせたのです。

実際その後、二〇一四年の本稿補筆の時点で確認できることは、岡田氏が有識者委員会の結論にもとづきつつも、二〇一〇年三月以降におこなった日米核密約と非核三原則についての一連の言明には、日米両政府間の非公開協議を通じてアメリカ政府から寄せられた意向が直接、反映させられ、非核三原則よりも日米軍事同盟を最優先させる立場が貫かれた事実が明らかになっています。

たとえば、二〇一〇年三月十九日に岡田氏が外相として外務省でおこなった会見では、次のように述べています。「われわれは非核三原則を堅持するが、将来緊急事態の場合には、三原則を守るという選択と場合によってはそれに例外をつくってでも国民を守るという場面がきた時に、時の政権が、政権の命運をかけて判断することであり、大事なことはきちんと説明することだ。」

つまり、非核三原則の「二・五原則」化に道を開く言明をしたわけですが、後日、共同通信の太田昌克編集委員は、これについて独自の取材にもとづき、次のような注目すべき背景文析を明らかにしました。

「岡田は、仮に核の持ち込みが将来必要となった際の対応について『時の政権が政権の命運をかけて判断することだ』と明言、有事における核持ち込みを認める可能性を示唆しながら従来の政府見解よりも踏み込んだ発言を行った」が、「実は岡田の発言は、日米の外交当局が描いたシナリオ通りだった。外務省高官がこう明かす。『密約調査結果公表時の外相発言をめぐっては、応答要領を作成し事前に米側と打ち合わせた。だから〝時の政権の判断〟とした外相発言も、米政府が事前に了承していた』。……密約調査を将来の核戦力運用に波及させたくなかった米側にとって、岡田の発言は〝着地点〟として満足できる内容だった。」（二〇一三年五月五日共同通信配信）

要するに、岡田氏がおこなったのは、「核密約調査」に名を借りた、非核三原則つぶしの由々しい動きそのものだったのです。これは日本国民の非核の願い――核兵器廃絶と非核日本の実現への国民的な熱い思い――をふみにじり、非核の日本と世界を実現することよりも、日米核軍事同盟を優先させ、いつまでも核兵器による大量殺戮の危険を続けさせる動きに同調するものに他なりません。

岡田氏の二〇一〇年三月の言明を、安倍内閣が最近、「引き継いでいる」と国会答弁していること自身、そのきな臭い道の危なっかしさを裏付けるものです。

安倍内閣の岸田文雄外相は二〇一四年一月長崎で講演し、「核軍縮」提案と称して「核兵器の使用を個別的・集団的自衛権にもとづく極限の状況に限定すべきだ」と発言し、被爆者らから抗議を受けました。核兵器使用の犯罪性を無視した、驚くべき言明です。

関連年表

1945(昭和20)年	8月14日	ポツダム宣言受諾
	8月15日	昭和天皇、戦争終結の詔書を放送（太平洋戦争終結）
	8月28日	連合軍進駐開始
	9月2日	米戦艦ミズーリー号上で降伏文書に調印。GHQ設置
1946(昭和21)年	2月22日	閣議で憲法改正についてGHQ草案の受け入れ決定
	5月3日	極東軍事裁判（東京裁判）開廷
	11月3日	日本国憲法公布。47年5月施行
1950(昭和25)年	6月25日	朝鮮戦争勃発、在日米占領軍出撃
	8月10日	警察予備隊創設
1951(昭和26)年	9月4日	サンフランシスコで対日講和会議開催
	9月8日	対日平和条約、日米安全保障条約（旧安保条約）調印
1952(昭和27)年	2月28日	日米行政協定調印
	4月28日	対日平和条約・日米安保条約発効
1953(昭和28)年	9月29日	日米行政協定改定調印（刑事裁判権など）
1954(昭和29)年	3月8日	日米相互防衛援助協定調印
	7月1日	防衛庁新設・自衛隊発足
1956(昭和31)年	12月18日	国連総会で日本の国連加盟を可決
1957(昭和32)年	8月6日	日米安全保障委員会発足
	9月22日	立川基地内測量阻止闘争で23名を逮捕。7名が起訴処分（砂川事件）

1958（昭和33）年	9月11日	藤山・ダレス会談で安保条約改定交渉開始に合意
	10月4日	日米安保条約改定交渉を開始
1959（昭和34）年	3月30日	東京地裁の伊達裁判長、「米軍駐留は違憲、砂川事件は全員無罪」と判決
	4月3日	検察側が最高裁判所に跳躍上告
	12月16日	最高裁、砂川事件で伊達判決を破棄し、東京地裁へ差し戻し判決
1960（昭和35）年	1月19日	日米新安保条約・地位協定調印
	5月20日	衆議院本会議で新安保条約を強行採決
	6月15日	安保反対の国会デモで東大生・樺美智子死亡
	6月19日	新安保条約自然承認
	6月23日	新安保条約批准書を交換・発効
1961（昭和36）年	3月27日	東京地裁の差し戻し審で「米軍駐留は合憲」とし、被告に有罪判決
1963（昭和38）年	12月26日	東京地裁の差し戻し審の有罪判決につき上告を受けた最高裁は上告棄却を決定し、有罪判決が確定
1969（昭和44）年	11月21日	佐藤栄作首相とニクソン大統領が沖縄返還を合意。同時に、沖縄への有事核配備を秘密合意
1970（昭和45）年	6月23日	日米安保条約、自動継続
1971（昭和46）年	6月17日	沖縄返還協定調印
	11月24日	衆院で沖縄返還協定承認案、非核決議案を可決
1972（昭和47）年	5月15日	沖縄の施政権、日本に返還
1977（昭和52）年	11月30日	米軍立川基地、全面返還
1978（昭和53）年	5月11日	金丸防衛庁長官が駐留米軍経費の一部負担（思いやり予算）を表明
1981（昭和56）年	5月8日	日米首脳会議で「同盟」関係を明記した共同声明を発表
	5月17日	ライシャワー元駐日大使が日米間に核の持ちこみの口頭了解があったと表明

1983(昭和58)年	1月18日	中曽根首相・レーガン大統領、日米は「運命共同体」と表明
1991(平成3)年	4月26日	自衛隊の掃海艇、ペルシャ湾へ出港（自衛隊初の海外派遣）
1992(平成4)年	6月15日	国連平和維持活動（PKO）協力法が成立
1995(平成7)年	9月4日	沖縄で3米兵による少女暴行事件発生
1996(平成8)年	4月12日	普天間飛行場の全面返還に日米政府が合意
2003(平成15)年	12月26日	イラク特措法にもとづき、航空自衛隊の先遣隊がイラクへ出発
2004(平成16)年	8月13日	米軍ヘリが沖縄国際大学敷地内に墜落
2006(平成18)年	5月1日	在日米軍再編のロードマップに合意。辺野古沿岸部に新基地建設、海兵隊のグアム基地移転などを決定
2008(平成20)年	4月10日	国際問題研究者の新原昭治がアメリカ国立公文書館で、解禁秘密文書の中からマッカーサー大使の砂川裁判干渉に関する文書を発見
2009(平成21)年	3月5日	砂川事件の元被告・土屋源太郎が砂川裁判をめぐる密談の記録などの情報開示を求める。不開示回答
	6月6日	「伊達判決を生かす会」が発足
	10月26日	「伊達判決を生かす会」が砂川裁判をめぐる密談の記録など関連文書の公開を求める開示請求と開示申立をおこなう
2010(平成22)年	3月9日	外務省の「有識者委員会」が日米密約問題に関する報告書を公表
	7月7日	外務省が日米安保条約改定交渉に関する外交文書を秘密指定解除のうえ一般公開
2012(平成24)年	7月7日	野田首相が尖閣諸島の国有化を表明
2013(平成25)年	12月6日	特定秘密保護法、参議院本会議で強行採決、成立。13日に公布
	12月27日	沖縄県の仲井真知事、政府申請の名護市辺野古沿岸部埋め立ての承認を正式表明
2014(平成26)年	6月17日	砂川事件、最高裁判決について元被告らが裁判のやり直し（再審）を東京地裁に申し立てる

主要参考資料

●『アメリカ紀行』田中耕太郎著　読売新聞社　一九五三年
●『砂川事件答弁書　第一部－第五部』砂川事件弁護団世話人会編著・発行　一九五九年
●『新安保条約』研究者懇談会編著　三一書房　一九六〇年
●『農村と基地の法社会学』潮見俊隆著　岩波書店　一九六〇年
●『私の履歴書』田中耕太郎著　春秋社　一九六一年
●『昭和憲法史』長谷川正安著　岩波書店　一九六一年
●『安保体制と法』長谷川正安・宮内裕・渡辺洋三編　三一書房　一九六二年
●『日米安保条約全書』渡辺洋三・吉岡吉典編　一九六八年
●『日本の憲法判例』憲法判例研究会編　敬文堂出版部　一九六九年
●『法律家』潮見俊隆著　岩波新書　一九七〇年
●「日米地位協定の考え方」外務省　一九七三年
●「基地と住民の権利」青年法律家協会弁護士・学者合同部会基地法令研究会著（『法と民主主義』一九七五年七月号　日本民主法律家協会）
●『憲法と最高裁判所』和田英夫著　学陽書房　一九七五年
●『戦後変革』大江志乃夫著　小学館　一九七六年
●『政治わが道』藤山愛一郎著　朝日新聞社　一九七六年
●『田中耕太郎　人と業績』鈴木竹雄編　有斐閣　一九七七年
●『体験的憲法裁判史』新井章著　現代史出版会　一九七七年
●『戦車の前に座り込め』「ただの市民が戦車を止める」会編　さがみ新聞労働組合　一九七八年
●『憲法現代史』上下　長谷川正安著　日本評論社　一九八一年

・『米軍機墜落事故』河口栄二著　朝日新聞社　一九八一年
・『日米外交三十年』東郷文彦著　世界の動き社　一九八二年
・『米軍基地と市民法』田山輝明著　一粒社　一九八三年
・『戦後史』上下　正村公宏著　筑摩書房　一九八五年
・『最高裁長官の戦後史』野村二郎著　ビジネス社　一九八五年
・『最高裁全裁判官』野村二郎著　三省堂　一九八六年
・『六〇年安保闘争』保阪正康著　講談社現代新書　一九八六年
・『司法と人権感覚』伊達秋雄著　有斐閣　一九八六年
・『東京・横田基地』「東京・横田基地」編集委員会編　連合出版　一九八六年
・『基地と人権』横浜弁護士会編　日本評論社　一九八九年
・『講和から高度成長へ』柴垣和夫著　小学館文庫　一九八九年
・『世界の中の日本』藤原彰著　小学館　一九八九年
・『米政府安保外交秘密文書　資料・解説』新原昭治編訳　新日本出版社　一九九〇年
・『日米安保体制と日本国憲法』渡辺洋三著　青木書店　一九九一年
・『日米関係の構図』原彬久著　ＮＨＫ出版　一九九一年
・『日米安保体制』上下　室山義正著　有斐閣　一九九二年
・『軍隊と住民』榎本信行著　日本評論社　一九九三年
・『国際国家への出発』松尾尊兊　集英社　一九九三年
・『孤高の王国　裁判所』朝日新聞「孤高の王国」取材班著　朝日文庫　一九九四年
・『岸信介』原彬久著　岩波新書　一九九五年
・『安保条約の成立』豊下楢彦著　岩波新書　一九九六年
・『在日米軍地位協定』本間浩著　日本評論社　一九九六年
・『最高裁物語』上下　山本祐司著　講談社＋α文庫　一九九七年
・『帝国ホテル物語』武内孝夫著　現代書館　一九九七年
・『日米地位協定逐条批判』地位協定研究会著　新日本

出版社　一九九七年
●『日米行政協定の政治史』明田川融著　法政大学出版局　一九九九年
●『日本永久占領』片岡鉄哉著　講談社＋α文庫　一九九九年
●『安保条約の論理』豊下楢彦編　柏書房　一九九九年
●『日米核密約』不破哲三著　新日本出版社　二〇〇〇年
●『日米同盟の絆』坂元一哉著　有斐閣　二〇〇〇年
●『秘密のファイル』上下　春名幹男著　新潮文庫　二〇〇〇年
●『60年安保・三池闘争　石原裕次郎の時代　1957－1960』西井一夫編　毎日新聞社　二〇〇〇年
●『日米同盟半世紀』外岡秀俊・本田優・三浦俊章著　朝日新聞社　二〇〇一年
●『密約外交』中馬清福著　文春新書　二〇〇二年
●『岩波小辞典　現代の戦争』前田哲男編　岩波書店　二〇〇二年
●『日米軍事同盟史研究』小泉親司著　新日本出版社　二〇〇二年
●『検証［地位協定］日米不平等の源流』琉球新報社・地位協定取材班著　高文研　二〇〇四年
●『外務省機密文書　日米地位協定の考え方・増補版』琉球新報社編　高文研　二〇〇四年
●『沖縄現代史』新版　新崎盛暉著　岩波新書　二〇〇五年
●『砂川闘争の記録』宮岡政雄著　御茶の水書房　二〇〇五年
●『砂川闘争50年それぞれの思い』星紀市編　けやき出版　二〇〇五年
●『オーラルヒストリー　日米外交』大河原良雄著　ジャパンタイムズ　二〇〇六年
●『戦後日米関係と安全保障』我部政明著　吉川弘文館　二〇〇七年
●『静かな日々を返せ　第二集』普天間米軍基地から爆音をなくす訴訟団編・発行　二〇〇八年
●「憲法の立場から安保条約・地位協定を根源から問う」新原昭治著（『前衛』二〇〇八年　八月号　日本共産党中央委員会）
●「砂川闘争半世紀――米政府秘密文書が語る事件の内実」新原昭治（『前衛』二〇〇八年　一二月号　日本共産党中央委員会）

- 「砂川事件上告審とアメリカの影」小田中聰樹著（『世界』二〇〇八年八月号　岩波書店）
- 『宜野湾市と基地』沖縄県宜野湾市基地政策部基地渉外課編・発行　二〇〇九年
- 『「共犯」の同盟史』豊田祐基子著　岩波書店　二〇〇九年
- 『司法官僚』新藤宗幸著　岩波新書　二〇〇九年
- 『米軍違憲』平山基生著　本の泉社　二〇〇九年
- 「主権侵害・対米従属の基礎構造」新原昭治著（『平和運動』二〇一〇年六月号　日本平和委員会）
- 『安保改定50年　軍事同盟のない世界へ』民主主義科学者協会法律部会編　法律時報増刊　日本評論社　二〇一〇年
- 『砂川闘争の記』武藤軍一郎著　花伝社　二〇一〇年
- 『歴史としての日米安保条約』波多野澄雄著　岩波書店　二〇一〇年
- 『日米密約　裁かれない米兵犯罪』布施祐仁著　岩波書店　二〇一〇年
- 『従属の同盟』赤旗政治部「安保・外交」班著　新日本出版社　二〇一〇年
- 『密約　日米地位協定と米兵犯罪』吉田敏浩著　毎日新聞社　二〇一〇年
- 『日米「密約」外交と人民のたたかい』新原昭治著　新日本出版社　二〇一一年
- 『日米「核密約」の全貌』太田昌克著　筑摩書房　二〇一一年
- 『静かな日々を返せ　第三集』普天間米軍基地から爆音をなくす訴訟団編・発行　二〇一一年
- 『砂川事件刑事訴訟（公判）記録』CD－ROM「伊達判決を生かす会」編　二〇一一年
- 『本土の人間は知らないが、沖縄の人はみんな知っていること』矢部宏治著　写真：須田慎太郎　監修：前泊博盛　書籍情報社　二〇一一年
- 『戦後史の正体』孫崎享著　創元社　二〇一二年
- 『対米従属の正体』末浪靖司著　高文研　二〇一二年
- 『米軍基地の歴史』林博史著　吉川弘文館　二〇一二年
- 『本当は憲法より大切な「日米地位協定入門」』前泊博盛編著　創元社　二〇一三年
- 『砂川事件と田中最高裁長官』布川玲子・新原昭治編著　日本評論社　二〇一三年

索引

吉田敏浩（よしだ・としひろ）

1957年、大分県臼杵市生まれ。明治大学文学部卒。ジャーナリスト。アジアプレス所属。『森の回廊』（NHK出版）で、1996年、大宅壮一ノンフィクション賞を受賞。著書に、『北ビルマ、いのちの根をたずねて』（めこん）、『ルポ　戦争協力拒否』（岩波新書）、『反空爆の思想』（NHKブックス）、『密約　日米地位協定と米兵犯罪』（毎日新聞社）、『人を“資源”と呼んでいいのか』（現代書館）、『赤紙と徴兵』（彩流社）、『沖縄　日本で最も戦場に近い場所』（毎日新聞社）など多数。

新原昭治（にいはら・しょうじ）

1931年、福岡市生まれ。九州大学文学部卒（心理学）。国際問題研究者。非核の政府を求める会世話人、原水爆禁止日本協議会専門委員、日本平和委員会理事。著書に、『「核兵器使用計画」を読み解く―アメリカ新核戦略と日本』（新日本出版社）、『日米同盟と戦争のにおい―米軍再編のほんとうのねらい』（学習の友社）、『日米「密約」外交と人民のたたかい』（新日本出版社）など多数。編著書に、『砂川事件と田中最高裁長官―米解禁文書が明らかにした日本の司法』（日本評論社）がある。

末浪靖司（すえなみ・やすし）

1939年、京都市生まれ。大阪外国語大学（現・大阪大学）卒。ジャーナリスト。日本平和委員会理事。著書に、『九条「解釈改憲」から密約まで　対米従属の正体―米国立公文書館からの報告』（高文研）、共著書に、『日中貿易促進会―その運動と軌跡』（同時代社）がある。日米外交・安保条約関係の論文として、「池子の森と安保条約」（『文化評論』1989年4月号）、「アメリカが求める九条改憲の深層」（『前衛』2013年5月号）、「米公文書から見る自衛隊と憲法」（『平和運動』2013年11月号）など多数。

「戦後再発見」双書③

検証《けんしょう》・法治国家崩壊《ほうちこっかほうかい》
砂川裁判《すながわさいばん》と日米密約交渉《にちべいみつやくこうしょう》

2014年7月20日　第1版第1刷発行

著　者……吉田敏浩、新原昭治、末浪靖司
発行者……矢 部 敬 一
発行所……株式会社 創 元 社
http://www.sogensha.co.jp/
本社　〒541-0047 大阪市中央区淡路町4-3-6
Tel.06-6231-9010　Fax.06-6233-3111
東京支店　〒162-0825 東京都新宿区神楽坂4-3 煉瓦塔ビル
Tel.03-3269-1051
企画・編集……書 籍 情 報 社
印刷所……三松堂株式会社

ISBN978-4-422-30053-5